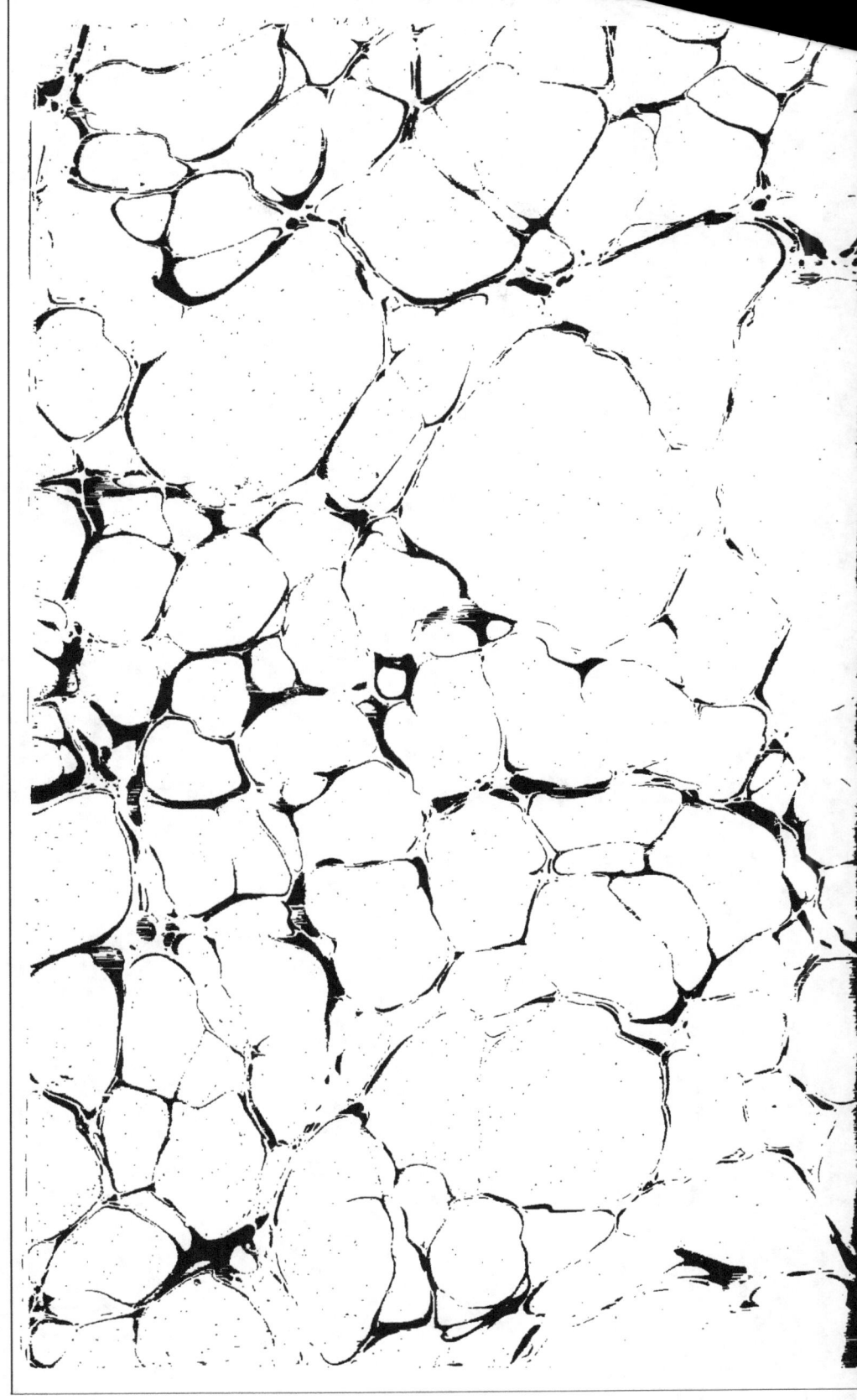

CORRESPONDANCE

LITTÉRAIRE,

PHILOSOPHIQUE, CRITIQUE, etc.

T. IV.

CORRESPONDANCE

LITTÉRAIRE,

PHILOSOPHIQUE ET CRITIQUE,

ADRESSÉE

A UN SOUVERAIN D'ALLEMAGNE,

DEPUIS 1770 JUSQU'EN 1782,

PAR LE BARON DE GRIMM

ET PAR DIDEROT.

TOME QUATRIÈME.

PARIS,

F. BUISSON, LIBRAIRE, RUE GILLES-CŒUR, N°. 10.

1812.

CORRESPONDANCE

LITTÉRAIRE,

PHILOSOPHIQUE,

CRITIQUE, etc.

MAI 1777.

DE grands philosophes ont prétendu que la vérité ne convenait guère aux hommes, puisqu'elle n'avait jamais été pour eux qu'une source de querelles, de haines et de divisions. On prouverait bien mieux, en suivant le même principe, que la musique ne convient guère à la France, puisque cet art n'a jamais tenté d'y faire le moindre progrès sans soulever contre lui les cabales les plus violentes, les fureurs les plus ridicules. On se souvient encore de tous les troubles que suscitèrent parmi nous et les nouveaux systèmes de Rameau, et l'arrivée des bouffons de l'Italie. La bulle, la bulle même, sur laquelle nous n'avons écrit que dix mille volumes, n'a jamais donné lieu à des disputes aussi vives, aussi passionnées. L'horreur d'un janséniste pour un moliniste ne peut donner qu'une faible idée de celle que *le*

2 CORRESPONDANCE LITTÉRAIRE,

coin de la reine inspirait *au coin du roi.* Où êtes-vous, homme de Dieu, prophète de Boehmischroda (1), le plus aimable et le plus vrai des prophètes? où êtes-vous, pour raconter dignement aux nations les plus lointaines l'origine et les suites de la grande querelle qui vient de s'élever entre les gluckistes et les piccinistes, et qui divise aujourd'hui toutes les puissances de notre littérature? Charmant prophète! je n'ai point vos crayons brillans, votre sainte éloquence; je ne suis point inspiré comme vous: mais, pour être véridique, est-il toujours besoin d'être inspiré? Qu'il suffise d'être le plus humble des historiens, le plus impartial, le plus fidèle! je le serai.

Il y a plus de quatre ans que M. le chevalier Gluck jouit en paix de l'honneur suprême d'occuper presque seul le théâtre de l'Académie royale de musique. Quelques essais hasardés pour varier un peu l'uniformité de ce spectacle ont eu si peu de succès, qu'on peut bien dire qu'ils n'ont servi qu'à orner le triomphe du nouvel Orphée. Il est vrai que sa musique ayant été annoncée comme un nouveau genre, elle éprouva d'abord quelques persécutions. Cela devait être : on sait notre aversion naturelle pour la nouveauté, excepté en fait de cuisine et de modes. Cependant l'étoile du chevalier Gluck l'emporta bientôt sur tous ses ennemis. Quelque puissante que soit encore de nos jours la secte sempiternelle des ramistes et

(1) Titre d'un petit écrit du baron de Grimm, sur l'arrivée des bouffons. *Note de l'Édit.*

MAI 1777.

des lullistes, leur cabale étonnée fléchit ou garda du moins le silence. M. le bailli du Rollet crut en avoir imposé au public par la beauté d'un poëme qu'il appelait *son poëme*, parce qu'il n'en avait pris que le plan au comte Algarotti, et que la plupart des vers, empruntés de Racine, se trouvaient si bien estropiés dans l'opéra, que Racine lui-même eût eu de la peine à les reconnaître. M. le chevalier Gluck s'imagina tout platement qu'il ne devait son succès qu'au génie créateur qui lui avait révélé le secret d'une musique nationale adaptée aux grands effets du théâtre, à l'ensemble de la scène, et sur-tout à l'idiome particulier de notre langue et de notre poésie, idiome sur lequel il avait acquis de profondes connaissances en Bavière et en Bohême. M. l'abbé Arnaud pensait tout haut comme M. le chevalier Gluck; mais il ne pouvait se dissimuler lui-même les immenses services qu'il avait rendus et à sa patrie et à son ami par la clarté de ses *Commentaires sur la musique d'Iphigénie*, et nommément sur le sublime de sa *Théorie des effets merveilleux de l'Anapeste et du Chœur virginal.*

Grâce aux talens de M. Gluck et de ses prôneurs, la direction de l'opéra prospérait. Si la musique purement italienne conservait encore ses partisans, ils étaient en petit nombre, et ne gémissaient qu'en secret sur des succès trop éclatans pour ne pas reculer de plusieurs années le progrès de ce goût qu'ils osent appeler exclusivement *le bon goût en musique.* — « Savez-vous,

1.

disaient-ils tout bas, pourquoi les opéras du chevalier Gluck ont fait tant de fortune en France ? C'est qu'à l'exception de deux ou trois airs qui sont dans la forme italienne, et quelques récitatifs d'un caractère absolument barbare, sa musique est de la musique française, aussi française qu'il s'en soit jamais faite, mais d'un chant moins naturel que Lulli, et moins pur que Rameau ; c'est que le chevalier Gluck a sacrifié toutes les ressources et toutes les beautés de son art à l'effet théâtral, ce qui devait plaire infiniment à une nation qui ne se connaîtra peut-être jamais en mélodie, mais qui a le goût le plus exquis pour tout ce qui tient aux convenances dramatiques. Pour juger si nous avons raison, suivez, à la première représentation d'un opéra quelconque ou tragique ou comique, le parterre, les loges, l'amphithéâtre, comme vous voudrez ; observez le jugement du plus grand nombre des spectateurs ; vous verrez que leur critique ou leur éloge portera toujours sur telle ou telle scène, tel ou tel endroit du poëme ; et sur la musique, vous n'entendrez jamais que des lieux communs, les propos du monde les plus vagues. *Cythère assiégée* n'eut aucun succès, parce que le drame parut froid et d'un mauvais ton. Si *Alceste* manqua tomber le premier jour, c'est à la gaucherie du poëme et sur-tout à la platitude du dénouement qu'il fallut s'en prendre : on le rendit un peu moins ridicule, l'ouvrage fut aux nues. Et voilà comme nous aimons la musique en France.

MAI 1777.

Telle était la disposition des esprits lorsque M. Piccini vint à Paris sous la protection de M. l'ambassadeur de Naples. Il y avait été précédé depuis long-temps par la réputation la plus justement méritée. Le succès de sa *Bonne Fille*, quelque mal que la pièce eût été parodiée, et quelque médiocre qu'en fût l'exécution, celui de tous les opéras du sieur Grétry, qui s'était glorifié jusqu'alors d'être son élève, tous les morceaux de sa composition qu'on avait entendus avec transport au *Concert des Amateurs* et au Concert spirituel; que de raisons pour être prévenu en sa faveur! Son arrivée fut annoncée avec éclat; nos plus célèbres artistes, nos plus grands virtuoses, à l'exception cependant du sieur Grétry, s'empressèrent à lui rendre hommage; et les comédiens italiens ayant donné une reprise de la *Bonne Fille*, le public demanda l'auteur à grands cris, et le reçut avec des acclamations multipliées. C'est alors que le parti des gluckistes frémit, et que celui des Sacchini, des Piccini, des Traëtta reprit un peu courage.

On sut que notre auguste souveraine, qui s'intéresse au progrès de tous les arts, qui daigne elle-même en cultiver plusieurs, et qui les protége tous comme une branche précieuse du bonheur public; on sut que notre auguste souveraine désirait de fixer M. Piccini en France; on sut que l'Opéra lui avait fait un traitement assez considérable; on sut aussi que M. Marmontel avait arrangé plusieurs poëmes de Quinault pour les

6   CORRESPONDANCE LITTÉRAIRE,

rendre plus susceptibles et de la forme et de l'expression musicale ; qu'il en avait confié un au sieur Piccini, et qu'ils travaillaient tous les jours ensemble. Que de circonstances réunies pour exciter les plus vives alarmes ! — « C'est donc une nouvelle révolution qu'on nous prépare ! Quelle tyrannie ! Vouloir sans cesse varier nos plaisirs ! Est-ce qu'on peut changer de système en musique comme en politique ? A peine nous étions-nous accoutumés, disaient les uns, à cette musique nouvelle, qui du moins se fait presque aussi bien entendre que celle de nos pères, qu'il faudra encore y renoncer ! A peine, disaient les autres, avions-nous formé le goût de la nation, qu'on veut la replonger dans la barbarie. Nous étions parvenus à lui inspirer le grand goût, ne voilà-t-il pas qu'on veut lui donner celui des colifichets, de tous ces ornemens frivoles dont l'Italie même est dégoûtée ! Est-ce pour flatter l'oreille qu'on fait de la musique ? C'est pour peindre les passions dans toute leur énergie, c'est pour déchirer l'âme, élever le courage, accoutumer les sens aux impressions les plus pénibles, former des citoyens, des héros, etc., etc. Réunissons, Messieurs, tous nos efforts pour détourner le fléau qui menace et le chevalier Gluck et la république entière. »

En conséquence, les pamphlets, les sarcasmes, les petites lettres anonymes volent de toutes parts. Le *Courrier de l'Europe*, la *Gazette du soir*, tous les journaux, en prodiguant sans cesse au chevalier Gluck les éloges les plus excessifs, sèment avec adresse les préventions les plus capables de nuire aux succès de Piccini. On ne l'attaque point ouvertement, mais on tâche en secret de détruire toutes les opinions qui pourraient lui être favorables. Loin de s'engager dans de longues discussions, on se contente de laisser échapper quelques mots en passant; une plaisanterie, un trait malin suffit. Le ridicule qu'on ne peut jeter sur le compositeur, on cherche à le répandre sur le poëte qui s'est associé avec lui.

M. Marmontel s'avise de dire à une représentation d'Alceste, que ce vers sublime,

Par son accent m'arrache et déchire le cœur,

tout sublime qu'il est, lui arrache les oreilles. On imprime ce qu'il a dit dans la Feuille du soir, mais on ajoute. — Son voisin, transporté par le sublime de ce passage et la manière dont il était rendu, lui répliqua : « Ah! Monsieur, quelle fortune si c'est pour vous en donner d'autres. » — Le prétendu voisin était M. l'abbé Arnaud. Débuter dans une querelle de musique par se prendre par les oreilles, cela semble assez naturel ; mais deux confrères, deux membres de l'Académie française, deux encyclopédistes! O philosophie, quel scandale ! M. Marmontel voulut bien mépriser cette première insulte. Il ne répondit pas davantage à une lettre du chevalier Gluck, revue et corrigée par M. le bailli du Rollet, quoiqu'il y fût traité sans ménagement,

8   CORRESPONDANCE LITTÉRAIRE,

et qu'on eût eu l'indiscrétion de faire courir la
lettre dans tout Paris, pour l'insérer ensuite dans
le Courrier de l'Europe. Mais un trait dont il se
trouva formellement blessé, parce qu'il y crut
voir l'intention la plus déterminée de nuire à son
ami Piccini, c'est la plaisanterie qui parut quelques semaines après dans cette même Feuille du
soir, destinée à jouer le plus grand rôle dans ces
illustres querelles. La voici — « Savez-vous, dit
hier quelqu'un à l'amphithéâtre de l'Opéra, que le
chevalier Gluck arrive incessamment avec la
musique d'Armide et de Roland dans son portefeuille ? De Roland ? dit un de ses voisins ; mais
M. Piccini travaille actuellement à le mettre en
musique. Eh bien, répliqua l'autre, *tant mieux*,
nous aurons un Orlando et un Orlandino. »

Il faudrait avoir le génie même du chantre
d'Orlando, pour le moins tout le talent de celui
d'Orlandino, pour peindre au naturel le ressentiment, l'indignation, la colère que cette mauvaise plaisanterie excita dans l'âme de M. Marmontel, les suites funestes de ce premier mouvement et les malheurs qui pourront en résulter
encore et pour la musique et pour la philosophie.
Ce misérable jeu de mots d'Orlando et d'Orlandino est la première étincelle qui embrasa toute
notre atmosphère littéraire, et le destin qui
tient dans ses mains le cœur des sages, comme
celui des rois, peut seul prévoir le terme où
s'arrêtera ce grand incendie.

Il y avait déjà quelques jours que la feuille de

discorde avait paru, et que le plus grand nombre
des lecteurs l'avait oubliée, lorsque M. Marmontel, qui venait seulement d'en être instruit,
déclara dans une assemblée de vingt personnes
chez M. de Vaines, l'ancien commis des finances,
qu'il n'y avait qu'un — (ce n'est pas notre faute
si l'Académie adopte aujourd'hui des expressions
que nous n'aurions jamais osé répéter sans une
autorité aussi respectable —), qu'il n'y avait
qu'un gueux, un maraud qui pût s'être permis
un sarcasme aussi méchant, aussi infâme. L'intérêt avec lequel M. S... osa le défendre, ne
laissa aucun doute à M. Marmontel sur le véritable auteur de cette ingénieuse plaisanterie.
Tout le monde l'attribuait à l'abbé Arnaud ;
M. Marmontel vit bien qu'il fallait être de l'avis
de tout le monde; mais les épithètes qu'il venait de
choisir pour caractériser un de ses confrères lui
parurent toujours les plus propres et les plus
convenables du monde. La scène fut aussi vive
qu'on peut l'imaginer.

Depuis ce moment fatal la discorde s'est emparée de tous les esprits, elle a jeté le trouble
dans nos académies, dans nos cafés, dans toutes
nos sociétés littéraires. Les gens qui se cher-
chaient le plus se fuient; les dîners même, qui
conciliaient si heureusement toutes sortes d'esprits et de caractères, ne respirent plus que la
contrainte et la défiance; les bureaux d'esprits
les plus brillans, les plus nombreux jadis, à
présent sont à moitié déserts. On ne demande

plus, est-il janséniste, est-il moliniste, philosophe ou dévot? On demande, est-il gluckiste
ou picciniste? Et la réponse à cette question
décide toutes les autres.

Le parti gluck a pour lui l'enthousiasme éloquent de M. l'abbé Arnaud, l'esprit adroit de
M. Suard, l'impertinence du bailli du Rollet, et
sur toutes choses un bruit d'orchestre qui doit
nécessairement avoir le dessus dans toutes les
disputes du monde, et qui doit l'emporter plus
sûrement encore au tribunal dont les juges sont
accusés, comme on sait, depuis long-temps,
d'avoir l'ouïe fort dure.

Le parti piccini n'a guère pour lui que de
bonnes raisons de la musique enchanteresse,
mais une musique qui ne sera peut-être exécutée
ni entendue, le suffrage de quelques artistes dés-
intéressés et le zèle de M. Marmontel, zèle
dont l'ardeur est infatigable, mais dont la conduite est souvent plus franche qu'adroite.

Aux brochures qu'on a déjà faites ancienne-
ment en faveur de M. Gluck il faut encore
ajouter les *Lettres de l'anonyme de Vaugirard*,
insérées dans la Gazette du soir. Il y règne un
persiflage plein de finesse et de goût; on les attribue à M. Suard, et l'on dit qu'étant le plus
considérable de ses ouvrages, il aurait grand tort
de le désavouer.

Le seul écrit qui ait encore paru en faveur de
M. Piccini est de M. Marmontel, il est intitulé :
Essai sur les révolutions de la musique en

MAI 1777.

France. Il n'y a que les chefs du parti gluck qui n'en aient pas admiré la sagesse et la modération. Cet écrit n'a point d'autre objet que celui de prouver que les savantes déclamations de ces messieurs, leurs spéculations profondes et quelquefois assez obscures ne doivent pas nous empêcher d'ouvrir la carrière à l'émulation des talens. On jugera de l'équité de M. Marmontel par le morceau suivant, qui offre pour ainsi dire le résultat de toute sa brochure.

« M. Gluck, dit-il, a été bien accueilli des Français, et il a mérité de l'être. Il a donné à la déclamation musicale plus de rapidité, de force et d'énergie ; et en exagérant l'expression, il l'a du moins sauvée d'un excès par l'excès contraire ; il a su tirer de grands effets de l'harmonie, il a obligé nos acteurs à chanter en mesure, engagé les chœurs dans l'action et lié la danse avec la scène ; enfin son genre est comme un ordre composite, où le goût allemand domine, mais où est impliquée la manière de concilier les caractères de l'opéra français et de la musique italienne. Donnons-lui des rivaux dignes de l'égaler dans la partie où il se distingue et dignes de le surpasser dans celle où il n'excelle pas. Qu'il se soutienne, s'il le peut, par la force de son orchestre et par la véhémence de sa déclamation; que ses concurrens se signalent par une musique aussi passionnée et plus touchante que la sienne, par une harmonie aussi expressive, mais plus pure et plus transparente, et que la nation, après

CORRESPONDANCE LITTÉRAIRE,

avoir balancé à loisir le caractère de deux musiques et les effets qu'elles auront produits, se consulte et juge elle-même la grande affaire de ses plaisirs.

Quelque équitable que soit l'écrit de M. Marmontel, il n'a servi qu'à irriter le parti de ses antagonistes. On n'a pas cessé depuis de le harceler dans toutes les feuilles qui sont à la disposition de ces messieurs ; c'est une légion de lutins déchaînée après lui et qui semble avoir juré de le faire mourir à coups d'épingles. Les oisifs s'en amusent, la malignité jouit et les sages déplorent en secret le scandale auquel la philosophie s'expose. On nous reprochait, disent les Garasses, les Riballiers, on nous reprochait notre intolérance, et il s'agissait des plus saintes vérités ; voyez ces messieurs comme ils se persécutent, comme ils se déchirent entre eux pour les opinions du monde les plus frivoles ! Est-ce que l'objet de leurs disputes est moins obscur que nos mystères ? leurs commentaires sont-ils plus lumineux que les nôtres ? Qu'on vienne nous dire encore après cela qu'il est possible d'avoir des opinions différentes et de se supporter avec indulgence ! Qu'on vienne nous dire que l'homme n'est pas essentiellement méchant, etc.... Voilà ce qu'on fait dire aux ennemis de la philosophie, et voilà ce qui afflige profondément les bonnes âmes.

MAI 1777. 15

ÉPIGRAMME *par M. de Rhulières.*

Est-ce Glouck, est-ce Piccini
Que doit couronner Polymnie?
Ce Marmontel toujours honni,
Sans rien connaître en harmonie,
Dit qu'il en parle de génie,
Et tient déjà pour l'Ausonie.
Arnaud tient pour la Germanie,
En défendant son ami Glouck.
Il prétend qu'aux jeux olympiques
Il l'eût emporté de cent piques;
Et quand on disputait un bouc,
Qu'*Alceste, Iphigénie, Orphée,*
Auraient eu chacun un trophée.
Donc entre Glouck et Piccini
Tout le Parnasse est désuni.
L'un soutient ce que l'autre nie,
Et Clio veut battre Uranie.
Pour moi, qui crains toute manie,
Plus irrésolu que Babouc,
N'épousant Piccini ni Glouck,
Je n'y connais rien; *ergo,* Glouck.

L'AFFICHE *de M. l'abbé Arnaud de l'Académie française, par son confrère M. Marmontel.*

Arnaud le métaphoriseur,
De mots ampoulés grand diseur,
Fait savoir à tous qu'en peinture,
En musique, en littérature,
Il s'établit dogmatiseur,
Réviseur et préconiseur;
Qu'exprès, pour régenter le monde,
Il est venu de Carpentras;
Qu'on prend ici pour du fatras

CORRESPONDANCE LITTÉRAIRE,

Son érudition profonde,
Mais que de sa docte faconde
Le chevalier Gluck fait grand cas.
Des talens juré pédagogue,
Il ne fait rien, mais il sait tout;
Et l'on peut dire qu'en fait de goût
Il égale au moins Chrisologue.
Personne encor, depuis Ronsard,
N'a comme lui possédé l'art
De l'emphase et de l'hyperbole.
Il vendra son orviétan
Au bas du pont, quai de l'École,
A l'enseigne du Charlatan.

Autre Épigramme *de M. Marmontel sur l'abbé Arnaud.*

Je ferai,.... j'ai dessein de faire;....
J'aurais fait si j'avais voulu.....
Je ne sais pourquoi je diffère,
Mais enfin j'y suis résolu.
Fais donc, et voyons cette affaire;
Courage! Eh quoi! te voilà pris!
Ton feu s'éteint, la peur te gagne.
Accouche, et qu'enfin la montagne
Enfante au moins une souris.

Lettre *de l'abbé Galiani à madame d'Epinay.*
(Lettre qui nous a été confiée sous le sceau du secret.)

Savez-vous, ma chère Dame, que j'ai travaillé avec le ministre Sambucca sur les affaires du roi, c'est-à-dire, de ma nouvelle commission; que je suis excédé d'affaires, d'ennuis, de diableries?

Mais ce que vous ne savez pas, c'est que j'ai été faire une petite course à Salerne, et que dans la voiture, ne sachant que faire de mieux, j'ai fait un livre. Il est fait et parfait, puisque j'en ai fait les titres des chapitres. Vous n'avez qu'à les remplir, ce qui est très-aisé, puisqu'ils se remplissent d'eux-mêmes. L'idée de faire cet ouvrage m'est venue d'après une lecture de Grotius (ah! quel déraisonneur!) qu'il a fallu que je fisse. Voilà donc mon livre, que je ne communique qu'à vous, sauf à le montrer à la seule chaise de paille (1).

De l'instinct et des habitudes de l'homme, ou principes du droit de nature et des gens. — Hinc omne principium huc refer exitum *Londres, 1777.*

Avant-propos.
De l'instinct de la faim.
De l'instinct de l'amour.
De l'instinct de la jalousie, un des principes des guerres.
De l'instinct de la vengeance, autre principe des guerres.
De l'instinct et de l'exercice, de l'adresse et de la force, troisième principe des guerres et des jeux guerriers.
De l'instinct de la pudeur, principe de la décence et de la politesse.

(1) M. de Grimm, Nom de coterie.

16 CORRESPONDANCE LITTÉRAIRE,

De l'instinct de crédulité, principe de la fausse médecine et de la fausse religion.

De l'instinct de frayeur, autre principe de la fausse religion.

De l'instinct de l'amour paternel.

De l'instinct de l'amour filial. Recherches s'il existe naturellement dans l'homme.

De l'instinct au changement et à la liberté, principe des expatriations et de la population de la terre.

LIV. II. *Du droit des gens.*

De l'habitude du local, principe du droit de propriété.

De l'habitude pour la même femme, principe des devoirs conjugaux.

De l'habitude à la subordination, principe de l'autorité paternelle et de toutes les formes des gouvernemens.

De l'habitude à la confiance, principe des devoirs sociaux et des traités.

De l'habitude à la méfiance, principe de l'infraction des traités et des guerres.

De l'habitude au dol et à la fraude, principe des nations barbares.

De l'habitude à l'esclavage.

LIV. III. *Des lois civiles, primitives et générales.*

J'oubliais que vous pouvez montrer aussi cela au philosophe (1). Veut-il se charger de remplir

(1) M. Diderot.

MAI 1777.

le blanc des chapitres? Vous m'avez affligé par les nouvelles du baron d'Holback; un goutteux qui s'avise d'être néphrétique fait trembler. Faites-le voyager dans les pays chauds. Adieu.

———

Les grands hommes n'ont point de préjugés. On vient de publier la *Vie de Desrues*, exécuté à Paris, en place de Grève, le 6 mai.

Cette petite brochure est de M. Baculard d'Arnaud, secrétaire d'ambassade, auteur du *Comte de Comminge*, de *Fayel*, de *Merinval* et du recueil volumineux des *Epreuves du Sentiment*, etc. Le fait est certain; pourquoi le sieur Baculard voudrait-il désavouer un ouvrage qui paraît être tout-à-fait dans son genre? Qu'il ait la forme des livres de la bibliothèque bleue ou non, qu'importe? Ne sait-on pas que la moitié de cette bibliothèque est du père Bougeant, du grave historien de *la Paix de Westphalie?* Il publiait régulièrement tous les quinze jours sa petite historiette, et le prompt débit de cette espèce de marchandise payait ses confitures et son café.

Il y a peu de criminels qui aient occupé plus vivement l'attention du public que ce malheureux Desrues; on peut dire aussi qu'il en est peu dont la conduite ait annoncé une âme plus ferme et plus tranquillement féroce. Le projet de s'approprier une terre de cent mille francs sans en payer un sou est d'une hardiesse assurément très-rare, surtout dans un simple particulier qui n'était ni procureur ni homme d'affaires; et les

IV.

combinaisons qui devaient assurer le succès d'une entreprise si étrange, qui l'auraient fait réussir infailliblement sans une suite de hasards que toute la sagacité humaine ne pouvait ni prévoir ni prévenir, décèlent peut-être autant de profondeur que de scélératesse et d'atrocité. Il n'y a que l'hypocrisie de Tartuffe ou de Cromwel qui puisse être comparée à celle de Desrues dans toutes les circonstances de son crime, pendant tout le cours de son procès, et jusqu'au dernier moment de sa vie. Nous ne répéterons point ici ce qui en a été dit dans les papiers publics, et nommément dans l'arrêt de sa condamnation, plus circonstancié que ne l'a jamais été aucun arrêt de cette nature, nous nous bornerons à quelques traits qui le caractérisent plus particulièrement, et que M. d'Arnaud a recueillis avec soin.

Ce misérable est natif de Chartres en Beauce. Il doit le jour à une famille honnête, connue depuis long-temps dans le commerce. Il semblait que les deux sexes voulussent également le rejeter de leur classe, car dans sa tendre jeunesse il avait été élevé comme une fille ; des remèdes qu'on lui administra lui procurèrent à la douzième année le caractère distinctif du sexe masculin. Pline et Montaigne citent des exemples du même phénomène, et l'on peut croire au miracle depuis qu'on a observé ce qui peut donner lieu dans les constitutions faibles à cette métamorphose apparente.

Si l'on veut avoir une idée de Desrues, il faut

MAI 1777.

se représenter une petite stature, un visage pâle, délicat et maigre, *le rire*, disait une femme de beaucoup d'esprit, *d'une bête carnassière*, la perfidie même sur sa bouche; en un mot, tout ce qui annonce un fourbe qui, convaincu de la faiblesse de ses organes et craignant d'exposer sa vie en commettant le crime à main armée, a recours à l'artifice et à la trahison. Ses traits peu prononcés ne se faisaient point d'abord remarquer; mais ses yeux ronds, creux et perçans trahissaient en quelque sorte toute la perversité de son âme.

« Ce monstre était âgé de trente-deux ou trente-trois ans; il dormait peu; il avait toujours entre ses mains l'*Imitation de Jésus-Christ* et d'autre livres de piété. Quelquefois il jouait aux cartes avec les gardes qui le veillaient; mais ce qui ne saurait trop exciter l'étonnement et l'indignation, il montrait le front calme de l'innocence; nul nuage, nul emportement, modéré dans ses moindres expressions, exhalant sans cesse une âme qui paraissait pure et irréprochable, se remettant à l'équité de la Providence et des juges du succès de son affaire, disant toujours « que les magistrats réhabiliteraient son « honneur comme on avait réhabilité celui de « Calas...» Lorsqu'il fut au parlement, il regardait le peuple avec cette tranquillité qui annonce la vertu même... Ses réponses au magistrat, lorsqu'il monta à l'hôtel-de-ville, ont été pleines de sens et de vigueur. Son entrevue avec sa femme est le chef-d'œuvre de sa scélératesse ; c'est là qu'il a déployé toute sa tranquille audace et l'excès inouï de son imposture, en adressant à cette malheureuse les exhortations les plus pathétiques, en lui recommandant l'éducation de ses enfans, en l'assurant de sa résignation, et en persistant toujours à soutenir qu'il n'avait empoisonné ni madame de La Motte ni son fils. Cependant le juge le confondait, l'accablait de preuves vraiment péremptoires ; Desrues ne se déconcertait point. Pressé par la vérité qui en quelque sorte l'investissait de toutes parts, et ne lui laissait aucune issue pour se sauver de l'évidence, il s'écrie : *Allons, partons.* Il marche à l'échafaud avec cette sécurité dont aurait pu s'armer un sage opprimé ou un chrétien, l'âme remplie de saintes espérances. Abandonné aux mains de l'exécuteur, il l'a aidé à lui ôter ses habits ; c'est lui-même qui s'est étendu sur la croix de Saint-André ; il a embrassé affectueusement son confesseur, il a baisé plusieurs fois le crucifix, et s'est livré à la mort sans le moindre signe de crainte et d'emportement.

Le peuple a été si touché de ces apparences de vertu et de piété, que les cendres de ce monstre ont été recueillies le lendemain comme des reliques précieuses. Pour dissiper l'illusion qu'avait pu faire une hypocrisie aussi constante, aussi déterminée, on s'est empressé de publier les relations les plus détaillées de toutes les circonstances de sa vie et de son procès. Il est remarquable que

MAI 1777.

la fameuse Brinvilliers eut aussi l'honneur de passer pour sainte. « Elle écouta son arrêt, dit madame de Sévigné, sans frayeur et sans faiblesse.... Elle monta seule et nu-pieds sur l'échelle et sur l'échafaud. Le lendemain on cherchait ses os, parce qu'on croyait qu'elle était sainte. »

On a fait vingt portraits de Desrues, et toutes les différentes scènes de son crime et de son procès ont été gravées avec une exactitude merveilleuse. Pendant quinze jours on n'a vu autre chose chez les marchands d'estampes et au coin de toutes les rues.

JUILLET 1777.

LE ROMAN DE MON ONCLE, *conte, par M. d'Hele,*
auteur du Jugement de Midas.

D'ORVILLE débuta dans le monde par se donner
des ridicules. Il n'aimait ni le jeu, ni le vin, ni les
chevaux de course, ni les filles d'opéra : cependant son éducation s'était faite à Paris, et il avait
eu pour instituteur un abbé; mais, comme vous
savez, la nature ne se corrige pas. Les dispositions naturelles de d'Orville s'étaient accrues par
la lecture des romans; il y avait puisé des sentimens si contraires à la morale du jour, et il se
donnait si peu de peine pour les cacher, que ses
meilleurs amis le regardaient comme un franc
original. C'est dommage, disait-on, ce garçon a
de l'esprit, de la figure, mais il ne fera jamais
rien. Aussi n'avait-il envie de rien faire, excepté
son bonheur. Pour y parvenir, il n'était, selon
lui, qu'un moyen, d'aimer et d'être aimé, mais
aimé comme on l'est dans un roman. Un mariage
d'ambition et même de convenance paraissait à
ses yeux un esclavage insupportable, et sur ce
point il poussait l'extravagance aussi loin que
l'*Émile* du citoyen de Genève. L'oncle de d'Orville, M. Rondon, qui n'était qu'un citoyen de
Paris, gémissait des travers de son neveu et de
son héritier. Il voulait à toute force le marier avec

JUILLET 1777.

madame de Faventine, jeune veuve fort riche et d'une famille distinguée ; il avait beau le vouloir, la répugnance de d'Orville était insurmontable. Épargnez-vous, mon cher oncle, disait-il, des soins superflus, et laissez-moi de grâce celui de mon propre établissement : je ne veux pas de votre belle veuve, et même je vous déclare que c'est la dernière femme à qui je donnerais ma main. — Mais tu ne l'as pas vue. — Ni ne veux la voir. Comment ! pour m'avoir aperçu dans je ne sais quel lieu public, cette femme se décide, s'adresse à vous, et me demande en mariage comme elle demanderait une pièce d'étoffe chez Buffault ! Quel amour ! quelle délicatesse ! — Mais si tu savais combien elle est belle, combien elle est aimable ! — Eh que ne l'épousez-vous donc vous-même ? J'y consens. — Oui, mais elle n'y consentirait pas. Malheureusement elle préfère vingt-cinq ans à cinquante, sans quoi je te réponds que la chose serait déjà faite, et j'aurais le double plaisir de te punir et de faire mon bonheur. — Et celui de vos amis. — D'Orville ! d'Orville ! respecte madame de Faventine, ou nous nous brouillerons tout-à-fait. — Mon oncle, du respect tant qu'il vous plaira, mais point de mariage.

Le bonhomme Rondon se mordait les lèvres, tordait le cordon de sa canne, murmurait entre ses dents les mots d'expérience, d'autorité, d'exhérédation ; mais rien ne pouvait vaincre l'opiniâtreté du neveu. Le refus de d'Orville ne venait

24 CORRESPONDANCE LITTÉRAIRE,

pas uniquement du système romanesque qu'il s'était fait; il aimait, ou du moins il croyait aimer, ce qui revient au même. Il avait rencontré au bal de l'Opéra un masque dont l'esprit lui avait paru si délicat, si fin, si opposé aux lieux communs, aux propos insipides qui règnent dans ces fêtes nocturnes, qu'il se crut l'homme du monde le plus heureux en obtenant un rendez-vous pour le bal prochain. L'inconnue s'y rendit sans même se faire attendre, toujours masquée jusqu'aux dents, mais toujours aimable, spirituelle, intéressante. Les entretiens se renouvelèrent tant que le carnaval dura; et quoiqu'on persistât constamment à conserver le masque (ce qui est regardé par les savans comme un mauvais signe), le plus joli pied et la plus belle main du monde faisaient augurer favorablement du reste. D'Orville, qui avait de l'imagination, épris de tout ce qu'on lui laissait voir, devint aisément amoureux de ce qu'on s'obstinait à lui cacher. Ce fut au milieu de son ivresse que son oncle vint lui proposer l'alliance de madame de Faventine, et qu'il essuya un refus dont il était loin de démêler la véritable cause. Enfin la saison des rendez-vous allait s'écouler sans que d'Orville eût pu savoir le nom ou la demeure de sa chère inconnue; pour s'en instruire il ne lui restait plus que le dernier bal. Il s'y rendit à minuit précis, déterminé à tout entreprendre, prières, pleurs, et même espionnage; mais l'inconnue ne s'y trouva point. Accablé de douleur et de dépit, d'Orville sort le dernier

JUILLET 1777.

du bal et se rend chez lui ; à peine est-il rentré
qu'il reçoit encore la visite de son oncle. Nouvelles propositions de la part de la jeune veuve,
nouveaux refus de celle de d'Orville. Que mon
sort est bizarre ! se disait-il à lui-même ; une
femme qui ne m'a jamais parlé s'obstine à vouloir
m'épouser, et moi je m'obstine à aimer une femme
que je n'ai jamais vue. On dirait qu'elles se sont
donné le mot pour me faire enrager, l'une par son
silence, l'autre par ses importunités. Soit qu'il eût
deviné juste ou non, les deux dames continuè-
rent à tenir la même conduite ; et le pauvre d'Orville, après avoir attendu vainement des nouvelles
de son inconnue pendant trois semaines entières,
prit le parti de se délivrer au moins des persécutions de son oncle en s'éloignant de Paris. Il avait
communiqué son projet à un de ses amis, qui lui
prêta une maison à deux lieues de la ville : ce fut
là que d'Orville se réfugia, sans autre compagnie
que celle de La Fleur son valet de chambre.

Un jour qu'il se promenait dans le bois voisin,
il aperçut deux paysannes assises sous un arbre ;
la propreté et même l'élégance de leur ajustement
villageois frappa d'abord ses regards. L'une tenait
un livre qu'elle paraissait lire avec intérêt, l'autre,
les coudes appuyés sur les genoux et le visage
penché sur ses mains, était dans l'attitude d'une
personne qui écoute ; la blancheur de ses mains
rappelait à d'Orville celles de son inconnue. Ciel !
disait-il, que serait-ce si le visage y répondait !
Cette exclamation interrompt la lecture. Ma sœur !

Babet! levez-vous, v'là du monde!... Babet se
relève toute confuse, et découvre des attraits
d'une grâce, d'une naïveté dont le pinceau de
Greuze pourrait seul donner l'idée. Quelle découverte pour une imagination romanesque! Tant
de beauté, et dans un bois! comment y résister?
d'Orville n'en eut pas même envie. Enchanté
d'une aventure si conforme à son caractère, il
cède sans effort au penchant qui l'entraîne. « Qui
que vous soyez, dit-il aux deux villageoises, ne
vous alarmez pas de ma présence. Je ne viens
point troubler votre solitude ni vos plaisirs in-
nocens, mais de grâce souffrez que je les partage, et soyez sûres que je n'abuserai pas de votre
confiance. » Ce discours n'était pas brillant, mais
il fut prononcé d'un ton si timide qu'il fit effet,
car en amour la timidité est toujours persuasive.
Babet et sa compagne, rassurées peu à peu,
consentent à reprendre leurs places sur l'herbe,
et l'heureux d'Orville obtient la permission de s'asseoir auprès d'elles. Il veut les engager à continuer
leur lecture, mais Nicole, car c'est ainsi que se
nomme la moins jeune des paysannes, préfère
la conversation. D'Orville apprend qu'elle est
veuve du fermier de la terre dont son ami est
seigneur; qu'elle y demeure avec sa cousine
Babet; que cette pauvre Babet, quoique âgée de
près de dix-huit ans, n'avait pu trouver encore un
mari qui lui convînt; qu'à la vérité Babet est un
peu difficile, qu'elle voudrait un prétendu comme
on en trouve dans les livres d'histoire; mais dame !

tout le monde n'a pas ce bonheur-là. « Tu l'au-
ras, Babet, disait tout bas d'Orville, si ton cœur
peut répondre au mien. » Nicole allait continuer
un discours qui ne pouvait qu'être intéressant,
puisque Babet en était le sujet, lorsque la nuit
vint l'avertir qu'il fallait se retirer; mais elle promit de se retrouver, avec sa cousine, au même
endroit le lendemain au soir. D'Orville, rentré
chez lui, se livre à toutes les idées qu'une pareille
aventure pouvait faire naître dans un esprit romanesque. La Fleur est chargé de se rendre de
grand matin auprès des deux cousines pour
s'informer de leur santé, pour s'instruire de leur
manière de vivre, et surtout pour chercher à
démêler si Babet n'a pas quelque inclination secrète. Le valet habile remplit sa commission au
gré de son maître, et revient avec le rapport le
plus satisfaisant. Le soir enfin arrive, et les deux
villageoises reparaissent au même endroit. La
Fleur donne le bras à Nicole; d'Orville profite
de l'exemple, et donne le sien à Babet. La promenade est longue sans être fatigante; d'Orville
parle d'amour et on l'écoute. Le lendemain cet
entretien se répète, et, quoique répété, devient
encore plus intéressant; de jour en jour l'amour
fait des progrès nouveaux, et Babet enfin prononce l'aveu qui met le comble au bonheur de
son amant. Sur cet aveu touchant, d'Orville se
décide sans hésiter à braver tous les préjugés de
la naissance et de la fortune, et à suivre aveuglément tous les sentimens de son cœur. Il vole

CORRESPONDANCE LITTÉRAIRE,

au château pour donner l'ordre à La Fleur de faire les préparatifs d'une fête champêtre, où l'amour et l'hymen doivent présider, lorsque le bruit d'une voiture se fait entendre dans la cour : c'est notre oncle. Te voilà enfin retrouvé! dit le bonhomme en se jetant dans un fauteuil. Quitte-t-on ainsi ses parens, ses amis, sa maîtresse, pour aller s'enterrer dans un bois ? J'ai appris tes fredaines, tes amourettes au bal de l'Opéra — Comment! mon oncle, vous savez.... — Je sais tout, mais va, je te pardonne. Apprends que la charmante inconnue dont tu es si épris n'est autre que madame de Faventine. — Ciel! serait-il possible? — Oh! très-possible, et pour t'en convaincre tu vas l'apprendre de sa bouche, car elle arrive avec moi. — Comment! elle serait ici? Non, jamais, jamais je ne pourrai la voir. Sachez, mon oncle, tout mon malheur, si c'en est un d'aimer et d'être aimé; j'ai formé un nouveau lien, je renonce à la fortune, aux grâces, à l'esprit, j'épouse la candeur, l'ingénuité, la beauté; mon parti est pris, et rien ne saurait m'en détourner : ainsi, par grâce, par pitié, mon cher oncle, évitez à madame de Faventine une humiliation qu'elle a si peu méritée. — Prières inutiles, tu la verras, tu lui parleras, et tu lui apprendras toi-même, si tu en as le courage.... Mais la voici. — A ces mots la porte s'ouvre, madame de Faventine paraît, et quel est l'étonnement de l'heureux d'Orville, lorsqu'il reconnaît en elle sa charmante villageoise ! Pénétré d'amour

JUILLET 1777. 29

et de joie, il se précipite à ses genoux. Quoi!
lui dit-il, c'est vous, c'est vous, c'est vous, madame! vous, mon aimable inconnue! vous, ma
chère Babet! Quel nom faut-il enfin que je vous
donne? — Le vôtre, lui dit-elle en le relevant.

M. le marquis de Villette ayant fait remettre
par une main inconnue un rouleau de 50 louis
à M. Delille pendant qu'il était renfermé au châtelet pour cause d'incrédulité, ce bienfait avait
paru si louable au nouveau martyr, qu'il s'était
avisé d'en faire honneur à M. Necker, mais le
plus gratuitement du monde. Mieux informé
depuis, il a adressé l'épître suivante à son bienfaiteur :

> C'est donc toi, généreux Villette,
> Qui par la main la plus discrète
> Fis couler l'or dans ma prison,
> Quand l'odieuse intolérance
> Sur moi distillait son poison,
> Dégradait jusqu'à ma constance,
> Et me vouait à l'indigence,
> Ne pouvant troubler ma raison.
> Long-temps de ce trait magnanime
> Je soupçonnai l'âme sublime
> D'un Aristide ou d'un Platon;
> Dans ma recherche téméraire,
> Au sein même du ministère,
> J'osai remercier Caton.
> Ma vertu te faisait injure;
> C'était l'élève de Ninon
> Qui mit le baume à ma blessure.
> J'ai vu la vertu la plus pure,

CORRESPONDANCE LITTÉRAIRE,

Non au portique de Zénon,
Mais dans le boudoir d'Epicure.
On me vantait de toutes parts
L'aménité de ton commerce,
Ton goût éclairé pour les arts;
Mais sur de frivoles brocards
Je t'ai cru l'âme un peu perverse.
Je te voyais avec chagrin,
Dans tes bals à la musulmane,
Au milieu d'un folâtre essaim,
Donnant la pomme à ta sultane,
Et confondant avec dessein
Les tableaux riants de l'Albane
Avec les jeux de l'Arétin.
Je te jugeai par la surface,
Et je me trompai lourdement;
Tu nous parais un Lovelace
Par ton esprit plein d'agrément;
Mais tu n'as pas son cœur de glace.
Ne sors point de ton élément;
Que tes écrits pleins d'atticisme
Au public servent d'aliment;
Sois le fléau du fanatisme,
Mais ne le combats que gaîment.
Surtout pèse dans tes balances
Les feux follets des jouissances
Et les plaisirs du sentiment.

———

On a donné, le samedi 12, la première représentation de *Gabrielle de Vergy*, tragédie de feu M. de Belloy. Nous ne reprendrons point ici l'analyse de cette pièce, imprimée depuis sept ou huit ans, elle est assez connue; nous nous bornerons simplement à rendre compte de l'impres-

JUILLET 1777. 31

sion que l'ouvrage a faite au théâtre, impression assez rare pour mériter d'être remarquée. Les trois premiers actes ont paru réussir assez universellement. Le rôle de Gabrielle, quoiqu'un peu monotone, touche, attache ; celui de Fayel excite une compassion profonde ; Raoul, plus faiblement dessiné, intéresse assez peu par lui-même, mais il est aimé de Gabrielle, et les situations que cet amour fait naître sont vraiment dramatiques. Quoiqu'il y ait de beaux détails au quatrième acte, l'ensemble en est froid, et ce n'est qu'à la dernière scène que l'action cesse de languir. Tout l'acte est fondé sur le retour de Coucy, qui échappe, contre toute vraisemblance, aux recherches de Fayel, expose une seconde fois Gabrielle au plus grand des dangers, et la rend gratuitement complice de sa propre imprudence. Mais une femme qui, dans les mêmes circonstances, victime de la même passion, n'eût pas eu la moindre faute, le plus léger tort à se reprocher, aurait inspiré bien plus d'intérêt. Si ce n'est pas sans raison qu'on s'est plaint et de la langueur et de l'inutilité et du défaut de convenance de ce quatrième acte, est-ce sans fondement qu'on a trouvé que l'effet terrible de la catastrophe du cinquième passait de beaucoup les limites où doit s'arrêter l'art du théâtre ? Ce qu'il y avait de certain, c'est qu'on n'avait point encore vu, du moins sur la scène française, une impression pareille à celle que produisit le moment où Gabrielle, découvrant la coupe fatale où elle croit trouver le poison qui doit terminer ses tristes jours, y voit le cœur sanglant de Raoul; au même instant, la salle retentit d'applaudissemens et de huées, de cris d'admiration et de cris d'horreur. Plusieurs femmes s'évanouirent, quelques-unes tombèrent en convulsion; cependant à la seconde et à la troisième représentation il y eut encore plus de monde et même plus de femmes qu'à la première. Tous les journaux, toutes les feuilles du jour semblent avoir conspiré contre le succès de l'ouvrage, et jamais spectacle n'attira plus de foule, quoique dans cette saison les nouveautés les plus intéressantes soient moins suivies que dans aucune autre.

Beaucoup de gens sont persuadés que le dénouement de *Gabrielle* n'eût paru aux yeux de tout le monde qu'une atrocité dégoûtante, si l'on ne nous avait pas accoutumés depuis quelques années à ces spectacles d'horreur, en profanant le théâtre, consacré aux chefs-d'œuvre de Corneille et de Racine, par l'imitation sacrilège de tant de productions monstrueuses du théâtre anglais. Nous ne disputerons point avec ces messieurs, nous les prierons seulement de vouloir bien nous dire, sans se fâcher, en quoi l'idée d'un vase qui renferme un cœur sanglant, mais dont les yeux du spectateur ne peuvent rien voir, est plus horrible que la coupe d'Atrée, la tête encore fumante du fils d'Agavé, les yeux d'OEdipe arrachés et dégouttans de sang, le réveil

JUILLET 1777.

d'Hercule au milieu de ses enfans égorgés , etc.
Toutes ces horreurs cependant ne sont point du
théâtre anglais , elles appartiennent au nôtre ou
à celui des Sophocles et des Euripides, que nos
plus grands maîtres se sont fait gloire d'imiter. Je
me trouverais fort malheureux sans doute de
ne plus éprouver au spectacle d'autres impressions que celle que j'éprouvai en voyant *Gabrielle;*
ce n'est point le genre de tragédie que j'aimerai
le mieux , ce ne sera jamais la pièce que je dési-
rerai le plus de voir , peut-être même ne la re-
verrai-je de ma vie; mais le talent que l'auteur a
déployé dans cet ouvrage n'en est pas moins admirable à mes yeux. Je sais que la conduite de
cette tragédie n'est pas sans défaut , je conviens
que l'auteur y prend quelquefois la place de ses
personnages et disserte leurs passions au lieu de
les sentir, je conviens que le style en est très-
inégal , plein de négligence et d'enflure ; mais je
ne puis m'empêcher d'y reconnaître l'empreinte
d'un génie vraiment tragique, une conception
simple et sublime, les plus grandes difficultés du
sujet surmontées avec beaucoup d'adresse, un
caractère très-intéressant, des situations du plus
grand effet, et même quelques vers, en petit
nombre à la vérité , que Racine lui-même n'eût
pas désavoués, tels que ceux-ci :

Un doux saisissement vient calmer ma douleur.
Toi qui ne m'entends plus, hélas! dès notre enfance
C'est ainsi que l'amour m'annonçait ta présence ; —
Mes jours, si vous m'aimiez, seraient purs et tranquilles ;

Hélas! qu'aux cœurs heureux les vertus sont faciles! —
Que de doux souvenirs dont le charme suprême
A qui n'est plus heureux tient lieu du bonheur même!

Peut-être ne fallait-il point traiter le sujet de *Gabrielle*; ce qui peut attendrir dans une romance, transporté sur la scène, devient peut-être un spectacle trop cruel, trop déchirant; mais je doute qu'il soit possible de présenter ce sujet avec plus d'art que ne l'a fait M. de Belloy; je doute même que l'on puisse adoucir davantage le trait le plus terrible sans le dénaturer entièrement. Il en a conservé sans doute toute l'horreur, mais il y a mêlé tout le pathétique, tout l'attendrissement dont la situation pouvait être susceptible. Le caractère de Fayel, révoltant dans l'histoire, excite dans la tragédie encore plus de pitié que d'effroi; sa vengeance est atroce, mais les circonstances qui la préparent lui donnent les motifs les plus apparens. L'idée d'offrir à Gabrielle le cœur de son amant ne vient pas de lui, c'est Coucy lui-même qui la lui a suggérée, c'est d'un gage inventé par l'amour le plus tendre que sa jalousie a fait l'instrument du plus affreux supplice. Ces deux sentimens rapprochés l'un de l'autre produisent une impression mêlée d'horreur et de tendresse, d'indignation et de pitié; et ce n'est qu'en mêlant ainsi ces deux sentimens qu'on pouvait entreprendre de sauver ce que le sujet en lui-même offre de plus révoltant à l'imagination.

Le rôle de Fayel a été joué par le sieur de **La**

JUILLET 1777. 35

Rive avec beaucoup de chaleur et toute l'intelligence qu'on peut attendre de son âge ; mais ce rôle, pour être rendu dans toute son énergie, avait besoin de tout le talent, de toute l'âme, de toute l'expérience du sublime acteur à qui nous devons l'idée d'Orosmane et de Gengis-Kan. Madame Vestris n'a pas été également Gabrielle de Vergy dans tous les momens de son rôle, l'un des plus difficiles qu'il y ait peut-être au théâtre ; mais dans la dernière scène elle a porté l'illusion au dernier degré ; ses regards en découvrant la coupe, les sanglots qui lui échappent, l'image de la mort qui se répand sur tous ses traits, toute cette pantomime est d'une vérité déchirante et suffirait seule pour nous donner la plus haute idée et de la sensibilité de son âme et de la supériorité de son talent. Quel dommage que sa voix ne soit pas plus flexible et se refuse trop souvent à la variété des nuances qu'elle voudrait exprimer et que son âme discerne avec tant de justesse et de profondeur !

Le jugement du public ne paraît pas encore fixé sur le mérite de *Gabrielle ;* il me semble cependant que ceux qui en jugent avec le moins de prévention s'accordent assez généralement à regarder cette pièce comme le meilleur ouvrage de M. de Belloy. Ah ! quelle tragédie si M. de Voltaire ou Racine l'eût écrite !

———

Ernelinde, qu'on vient de remettre sur le théâtre de l'Académie royale de musique, a eu

3.

beaucoup plus de succès à cette reprise que dans sa nouveauté. Le spectacle du premier acte est plein d'action et de mouvement : il y a dans les autres des vers qui, pour être de Poinsinet, et pour avoir été corrigés par M. Sedaine, n'en sont pas moins beaux; mais la marche en est plus pénible et plus embrouillée. Philidor a fait dans la musique de cet opéra plusieurs changemens heureux. Il faut convenir cependant que son récitatif n'y a pas gagné beaucoup. Aussi sauvage, aussi barbare que celui du chevalier Gluck, il est moins rapide et surtout moins expressif. On en est dédommagé par la beauté des chœurs, quoiqu'un peu bruyans et surchargés de notes; par le pathétique de quelques duos, et par plusieurs airs de la facture la plus brillante et de l'expression la plus noble. Je ne connais aucun morceau de musique théâtrale qui fasse plus d'effet que le superbe monologue d'Ernelinde,

Où suis-je? Quel épais nuage
Me dérobe l'éclat des cieux?

et le magnifique chœur du premier acte,

Jurons sur nos glaives sanglans, etc.

M. Gluck dit *que cet opéra est une montre richement montée, garnie des pierres les plus précieuses, mais dont le mouvement intérieur ne vaut rien.* On a commencé les répétitions de son Armide.

JUILLET 1777.

On a publié, sous le nom du baron de ***, chambellan de sa majesté l'impératrice - reine, des *Mémoires philosophiques*, avec cette épigraphe : *Sed hoc habes quia odisti facta Nicolaïtarum quæ et ego odi.* Apoc. ch. 2. Cet ouvrage est orné de quelques gravures à la manière noire. Celle du frontispice représente la Religion qui découvre une caverne, et la Vérité qui y porte le flambeau ; des masques tombés couvrent la terre, des hommes se détournent en fermant les yeux, et se dérobent à la lumière de la Vérité.

Le prétendu chambellan de l'impératrice-reine est M. l'abbé de Crillon, et son prétendu roman philosophique est un pamphlet contre les philosophes, où l'on ne dédaigne point de se servir de leurs propres armes pour les combattre, ce qui n'est peut-être pas trop chrétien ; et ce qui l'est sûrement encore moins, c'est l'intention manifeste de leur nuire au lieu de chercher à les convertir. On suppose que l'auteur de ces Mémoires est un jeune baron allemand qui, ayant été élevé par un précepteur français philosophe, c'est-à-dire athée, arrive à Paris plein d'enthousiasme pour la philosophie moderne, brûle du désir de connaître personnellement les idoles de son admiration, les recherche avec beaucoup d'empressement, a l'honneur d'être initié dans tous leurs mystères, et finit par être pleinement désabusé de toutes les préventions qu'il avait eues en faveur d'une secte si dangereuse. Il rencontre d'abord un des chefs du parti dans un café ; il le retrouve

à la promenade ; il est introduit par lui dans plusieurs bureaux d'esprit , et nommément chez une
femme qui se charge en passant d'achever son
éducation ; il est admis aux dîners philosophiques ; il assiste à une assemblée solennelle où
l'on délibère sur tous les intérêts du corps encyclopédique ; cette assemblée , qui n'eut jamais lieu que dans la tête de M. l'abbé de Crillon , on la gratifie du beau nom de *saturnales;*
et tout cela prouve que les philosophes sont
une peste d'état, et que tous leurs efforts ten-
dent à miner les fondemens du trône et de
l'autel.

Quelque violentes que soient les accusations
intentées par l'auteur contre les philosophes , il
faut lui rendre justice, il y a une sorte de modération dans les moyens qu'il propose pour les
détruire. Il veut qu'on leur accorde une tolérance
presque entière; qu'on leur laisse la liberté d'écrire
tout ce qu'ils voudront; qu'on les oblige seulement à se nommer à la tête de leurs écrits, et
que tous ceux qui auront déshonoré leur plume
par des ouvrages contraires aux mœurs, à la religion , au gouvernement, soient simplement ex-
clus de tous les honneurs et de toutes les récompenses littéraires; qu'on les couvre de ridicule,
ce qui est la chose du monde la plus aisée; et si
l'on n'y réussit pas, qu'on les enferme aux Petites-
Maisons , ce qui nous paraît à nous beaucoup
plus commode et beaucoup plus facile. Voilà
tout. La seule objection qu'on pourrait faire à

JUILLET 1777.

M. l'abbé de Crillon, c'est qu'il n'y a rien de neuf dans son projet; que tous les moyens qu'il indique ont été mis en usage, et que l'Encyclopédie subsiste encore.

Quelque faible que soit le livre de M. le chambellan, il a fait une sorte de sensation. Serait-ce parce qu'il a paru sous une forme u. peu plus adroite que la plupart des ouvrages de ce genre? Serait-ce parce qu'il est mieux écrit, parce qu'il tient même un peu de ce ton qui a si bien réussi à la doctrine qu'on se propose de rendre odieuse? Tout cela peut y avoir contribué; mais la meilleure raison de l'espèce de faveur qu'il a pu mériter, c'est sans doute la décadence très-sensible du crédit philosophique. Ce siècle sera toujours un siècle de génie et de lumières; mais on ne peut se dissimuler que la philosophie et les philosophes n'aient perdu beaucoup dans l'opinion publique depuis quelque temps, soit que ces messieurs aient compromis dans plusieurs circonstances leur protection et leur dignité, qu'ils se soient avilis eux-mêmes par des intrigues et des querelles scandaleuses, qu'ils aient trahi imprudemment des principes qu'il fallait cacher, ou que leur empire, comme tous les autres, ait subi les vicissitudes naturelles du temps et de la mode. Le désordre et l'anarchie qui ont régné dans ce parti depuis la mort de mademoiselle de Lespinasse et depuis la paralysie de madame Geoffrin, prouve combien la sagesse de leur gouvernement avait prévenu de maux, combien elle avait dissipé d'orages, et surtout combien elle avait sauvé de ridicules. Jamais sous leur respectable administration nous n'eussions vu toutes les scènes auxquelles la guerre de la musique a donné lieu; jamais.

Ce qui pourrait bien avoir nui plus sérieusement encore à la considération de nos philosophes, c'est la publication du *Système de la Nature*, sans compter que cet ouvrage a révolté le plus grand nombre des lecteurs, qu'il a déplu à beaucoup d'autres, qui ont été fâchés de voir qu'on prodiguait un secret qu'ils voulaient garder pour eux et pour leurs amis; il a eu le grand inconvénient de rendre toutes les recherches relatives à cet objet parfaitement insipides, parfaitement indifférentes. Que dire après le *Système de la Nature* qui ne paraisse tout simple et par conséquent très-plat? Le moyen d'être encore neuf, piquant, hardi! Rien n'est plus embarrassant. Quelque opinion qu'on puisse avoir sur le bien ou le mal que cet ouvrage a pu faire à l'humanité, il paraît évident qu'il a gâté à tout jamais le métier de philosophe. C'est un charlatan qui dit son secret; il se ruine lui-même et ses confrères avec lui. D'ailleurs cet excès d'audace a donné à toute la secte un caractère dont beaucoup d'honnêtes gens craignent de porter l'affiche, et par-là même il a jeté dans le parti un germe de division très-pernicieux aux intérêts du corps. Il y a peu d'hommes qui ne soient ravis d'être comptés dans la classe des esprits forts, des esprits qui pensent librement; mais tout le monde n'a pas le courage de passer pour athée. Il est résulté de là que beaucoup de gens confondus sous la même catégorie, et qui formaient ainsi un parti très-puissant, se sont divisés et ont fait bande à part. En faut-il davantage pour affaiblir la puissance la mieux établie? Ainsi fut renversé l'empire du fanatisme et de la superstition; ainsi tombera celui de la philosophie moderne, et le monde n'en suivra pas moins sa marche accoutumée.

ÉPIGRAMME *sur les gazons nouvellement établis dans la cour du Louvre, aux portes de l'Académie.*

Des favoris de la muse française
D'Angivillier rend le sort assuré;
Devant leur porte il a fait mettre un pré
Où désormais ils peuvent paître à l'aise.

On vient de donner au théâtre de la Comédie italienne deux opéras qui n'ont guère eu plus de succès l'un que l'autre, *Ernestine* et *Laurette.* Le premier n'a vécu qu'un jour; si l'autre s'est traîné jusqu'à la cinquième ou sixième représentation, ce n'est pas sans beaucoup de peine; on l'a tenu pour mort dès le premier jour.

Les paroles d'*Ernestine* sont de M. de La Clos, capitaine d'artillerie, connu par une certaine *Épître à Margot* qui fit quelque bruit sous le règne de madame la comtesse du Barri; elles ont été retouchées par M. Desfontaines, auteur de l'*Aveugle de Palmire*, du *Mage*, etc. La musique est de M. de Saint-George, jeune Américain plein de talens, le plus habile tireur d'armes qu'il y ait en France et l'un des coryphées du concert des amateurs.

Le sujet de ce malheureux drame est tiré du joli roman de madame Riccoboni, intitulé *Ernestine*. On ne pouvait guère choisir un sujet plus agréable, on ne pouvait guère le défigurer d'une manière plus maussade. Messieurs de La Clos et Desfontaines ont jugé que le fonds de ce sujet, plus intéressant que comique, avait besoin d'être égayé par un épisode; ils y ont ajouté un rôle de valet, qui est le chef-d'œuvre de la platitude et du mauvais goût. Le talent de Pergolèse même n'aurait pu soutenir un pareil ouvrage, et la composition de M. de Saint-George, quoique ingénieuse et savante, a paru manquer souvent d'effet. On y a trouvé de la grâce, de la finesse, mais peu de caractère, peu de variété, peu d'idées nouvelles.

Laurette est prise du conte de M. Marmontel connu sous le même titre. Les paroles sont d'un soldat; la musique de M. Méreaux, à qui nous sommes redevables du *Retour de tendresse*, de la *Ressource comique* et de plusieurs oratoires exécutés au concert spirituel.

Toute l'industrie du soldat auteur s'est bornée à estropier le conte, à en prendre le commencement et la fin et à en ôter le milieu. Un jeune

JUILLET 1777.

seigneur dans l'opéra comme dans le conte cherche à séduire la fille d'un pauvre laboureur, mais c'est un projet qu'il est loin d'exécuter. Cela n'empêche pas que le père, instruit de l'amour du jeune homme, ne lui répète exactement toutes les belles choses que lui fait dire M. Marmontel et sur l'enlèvement et sur ses suites et sur la justice qu'il se doit à lui-même. Ce grand pathétique, quelque déplacé qu'il puisse être, n'ayant ni le même intérêt, ni le même motif que dans le conte, a fait le plus grand plaisir au parterre ; on a battu des mains, on a demandé l'auteur à plusieurs reprises, et l'on ne s'est calmé qu'après avoir appris de M. Suin qu'il était à son régiment. A la bonne heure. Puisse-t-il y faire plus de fortune qu'au Parnasse !

Un R. P. Griffet, auteur de quelques homélies, vient de nous faire présent d'un ouvrage de sa composition : *Mémoires pour servir à l'Histoire de Louis, dauphin de France, mort à Fontainebleau le 20 décembre 1765, avec un Traité de la connaissance des hommes, fait par ses ordres en 1758*, 2 vol. in-12.

On nous apprend dans un Avertissement suivi d'une Lettre de feu madame la Dauphine, datée de Versailles le 13 mars 1766, que ces Mémoires ont été composés sur ceux que cette auguste princesse avait envoyés à l'auteur, et qu'ils furent rédigés pour elle. Il paraît singulier qu'on ait

44 CORRESPONDANCE LITTÉRAIRE,

attendu jusqu'à ce moment pour les faire paraître.

La partie la plus intéressante de ces Mémoires est le récit de la dernière maladie du Dauphin et de sa mort. Tout le reste semble tendre uniquement à justifier ce prince du goût qu'on aurait pu lui soupçonner pour la philosophie, d'après l'éloge de M. Thomas, éloge qui paraît être en effet moins un ouvrage historique qu'un traité sur l'éducation des princes.

S'il est tout simple que l'un ait tâché de faire de son héros un philosophe, on ne doit pas être surpris que l'autre ait voulu en faire un saint, et ne peut-on pas être l'un et l'autre en même temps? Tout ce qui nous afflige dans l'ouvrage du P. Griffet, c'est l'affectation singulière avec laquelle il ne cesse de parler du respect que le prince avait pour les prêtres et de l'affection plus singulière encore avec laquelle il croit devoir l'excuser sur le désir qu'il eut de connaître personnellement Montesquieu. M. l'abbé Proyart est plus éloquent encore sur cet article dans l'ouvrage qui vient de paraître presque en même temps que celui du P. Griffet, et qui est intitulé : *Vie du Dauphin, père de Louis XVI, écrite sur les Mémoires de la cour, présentée au roi et à la famille royale par M. l'abbé Proyart.*

Ces deux ouvrages ne rappellent pas beaucoup de faits qui importent à l'histoire de ce siècle, mais on y peut recueillir quelques anecdotes intéressantes sur le caractère d'un prince qui s'était fait une grande idée de l'étendue de ses devoirs, et qui désirait avec ardeur de faire un jour la félicité des peuples sur lesquels il devait régner.

La partie historique de l'ouvrage du P. Griffet est donc lisible, souvent même sa narration attache par le naturel et par la simplicité de son style ; mais nous ne pouvons pas en dire autant de son *Traité de la connaissance des hommes.* Le seul homme que ce lourd traité puisse apprendre à connaître, c'est l'auteur lui-même, et cette connaissance ne dédommage pas de tout l'ennui qu'elle coûte. Des lieux communs divisés et subdivisés à l'infini de la manière du monde la plus pénible et la moins propre à donner une seule idée juste, voilà en deux mots l'analyse de ce chef-d'œuvre. Il serait dur cependant de lui disputer l'éloge que lui donna le Dauphin après en avoir lu le plan. « *Je vous donne une peine de chien ; Dieu veuille vous en récompenser!* etc. »

On peut pardonner au P. Griffet l'humeur qu'il témoigne dans cet ouvrage contre les philosophes ; il est difficile d'aimer des gens à qui l'on ressemble si peu ; mais nous ne lui pardonnons pas avec la même indulgence la sortie qu'il fait contre les femmes. «Les femmes, dit-il, ont l'imagination si vive, le raisonnement si court et si superficiel, que leur jugement ne saurait être d'un grand poids, à moins qu'il ne soit

CORRESPONDANCE LITTÉRAIRE.

question de décider sur la forme et la couleur des ajustemens et des parures. » Tout cela nous a paru révoltant et beaucoup moins ingénieux que le mot de M. l'ambassadeur de Naples ; il prétend *que les femmes de Paris n'aiment que de la tête et ne pensent que du cœur.*

AOUT 1777.

De tous les discours qui ont concouru pour le prix de l'Académie, celui qui ne lui a point été envoyé, celui qui n'a point été vendu publiquement, qui ne l'a pas même été sous le manteau, et dont on s'est contenté de distribuer une centaine d'exemplaires aux portes, est le seul qui ait fait une grande sensation. Ce discours est intitulé, *Éloge historique de Michel de l'Hôpital, chancelier de France*, avec cette épigraphe : *Ce n'est point aux esclaves à louer les grands hommes.* Quelque soin que l'auteur de cet ouvrage eût pu prendre pour garder un anonyme impénétrable, il est impossible d'y méconnaître et l'âme et le style de l'homme qui s'est déjà peint lui-même avec tant d'énergie et dans le *Connétable de Bourbon*, et dans l'*Éloge du maréchal de Catinat*, et dans le *Discours préliminaire de la Tactique.* Tout ce que nous connaissons de M. de Guibert porte l'empreinte du même génie, de la force et de la hauteur, beaucoup de négligence et d'inégalité, mais je ne sais quelle ambition, quelle chaleur de caractère qui intéresse, parce qu'elle tient à des sentimens de vertu, parce qu'elle n'a rien de factice. L'illusion qui l'élève à ses propres yeux est de bonne foi et l'entraîne toujours vers de grands objets ; ses erreurs même annoncent un principe noble et respectable. Quoi-

48 CORRESPONDANCE LITTÉRAIRE,

que ce siècle ait produit beaucoup d'ouvrages infiniment hardis, peut-être n'en est-il aucun qui le soit avec plus de naïveté, ou comme on dirait en anglais, *With so much eartness.* Une simple analyse en donnerait une idée trop importante.

« La difficulté réelle (de ce sujet), dit l'auteur, est celle qui résulte de l'impossibilité d'écrire l'éloge de l'Hôpital avec la liberté et la vérité qu'il exigerait. En effet, quand les statuts de l'Académie imposent la nécessité de soumettre les ouvrages destinés au concours à la censure de la Sorbonne ; quand on a vu cette même Sorbonne se déchaîner contre quelques lieux communs de tolérance répandus dans *Bélisaire*, et dans un *éloge de Fénelon*, comment permettrait-elle de louer un homme qui parla toujours le langage de la philosophie et de la raison dans le conseil des rois, qui préserva la France des horreurs de l'inquisition, qui voulut soulager le peuple en diminuant les richesses du clergé, qui jugea toujours la religion en homme d'état, c'est-à-dire comme une partie de législation nécessaire à maintenir, mais que le Gouvernement doit accommoder au plus grand bonheur des hommes, qui de là pencha toujours secrètement vers le calvinisme, parce qu'il le trouvait plus ami de la liberté, de l'industrie et de l'humanité ? Comment ensuite, sans tomber continuellement dans des allusions et des parallèles involontaires, louer un ministre qui ne se laissa jamais amollir par la

AOUT 1777.

corruption et gouverner par l'intrigue, qui conserva dans sa place toute l'intégrité de sa vertu et de son caractère, qui, placé auprès d'un jeune roi, fit tout ce qu'il put pour l'éclairer et pour l'arracher aux mœurs empoisonnées de sa cour, qui fut en un mot plutôt le ministre de sa nation que celui du trône, etc.

« Plaignons l'Académie de ne pas pouvoir admettre d'ouvrages d'un ton plus mâle et plus hardi. Telle est sa constitution, telles sont les chaînes dont Richelieu l'investit à sa naissance. Eh! qui sait si cet adroit tyran ne calcula pas, en la créant, que cette institution mettait à jamais la plus grande partie des gens de lettres sous la discipline du Gouvernement? Que dès ce moment jaloux de parvenir aux places qu'elle offrait, et ensuite voulant jouir en paix du frivole honneur d'y être assis, il ne sortirait plus de leur plume rien de grand, rien de fort, rien de libre? Il est permis de prêter cette vue profonde à un homme qui sut combiner avec tant d'art tous les ressorts du despotisme, et s'il l'eut, il faut convenir qu'elle a été bien parfaitement remplie. »

Après cet exorde, M. de Guibert nous représente le chancelier de l'Hôpital comme un de ces exemples que le sort semble produire de temps en temps pour abaisser l'orgueil des hommes fiers de leur naissance et ramener l'ambition des hommes de mérite sans aïeux.

On peut faire de graves reproches à cet ouvrage, mais il en est un qu'on ne saurait lui faire avec justice, c'est celui de ne pas intéresser. Que le style n'en soit point du tout académique, que l'on y trouve des vues aussi fausses que hasardées, que le sujet ne paraisse nullement approfondi, que la partie de la législation, la partie la plus étendue et la plus importante, ne soit point assez développée, on conviendra de tout; mais la lecture de cet Éloge n'en attachera pas moins, elle n'en inspirera pas moins une grande estime pour le panégyriste, une profonde admiration pour son héros. En quittant le livre on conservera sous les yeux l'image d'un grand homme, peut-être même l'illusion flatteuse d'avoir vécu quelques heures avec lui, et de tous nos Éloges couronnés, il en est bien peu qui laissent une si douce impression.

Énigme *faite il y a dix ou douze ans par M. Valdec de Lessart, adjoint aujourd'hui à la charge de surintendant des finances de Monsieur.*

A la ville ainsi qu'en province
Je suis sur un bon pied, mais sur un corps fort mince;
Robuste cependant, et même fait au tour.
Mobile sans changer de place,
Je sers, en faisant volte-face,
Et la robe et l'épée, et l'église et la cour.
Mon nom devient plus commun chaque jour;
Chaque jour il se multiplie
En Sorbonne, à l'Académie,
Dans le conseil des rois et dans le parlement:
Partout ce qui s'y fait on le voit clairement.

AOUT 1777.

Embarrassé de tant de rôles,
Ami lecteur, tu chercheras bien loin,
Quand tu pourrais peut-être avec un peu de soin
Me rencontrer sur tes épaules.

Le mot de l'énigme est une tête à perruque.

L'*Amant bourru* est une pièce qu'il faudrait placer parmi les chefs-d'œuvre du théâtre français, si le succès d'un ouvrage pouvait en constater le mérite. M. Monvel, qui en est l'auteur, a joué lui-même le rôle de Montalais, et a reçu en paraissant un hommage bien flatteur. Montalais trouve ses amis dans la tristesse, et leur en demande la cause. Est-ce, dit-il, parce qu'on juge aujourd'hui mon procès ? — *Il est gagné*, s'est écrié un particulier, et tout le public a répété, *il est gagné*. Après la pièce, l'auteur a été demandé avec transport, ainsi que le sieur Molé, qui a rendu le rôle principal avec l'intelligence et la vivacité qui caractérisent ce comédien. Pendant qu'ils recevaient tous deux les applaudissemens les plus vifs, Monvel, par un excès de reconnaissance, malgré la présence de la reine et de la famille royale, a sauté au cou de son camarade.... et les applaudissemens ont redoublé.

M. Bailly, dans sa nouvelle *Histoire de l'astronomie*, et dans ses *Lettres sur l'origine des sciences et des arts*, attribue les premières observations sur le lever et le coucher des étoiles à un peuple qui vivait sous le parallèle de 49 degrés ; et comme, selon lui, l'Europe était alors dans la barbarie et dans l'ignorance, ce peuple ne pouvait exister que dans la partie septentrionale de l'Asie. Ces assertions, ces suppositions ont paru à M. l'abbé Baudeau attentatoires à la réputation des Gaulois ses aïeux et de leurs anciens druides. Il a donc pris fait et cause pour eux, et s'est décidé à rendre plainte contre M. Bailly. Ses griefs sont exposés dans un factum intitulé : *Mémoire à consulter pour les anciens druides, contre M. Bailly*, de l'Académie des sciences. Pour justifier cette plainte, M. Baudeau cherche à démontrer, par une foule de citations, que les anciens druides gaulois étaient aussi savans, aussi philosophes, aussi connus que les mages de Perse, les brachmanes de l'Inde et les prêtres égyptiens ; qu'ils avaient soin d'observer les astres ; qu'ils avaient fait des recherches et des découvertes sur la grandeur de la terre, et qu'enfin les plus anciens monumens et les plus vieilles traductions adoptées par Bailly lui-même semblent indiquer le pays des druides gaulois comme un de ceux qui possédèrent les premières connaissances philosophiques.

Le vengeur de la gloire des druides ayant rapporté tous ses moyens justificatifs, conclut « que « M. Bailly soit condamné à composer et à pu- « blier incessamment un troisième ouvrage, dont « il aura soin de lire les essais dans les assemblées

« publiques de l'Académie des sciences ; lequel
« ouvrage sera aussi savant, aussi curieux, aussi
« bien écrit que les deux premiers, afin d'être éga-
« lement recherché des lecteurs, et qu'en icelui
« soit contenue la réparation d'honneur la plus
« authentique aux peuples gaulois, celto-scythes,
« hyperboréens, illyriens ou phrygiens d'Europe
« et à leurs druides ; que M. Bailly soit tenu
« de les reconnaître, sinon comme premiers fon-
« dateurs des sciences et des arts, même dans la
« Phrygie asiatique, dans l'Assyrie et dans la
« Perse, au moins comme très-anciens, très-
« savans et très-renommés philosophes et astro-
« nomes. — Pour les vieux druides gaulois,
« l'abbé Baudeau. »

Tel est ce mémoire, qui a été publié sans
doute plutôt pour faire connaître l'érudition de
l'auteur que celle de ses clients. Quels que soient
nos sentimens sur les connaissances des anciens
druides, nous nous garderons bien de révoquer
en doute celles de M. l'abbé Baudeau ; mais si
nous avions un conseil à lui offrir, ce serait de
renoncer à la folle ambition d'être plaisant en
dépit de la nature, et de ne plus donner à ses
ouvrages des titres qui promettent une gaieté qu'il
n'est point en état de soutenir.

Tandis que, sous une forme plaisante et légère, l'abbé Baudeau demeure toujours sérieux
et pesant, le chevalier du Coudray, sous un
titre très-grave, a conservé le talent d'être ex-

cessivement risible. La nouvelle production du *chantre de Joseph second* est intitulée :

Lettres au public sur la mort de MM. de Crébillon, censeur royal; Gresset, de l'Académie française ; Parfaict, auteur de l'Histoire du Théâtre français, par l'auteur des Anecdotes de l'Empereur.

Quoique la mort rende tous les mortels égaux, on est d'abord un peu surpris de trouver ce M. Parfaict en si bonne compagnie, mais on l'est bien davantage lorsqu'on voit la distribution de cette brochure inconcevable. Quatre pages seulement y sont consacrées à MM. de Crébillon et Gresset, tandis que les faits et gestes de M. Parfaict en occupent trente. C'est en vain qu'on chercherait à donner une idée de cet ouvrage ; pour connaître la manière de M. du Coudray, il faut entendre M. du Coudray lui-même. « J'ai crayonné, dit-il, l'Eloge historique de feu M. Saint-Foix.... j'ai aussi jeté quelques fleurs sur la tombe de MM. du Belloy et Colardeau ; ce dernier surtout a su tirer de ma *verve* une assez longue élégie en prose, ou, si le lecteur *épilogue*, une espèce d'oraison funèbre en forme d'entretien dans les Champs Elysées. Aujourd'hui j'ose entreprendre de crayonner les Eloges historiques de M. de Crébillon, censeur royal, M. Gresset, de l'Académie française, et M. Parfaict, auteur de l'Histoire du Théâtre français. J'entre en matière. »

M. du Coudray nous apprend donc que Jolyot

AOUT 1777. 55

de Crébillon est né le 12 février 1707, qu'il a fait plusieurs ouvrages, entre autres le *Sopha*, *s'il est permis de le citer*, et qu'il est mort âgé de soixante-dix ans, après avoir rempli avec une édification touchante ses devoirs de chrétien. Telles sont les *fleurs* que notre auteur *jette sur la tombe* de M. de Crébillon; encore ne sont-ce pas des fleurs de son jardin, car il convient les avoir tirées d'une feuille périodique intitulée *Avis divers*, et *cela*, dit-il, *parce que j'appuie toujours mon sentiment* (1). Le chevalier du Coudray passe à son ami Claude Parfaict, dont il fait une assez longue élégie en prose. Nous nous contenterons d'en citer un morceau : « M. Parfaict jouissait d'une pension de douze « cents livres, qu'il avait obtenue par le canal « de madame de Pompadour. Ses mœurs ont « toujours été pures, ses amours chastes; *il a* « *manqué* de se marier à une demoiselle *de La* « *Force*. On ne lui a point connu de maîtresse, « quoique plusieurs femmes aient eu de l'incli- « nation pour lui. Il n'a jamais mal parlé de per- « sonne; son caractère était liant et doux; pares- « seux, même négligent, inepte aux affaires, « mais très-capable de les bien conduire; don- « nant de bons conseils et ne s'en servant ja- « mais, etc. *Peut-être que l'amitié m'emporte* « *trop loin*, mais c'est la vérité qui m'arrache

---

(1) M. du Coudray traite M. Gresset avec autant de bonté que M. de Crébillon, *toujours en appuyant son sentiment.*

56 CORRESPONDANCE LITTÉRAIRE,

« ce faible éloge des vertus physiques et morales
« de M. Parfaict. »

COUPLETS *demandés à M. Marmontel par made-*
moiselle Necker, pour être chantés par elle sur
la guérison de madame sa mère.

Air de la romance du *Barbier de Séville.*

Moi qui goûtais la vie avec délice,
Dans un instant j'ai connu le malheur.
Belle maman, témoin de ta douleur,
J'ai dit : Pour moi la vie est un supplice.

En me donnant la plus digne des mères,
Ciel ! tu m'as fait le plus beau des présens ;
Daigne veiller sur ses jours bienfaisans,
Ou tes faveurs me seront trop amères.

Oui, je crains moins la douleur pour moi-même ;
A tous ses traits je suis prête à m'offrir :
Les plus grands maux c'est ceux qu'on voit souffrir
A des parens qu'on révère et qu'on aime.

De mille maux l'essaim nous accompagne ;
Mais sont-ils faits pour un être accompli ?
Ah ! d'un objet de vertus si rempli
Que la santé soit au moins la compagne.

Dans les hameaux on nous dit qu'elle habite,
Et qu'elle suit la douce obscurité.
De la nature en sa simplicité
Jamais maman n'a passé la limite.

Des purs esprits l'essence est impassible ;
Ma mère a droit à cet heureux destin.
Ciel ! n'as-tu pas réuni dans son sein
Un esprit pur avec un cœur sensible ?

AOUT 1777.

Un dieu, touché de mon humble prière,
A fait cesser le mal qui m'accablait.
Dans ce moment, hélas! il me semblait
Qu'un jour nouveau me rendait la lumière.

J'ai reconnu combien mon âme est tendre;
A quelque chose ainsi malheur est bon.
Dieu! gardez-moi de pareille leçon,
Je n'aurais pas la force de la prendre.

Couplet ajouté par M. Necker.

De mon papa voyez l'amour extrême:
Rien, m'a-t-il dit, ne peut vous désunir.
Un seul instant pourrait tout me ravir;
Ah! par pitié, prenez soin de vous-même.

————

Le 25 août, fête de saint Louis, le prix d'éloquence dont le sujet était l'*Éloge du chancelier de l'Hôpital*, a été adjugé au discours de l'abbé Remi. M. d'Alembert en a fait la lecture, et le public par ses applaudissemens a rendu justice au mérite de l'ouvrage et au choix de l'Académie. M. de Saint-Lambert, faisant les fonctions de directeur en l'absence de M. le duc de Nivernais, déclara que les honneurs de l'*accessit* avaient été accordés au discours de l'abbé Talbert et à celui d'un auteur anonyme. L'Académie a fait une mention honorable d'un ouvrage de M. Doigni et d'un autre de M. Le Hoc; elle a fait aussi une mention particulière d'un discours que son excessive longueur n'a pas permis d'admettre au concours, mais auquel elle a rendu les témoignages les plus flatteurs, en invitant l'auteur à le

58 CORRESPONDANCE LITTERAIRE,

publier. Ce discours est du marquis de Condorcet. M. de La Harpe a lu ensuite une traduction libre du premier chant de la Pharsale, et quoique cette traduction soit abrégée, elle a paru longue. M. d'Alembert a terminé la séance par la lecture d'un *Éloge de l'abbé de Choisy*, qui a été très-applaudi. Nous aurons l'honneur de mettre sous vos yeux un extrait du discours couronné et de celui du marquis de Condorcet. Pour snivre l'Hôpital dans la carrière du magistrat, à la tête des finances et dans les fonctions de chancelier, il a fallu nécessairement entrer dans des détails qui semblent convenir plutôt à l'historien qu'à l'orateur. L'abbé Remi a senti ce défaut de son sujet, mais il n'a pas cherché à le vaincre, et peut-être doit-on lui savoir gré d'avoir sacrifié une partie de sa propre gloire à celle du grand homme qu'il a voulu faire connaître.

« Éloignez-vous, dit-il, importune dignité de l'éloquence, soyez à jamais bannie de nos discours, si vos mouvemens et vos couleurs sont incompatibles avec ces détails. Sacrifierons-nous à des convenances oratoires les opérations les plus honorables à la mémoire du chancelier? » Pour dédommager cependant le lecteur de la sécheresse de ces détails, l'ab e Remi a su égayer son discours par des tableaux qui prouvent au moins autant de talent pour la satire que pour l'éloge. L'Hôpital, jeune encore, est pourvu par Henri II d'une charge de maître des requêtes. « Qu'est-ce qu'un maître des requêtes? Osons le dire devant

les hommes éclairés et vertueux qui rendent
parmi nous cette dignité respectable ! C'est quelquefois un magistrat moins dévoué à la patrie
qu'à la fortune, qui placé entre l'homme de cour
et l'homme d'état, errant sous les portiques de
la faveur, suit de l'œil les idoles qu'on y révère,
compte les heureux, attend les disgrâces, com-
bine les intérêts, les événemens, les hasards,
et considère sa charge comme un degré pour
s'élever aux honneurs (1). » L'Hôpital rétablit
l'ordre dans le domaine, protége l'orphelin,
circonscrit le droit des substitutions, corrige
les abus qui s'étaient glissés dans l'administration des charités publiques, réforme la jurisprudence, la débarrasse des usages barbares
qui la déshonoraient, et détruit l'usure en fixant
l'intérêt légal de l'argent. — Il est temps, dit
l'auteur, de soulager ceux que le poids de tant
de vertus et de lumières aurait fatigués. Appre-
nons-leur que l'Hôpital si souvent attaqué par la
calomnie, encourut une fois la juste censure de
ses concitoyens. Son aveugle amitié pour un
homme attaché à son service lui dérobe pendant quelque temps ses concussions et sa cri-
minelle avidité. Sourd aux cris du public, le
chancelier ne veut rien approfondir, et le ban-
deau de la prévention ne laisse plus aucun accès
aux plaintes de l'opprimé. Le conseil est obligé
d'informer et de rendre un arrêt contre le cou-

(1) Ces traits satiriques n'auraient plus aujourd'hui d'application.
Note de l'éditeur.

pable. Le jour luit enfin. L'Hôpital découvre avec humiliation qu'on abusait de sa confiance, il est réduit à s'affliger, pour avoir cru au désintéressement et à la probité. Il chasse le subalterne infidèle, c'était un acte de justice; mais ce qui peut-être nous étonnera, c'est que le premier commis n'obtint ni pension, ni brevet honorable. « Le public, toujours disposé à la malignité, n'a pas manqué de comparer cette prévention du chancelier à celle qu'un ministre austère et vertueux a eue de nos jours pour un subalterne généralement décrié, qui cependant a trouvé dans sa disgrâce des moyens de consolation qui manquaient au premier commis, son prédécesseur. Si les opérations de finance et la réforme des lois n'ont offert à l'orateur qu'un champ stérile et ingrat, la conduite de l'Hôpital dans les disputes de religion qui firent le malheur et l'opprobre de la France, lui présentait un sujet plus susceptible d'éloquence peut-être, mais difficile à traiter dans un ouvrage qui passe sous les yeux de la Sorbonne. C'est cependant dans cette partie de son discours que l'abbé Remi a mérité le plus d'applaudissement, et la hardiesse avec laquelle il a défendu les droits de l'humanité, sans blesser la religion dont il est le ministre, fait également honneur à l'orateur, à sa patrie et à son siècle. » Quand l'Hôpital apprend que le massacre (de la Saint-Barthélemi) est général, que la France n'est plus qu'un théâtre de carnage, alors il rougit d'être Français, il n'ose plus même en parler

l'idiome, et sa douleur s'échappe en ces mots :
Excidat illa dies ! Vieillard infortuné, tu pres-
sens qu'un jour nous partagerons ton indignation
profonde, et qu'humiliés sous le mépris et l'horreur de tous les peuples, nous voudrons arracher
de nos fastes le récit de cette exécrable journée.
Tu pensas bien de nous. Je te rends grâce au nom
de mes concitoyens : ce beau mouvement de ton
âme parvenu jusqu'à nous sera transmis à nos
neveux, ils répèteront d'âge en âge, rassemblés
autour de la statue, *Excidat illa dies !*

C'est ainsi que finit le discours de l'abbé Remi.
Celui du marquis de Condorcet est écrit avec
moins de pureté, d'élégance et d'harmonie, mais
avec plus de feu, d'énergie et de mouvement.
« Forcé, dit-il, de m'arrêter sur une longue suite
de désordres et de barbaries, je ne parlerai point
de sang-froid de ce qu'il est impossible de voir
sans indignation. Eh ! pourquoi craindrais-je de
haïr les ennemis de ma patrie ? C'est le seul
genre de haine dont le sentiment ne soit point
pénible. Malheur au peuple où cette haine ne
régnerait plus que dans un petit nombre d'âmes
échappées à l'avilissement ! Malheur surtout à la
nation où elle serait regardée comme un ridicule
ou comme un crime, où l'on donnerait le nom
de raison à l'indifférence pour les maux publics !... Voici comme M. de Condorcet parle de
la mère de François II. « Catherine de Médicis,
qui durant la vie de Henri II n'avait été jalouse
que du crédit de la duchesse de Valentinois, vit

avec douleur, sous le règne de son fils, le crédit passer entre les mains de Marie Stuart et de ses oncles. Avide de pouvoir et ne sachant ni s'en servir, ni le conserver, lâche dans le danger, mais insultant avec audace à l'opinion, aux lois, au bonheur du peuple, se livrant au crime sans remords et le regardant comme un simple moyen de politique; se croyant plus habile à mesure qu'elle augmentait la liste de ses atrocités, mais affable et sachant se faire aimer de cette classe d'hommes malheureusement trop nombreuse qui pardonne aux princes d'oublier dans leur conduite qu'ils sont des hommes, pourvu que dans leur manière ils paraissent s'en souvenir quelquefois; bienfaisante, mais de cette bienfaisance qui est utile aux courtisans et funeste aux peuples, telle était Catherine... » C'est par des portraits pareils que M. de Condorcet relève le caractère vertueux et les talens plus solides encore que brillans du chancelier de l'Hôpital. Après l'avoir accompagné, comme l'abbé Remi, dans toute sa carrière publique, notre auteur le suit dans sa retraite. « Pauvre et retiré à la campagne, il y fut tel qu'il avait été à la cour, où il avait donné un exemple de frugalité digne des héros de Rome ancienne. Pendant son ministère, sa conversation instructive et agréable, formée d'un mélange piquant de philosophie et de littérature, faisait le seul plaisir de sa table. On n'y servait qu'un seul plat de viandes bouillies. Modernes Apicius, pardonnez à la *bassesse* de ces détails; daignez son-

AOUT 1777.

ger que les dépenses des gens en place sont payées par le peuple, et que l'homme de bien qui se défie d'autant plus de ses forces que lui seul s'en défie, se conduit dans les grandes places de manière à n'avoir pas même de privations à s'imposer lorsque son devoir lui ordonne de les quitter. »

SEPTEMBRE 1777.

PROVERBE *par M. Sedaine.*

CE proverbe a été composé pour être représenté par madame la princesse de Piémont, madame Élisabeth de France et M. le comte d'Artois dans leur enfance. Le même auteur en avait fait plusieurs autres pour le même objet; mais on ne les a pas jugés aussi convenables, et ils n'ont pas été représentés, parce que la scène est à la Bastille, et qu'un prisonnier en force les portes, ce qui est d'un très-mauvais exemple.

PERSONNAGES.

MERCURE.
La RICHESSE.
Le PLAISIR.
La SANTÉ.
La VERTU.
Un SAGE.

(*Le lieu représente le salon ou le cabinet d'un philosophe. Sur un bureau, des rouleaux antiques; au lieu de livres, le buste de Socrate; des outils de mathématique, des compas, des sphères, etc.*)

SCÈNE PREMIÈRE.

LE SAGE, *après avoir mesuré avec un compas quelques parties de la sphère terrestre.*

Les hommes perdent bien le fruit de cette

SEPTEMBRE 1777.

étude, si la connaissance de l'univers leur fait oublier ce qu'ils doivent d'affection envers leurs semblables, et de reconnaissance envers les dieux. Mais.... qui frappe à ma porte ? Elle est toujours ouverte. Entrez, entrez, qui que vous soyez ; puissiez-vous me fournir une occasion de vous obliger !

SCÈNE II.

LE SAGE, MERCURE.

Mercure. — Je suis Mercure.

Le Sage. — Mercure! O ciel!

Mercure. — Jupiter, importuné par les prières des mortels, ne sait plus que penser de leurs demandes. Tous, dans leurs vœux, supplient sa bonté de leur accorder la santé, le plaisir, la richesse ; peu d'entre eux demandent la vertu. Serait-il donc vrai que, pour les mortels, la vertu aurait perdu de son prix ? O jeune homme que Minerve favorise de ses inspirations! les dieux vous établissent juge entre la Richesse, la Vertu, le Plaisir et la Santé. Elles vont se rendre en votre présence ; elles vont déduire les raisons qui leur font croire que chacune d'elles mérite la préférence sur les trois autres. Écoutez-les, pesez et jugez. Je vais les faire assembler. Allez, mortel chéri des dieux, allez pour ce jugement implorer leur assistance ; sans eux le sage ne peut rien.

IV.

SCÈNE III.

MERCURE.

Cachons Mercure à leurs regards, et ne paraissons être que le domestique de leur juge.

SCÈNE IV.

MERCURE, LA RICHESSE.

Mercure. — Que voulez-vous?

La Richesse. — Mon ami, voici de l'or; je suis la Richesse.

Mercure. — Je le vois bien.

La Richesse. — Prenez, prenez.

Mercure. — Je vous remercie.

La Richesse. — Vous me remerciez! Vous n'en voulez pas! Vous n'êtes donc pas un valet?

Mercure. — Il y a Sosie et Sosie.

La Richesse. — Pourriez-vous me dire si celui qui doit nous juger a quelque ami, quelque confident, quelqu'un que je puisse gagner, afin que mon juge me soit favorable?

Mercure. — Non.

La Richesse. — Peut-être lui-même ne serait pas insensible à la beauté de ces pierreries.

Mercure. — Non, madame la Richesse, non; rien ne le touche que la vérité. Attendez-le dans ce cabinet, il va bientôt paraître.

SEPTEMBRE 1777.

SCÈNE V.

MERCURE, LA RICHESSE, LE PLAISIR.

(Le Plaisir chante avant d'entrer.)

La Richesse. — Qu'entends-je? Voici un chanteur qui me plaît. Eh! c'est le Plaisir.

Le Plaisir. — Eh! oui, mon cher cœur, c'est moi. Vive la joie! Oublions le passé, jouissons du présent, moquons-nous de l'avenir, et vive la joie!

SCÈNE VI.

MERCURE, LA RICHESSE, LE PLAISIR, LA SANTÉ. (*Elle est vêtue en chasseuse; un arc, des flèches, un carquois, ou à sa main la massue d'Hercule dont elle paraît se jouer.*)

La Santé. — Eh! c'est le Plaisir!
Le Plaisir. — Eh! c'est la Santé!
La Santé. — Bonjour, mon fidèle ami. (*Elle lui prend la main et la serre par démonstration.*)

Le Plaisir. — Ahi! Vous m'avez fait mal en me serrant la main.

La Santé. — Tu me vois, je suis forte, vigoureuse. J'ai passé cette nuit à danser dans la forêt, afin d'être plus assurée de m'y trouver avant le lever de l'aurore. Depuis cet instant j'ai pris trois cerfs, forcé deux sangliers, percé deux loups de mes flèches. J'allais prendre un daim à la course, lorsqu'un ordre de Jupiter m'ordonne de me transporter ici. O souverain des Dieux! quelles grâces

5.

68　CORRESPONDANCE LITTÉRAIRE,

n'ai-je point à te rendre !.... si c'est pour y passer six heures à table....

Mercure. — Non, c'est pour décider qui doit avoir la prééminence de la Richesse, du Plaisir, de vous, ou de la Vertu.

La Santé. — Qui doute que ce soit moi ?

SCÈNE VII.

MERCURE, LE PLAISIR, LA RICHESSE, LA SANTÉ, LA VERTU.

La Richesse. — Quelle est cette dame ?

Le Plaisir. — Je l'ai vue autrefois dans la vallée de Tempé.

La Richesse. — Je la connais bien peu. Il semble qu'elle me méprise.

La Santé. — On la prendrait pour moi. Je ne veux pas la quitter, elle est aimable.

Mercure. — Paix là, silence; voici votre juge.

SCÈNE VIII.

MERCURE, LE SAGE, LA RICHESSE, LA SANTÉ, LE PLAISIR, LA VERTU.

La Richesse. — Il est bien jeune pour nous juger.

La Santé. — Sa santé m'assure de son suffrage.

Le Plaisir. — Il a l'air bien sérieux. Il est trop jeune.

La Vertu. — Qu'importe l'âge, quand la raison l'éclaire !

Le Plaisir. — Vous parlez pour vous, madame la Vertu.

La Richesse, présentant un écrin de diamans. — Permettez-moi de vous présenter ces pierreries.

(*Le juge jette les pierreries à terre.*)

La Richesse. — Comment nous jugerait-il? Il ne connaît pas la valeur de ce qu'on lui présente. Récusons-le.

Mercure. — Dites vos raisons, parlez, je vous l'ordonne.

La Richesse. — Et de quel droit un valet?

Mercure. — Je suis Mercure. Obéissez. (*Il montre son caducée.*)

Le Plaisir, la Richesse, la Santé. — Obéissons.

La Richesse. — Obéissons. Je ne dispute point contre les dieux, ils peuvent tout m'enlever.

Mercure. — Parlez.

La Richesse. — Si j'avais à discuter mes droits au tribunal de ces mortels éclairés qui connaissent le prix de ce que je vaux, ma présence seule réunirait les suffrages et m'accorderait une prééminence que je rougis de disputer. O Jupiter! ô souverain des Dieux! permets-moi d'invoquer ton témoignage. Que se passe-t-il au pied de tes autels? J'y vois les humains prosternés, le front baissé vers la terre, les mains jointes et serrées, les lèvres animées et tremblantes d'impatience et de désir. Quels sont les motifs brûlans des vœux ardens qu'ils t'adressent? Ma présence, la jouissance de mes bienfaits, la possession de mes trésors, voilà ce qu'ils te demandent, voilà ce que leur importunité veut arracher à ta puissance.

Quelques mères, il est vrai, te supplient de leur accorder la santé de leur fils unique. Quelques enfans bien nés et sensibles demandent la prolongation des jours d'un père adoré, d'un monarque bienfaisant; mais leur nombre est si rare que leurs accens sont étouffés par la clameur de ceux qui ne respirent que moi, qui ne soupirent qu'après moi, qui ne sont embrasés que de moi. Les veilles, les fatigues, les courses et le jour et la nuit, leur sang, leur vie, tout est employé par les mortels pour me posséder; les terres n'ont point d'espace, les mers n'ont point de distance qu'ils ne franchissent pour me voir, pour me contempler, pour m'attirer à eux. Sous les zones ou brûlantes ou glacées soupçonnent-ils que ma divinité réside, ils y courent, ils y volent. Faut-il escalader les plus hautes montagnes, faut-il descendre dans les plus profonds abîmes de la terre, faut-il affronter la mort; sous quelque forme qu'elle se présente, rien ne les effraie, ils se précipitent au-devant d'elle. Ils sacrifient tout pour moi, et le plaisir et la santé et la vertu. Et l'on ose mettre ici en question si je dois avoir la prééminence! Ah! s'il était possible que le genre humain entier comparût au même instant en votre présence, il aurait bientôt décidé mon juge. Mais non, pénétré de mes raisons, il va prononcer avec équité et mériter les brillantes faveurs que lui promet ma reconnaissance... J'ai dit.

Mercure. — Plaisir, c'est à vous à parler.

Le Plaisir. — Je ne dirai qu'un mot, un long discours fatigue. J'approuve tout ce qu'a dit la Richesse : elle a plaidé ma cause. Les Dieux importunés, les trésors demandés, les vœux ardens des mortels pour l'obtenir, tout cela est vrai ; mais ils ne la désirent que pour la posséder, la Richesse n'est que l'introductrice aux moyens de parvenir à mes faveurs.

Soit le plaisir d'agir, ou celui du repos, c'est toujours moi que les hommes recherchent en courant après elle. Et pour jeter un coup d'œil rapide sur quelques passions humaines, le fastueux, le joueur, le chasseur, ne demandent aux Dieux la richesse que pour favoriser plus à longs traits le plaisir qui les enchante. Les trésors ne seraient rien pour eux, si le fastueux ne voyait dans leur conquête le plaisir d'étaler sa magnificence ; le joueur, de ponter au pharaon ; le gourmet, des vins délicieux ; le chasseur, des piqueurs, des chiens, des chevaux. Ainsi que la Richesse se désiste de ses droits et les abandonne à celui qu'elle ne fait que représenter. J'aurais encore de meilleures raisons à dire pour combattre celles que vont donner la fragile Santé et la triste Vertu ; mais, mon aimable juge, je vous en supplie, que votre esprit ajoute à ma cause ce que j'y pourrais ajouter, car le plus intrépide des plaisirs est de plaider ; et je me tais.

Mercure. — C'est à la Santé de parler.

La Santé. — J'ai douté quelquefois que la

Richesse et le Plaisir eussent la témérité de se préférer à moi, mais à leurs raisons j'ai reconnu leur bonne-foi. Que la Vertu se préfère à eux, je n'en serai pas surprise : elle peut servir à se bien porter; mais je le demande à cette Richesse si fière des vœux des humains, à quoi sert-elle dans un palais privé de ma présence, qu'à augmenter les regrets de ceux qui ne peuvent en jouir ? Voyez le vieil avare que les douleurs de la goutte empêchent même de compter son argent; que ne donnerait-il pas pour m'acheter ? Quant au Plaisir qui ne fait valoir ses droits qu'en s'arrogeant les prérogatives de la Richesse, ce Dieu si mobile et si léger ne marche jamais que sur mes pas, il n'est plus rien sans les faveurs de la Santé, il est nul où je ne suis pas. Ah ! si l'on voyait sur le visage de son juge, ou même sur celui de la Vertu l'empreinte d'une inquiétude effrayante sur la santé la plus chère à la France, hésiterait-on de m'accorder la palme ? Je ne m'abaisserais pas même à la demander, on me supplierait à genoux de l'accepter. Hélas ! mon malheur fut toujours qu'on ne reconnaît mon prix qu'après m'avoir perdue. Mais je vois briller mes présens dans les yeux de mon juge. Il n'attendra pas un instant pénible pour apprécier ce que je vaux, et il va sans doute m'accorder ce qui m'est dû par besoin, par justice et par reconnaissance.

La Vertu. — Sous le règne bienfaisant de Saturne et de Rhée, lorsque les Dieux habitaient au milieu des mortels, la Richesse, le Plaisir et la

SEPTEMBRE 1777.

Santé n'auraient pas demandé la prééminence sur la Vertu.

Les dons de la terre étaient les seules richesses; le bonheur alors n'était pas dans les plaisirs; la santé était l'existence : vivre et se bien porter n'était que la même chose.

Mais les Dieux ont abandonné la terre. La richesse à présent n'est que la soif de l'or ; les plaisirs ne sont que dans leur excès, et la santé ne paraît sur les pas de la jeunesse que pour s'éteindre aussitôt qu'elle brille.

S'il est une divinité qui puisse les rendre solides et durables, c'est la Vertu. La vertu seule peut faire servir la richesse au bonheur des humains; elle seule peut donner au plaisir cette volupté constante et céleste qui ne connaît ni les remords, ni la satiété.

Quant à la Santé, (elle en convient elle-même) que deviendrait-elle sans le soin de nos compagnes assidues, sans la Continence, la Sobriété et la Tempérance? Le pouvoir de la Santé, aussi loin qu'elle peut l'étendre, ne peut embrasser que le corps, et la Vertu est la santé de l'âme.

Que ne puis-je découvrir à vos yeux l'intérieur d'une âme vertueuse qui jouit à toutes les heures du plaisir émané de moi, du plaisir le plus satisfaisant et le plus facile! L'homme qui place son bonheur dans le bien qu'on fait aux autres est à chaque instant à portée d'être heureux. Voilà celui que je comble d'une félicité inaltérable. C'est ainsi que je l'approche des Dieux en lui donnant leur ressemblance; c'est ainsi que j'attache auprès de lui la tendresse, la confiance et le respect; respect qui lui est propre, et qui, ne tenant ni à la naissance, ni aux dignités, ni aux circonstances, est bien au-dessus de l'étiquette; il prend le caractère sublime de la vénération que les mortels ont pour les Dieux... Mais qu'ai-je besoin de persuader mon juge? La conviction de ce que j'ai dit est déjà dans son cœur, elle passe dans ses yeux, et la fille de Jupiter n'a rien à craindre d'un fils de celui qui le représente.

La Richesse. — Sera-t-elle toujours la seule que je ne pourrai vaincre?

Le Plaisir. — Il fallait la récuser.

La Santé. — Avec les traits qu'elle a pris elle ne pouvait manquer de paraître aimable et de gagner sa cause.

La Richesse. — Il y a long-temps que le juge la connaît; on dit qu'il l'aime.

Le Plaisir. — Et qu'il en est aimé. Nous devions le récuser.

Mercure. — Paix! Le juge va prononcer.

Le Juge, qui cependant paraît avoir écrit. — Les mortels n'aspirent qu'après la Richesse; elle est l'objet de leurs vœux : mais c'est pour obtenir par elle les plaisirs, l'abondance et le repos. Quelques douceurs qu'ils se promettent dans leurs possessions, elles ne sont rien sans la Santé, qui elle-même a besoin de la Vertu pour se soutenir et régler ses mouvemens. Ainsi la Richesse

SEPTEMBRE 1777. 75

cédera le pas au Plaisir, qui lui-même ne paraîtra qu'à la suite de la Santé ; et la Vertu répandra sur eux ses faveurs pour l'avantage et le bonheur des mortels. J'ai dit.

La Richesse.—Pourquoi Jupiter nous donnait-il un juge si jeune ?

Le Plaisir. — Il en fallait un qui eût un plus grand nombre d'années.

La Santé. — Cela aurait donné de la valeur à son jugement.

Mercure. — Souvenez-vous de ce qu'a dit un des grands poëtes français dans une tragédie appelée *le Cid.* Je ne me souviens pas du mot ; quelqu'un de la compagnie pourrait-il me le dire ?

Quelqu'un. —

Aux âmes bien nées

La valeur, etc.

Mercure. — Vous l'avez deviné.

———

Lettre de M. de Reverdi, de Nyon en Suisse, à l'auteur de ces feuilles.

M. le comte de Falkenstein a refusé les relais que les baillifs avaient eu ordre de lui faire tenir prêts de ville en ville dans le canton de Berne, et s'est fait mener, à la manière du pays, par les mêmes chevaux, de Genève à Schafhouze. La foule qui l'obsédait dans tous les endroits où il s'arrêtait a paru lui déplaire, et a été cause qu'il n'est point sorti à Rolle. A Lausanne, qui était sa première couchée depuis qu'il voyageait si lentement, il remarqua dans sa chambre son portrait orné de guirlandes, et sous lequel on avait écrit ce quatrain :

Ne rencontrer partout que des admirateurs,
  Se dérober à leurs justes hommages,
Faire le bien, s'instruire et gagner tous les cœurs,
  C'est l'histoire de ses voyages.

Le portrait et les vers attirèrent ses regards. Il demanda de qui tout cela pouvait être. L'hôte lui dit que l'un et l'autre venait d'une Hollandaise qui logeait dans le voisinage, et ajouta, comme sans intention, que sa maison était à deux pas, qu'elle dominait le lac, et que de sa terrasse on avait la plus belle vue du monde. M. le comte demanda s'il pouvait être sûr de ne point trouver d'assemblée. L'hôte le lui promit et le trompa. Madame Blaquière avait assemblé chez elle, autant qu'elle avait pu, de personnes présentables et surtout de jolies femmes. Le fameux Tissot s'y présenta aussi. Le prince parut goûter sa conversation, et lui demanda entre autres choses s'il y avait à Lausanne des gens de lettres. M. Tissot le pria de le dispenser de répondre à une question si humiliante. Deux des plus jolies femmes s'étant avancées, car le reste parut s'occuper à jouer, il s'écria au milieu d'elles avec une sorte d'extase : *Non, dans tous mes voyages je n'ai rien vu de si beau !* Il se trouva que c'était de la vue qu'il parlait. Il ne s'en alla point cependant sans leur avoir dit des choses assez galantes. Madame

SEPTEMBRE 1777.

Blaquière fut la mieux traitée. Elle est fille de l'historien Rapin Thoyras, par conséquent née demoiselle. Un de ses fils, nommé M. Casenove, du nom d'un premier mari, sert en Autriche. C'était pour avoir occasion d'en parler qu'elle avait envoyé vers et portraits. Elle pria en effet M. le comte de Falkenstein de le recommander à l'empereur. *J'ai peu de crédit à Vienne,* répondit M. le comte, *mais voici un de mes amis qui prendra le nom de M. de Casenove sur ses tablettes pour en parler à l'empereur.* En effet, l'empereur ayant sans doute dépouillé les tablettes du comte de Colloredo, a fait appeler auprès de lui le jeune homme, au camp de Styrie, et l'a recommandé au général dans la division de qui il se trouve. C'est à madame Blaquière qu'on attribue la Fable que voici. Il faut remarquer que l'auteur n'a jamais vécu en France, et peut-être n'y a jamais été.

L'Aigle et le Rossignol.

Un rossignol fameux de plus d'une manière
Par l'éclat, la douceur et l'accord de ses airs,
Après avoir chanté dans cent climats divers,
Vint enfin se fixer, pour finir sa carrière,
  Dans une riche et commode volière
Qu'il faisait résonner du bruit de ses concerts.
Jamais des sons plus doux ne s'étaient fait entendre.
  De toutes parts des oiseaux différens
    Auprès de lui venaient se rendre.
Ils s'estimaient heureux d'entendre ses accens;
    Et même ce cygne qu'on loue,

Pour ses accords mélodieux,
Plus grand que celui de Mantoue,
Puisqu'il a rang parmi les Dieux,
Empressé de lui rendre hommage,
Le célébrait dans ses chansons;
Et, jaloux de l'espoir d'obtenir son suffrage,
Daigna prendre de ses leçons.
La foule quelquefois devenait incommode;
Hibou, milan, corbeau, même plus d'un oison
De louanges sans fin lui versaient le poison.
Un jour le roitelet, son messager fidèle,
Et qu'à la découverte il envoyait souvent,
Haletant, essoufflé, volant à tire d'aile
Comme s'il arrivait tout droit du firmament,
Vient lui dire : « Écoutez une grande nouvelle;
« L'aigle vient, vous allez le voir dans un moment.
        « Et loin de planer dans les airs,
          « Je l'ai vu voler terre à terre,
« Pour venir admirer le maître que je sers. »
Le rossignol flatté cependant se lamente.
« Eh quoi! toujours des grands, des curieux? Quel sort!
« Non, je ne chante plus, et ma voix expirante
« Ferait pour louer l'aigle un inutile effort.
« Le renvoyer pourtant.... Un aigle est quelque chose;
« Ce n'est pas tous les jours qu'on en voit ici-bas.
« Que ma célébrité me donne d'embarras,
        « Et que d'ennuis elle me cause!
        « En vérité, je n'y tiens pas. »
Notre chantre aussitôt rajuste son plumage,
        Prélude ses sons les plus doux,
        Bien assuré par son ramage
D'enchanter l'aigle et faire cent jaloux.
L'aigle arrive en effet de l'enceinte sacrée;
Il fait deux fois le tour, puis reprenant son vol,
Et suivant son dessein sans voir le rossignol,
Il s'élance à ses yeux vers la voûte azurée.

SEPTEMBRE 1777.

L'oiseau chanteur confus de se voir négligé,
Affront qui n'était pas chez lui fort ordinaire,
Jura que dès ce jour il en serait vengé.
« Oui ce roi des oiseaux sentira ma colère;
« Mes chants l'auraient vanté, mais je les changerai.
« La déesse aux cent voix, qui n'ose me déplaire,
« Ne parlera de lui que comme je voudrai. »
A ces mots, que dictait une rage impuissante,
Il éleva sa voix, qui devient glapissante.
Pour renforcer ses tons à l'art il a recours;
Mais que peut-il gagner par ses efforts pénibles?
        Ce qu'un méchant gagne toujours.
Aigris par le dépit, ses sons jadis flexibles,
        Au lieu de plaire, rendaient sourds.
Une corneille alors, matrone respectable,
Qui chez tous les oiseaux passait pour raisonnable,
Lui dit : « Pauvre animal, va, calme tes fureurs;
« D'un courroux impuissant apprends à te défendre.
« A quoi te serviront tant de vaines clameurs?
« L'oiseau de Jupiter est trop haut pour l'entendre.

Vous pouvez recueillir chemin faisant d'autres anecdotes sur M. le comte de Falkenstein : comme quoi il goutta le beurre à Rolle; comme quoi il n'entretint le grand Haller que d'inoculation; comment un paysan, auquel il se fit connaître pour l'empereur, s'écria : *C'est bien le diable! je ne l'aurais jamais cru*, etc. La plupart de ces petites bêtises ne valent guère la peine qu'on les écrive....

————

La modestie de M. Houdon lui a fait apporter tous ses soins à empêcher que les vers qu'on lui a adressés de tous côtés ne fussent imprimés

80 CORRESPONDANCE LITTÉRAIRE,

dans aucun papier public. En voici que M. de Rhulière fit sur-le-champ, après avoir admiré sa *Diane*.

Oui, c'est Diane, et mon œil enchanté
Désire dans sa course atteindre la déesse,
Et mes regards devancent sa vitesse.
Aucun habillement ne voile sa beauté.
Mais son effroi lui rend sa chasteté:
On aurait dans Éphèse adoré ton ouvrage,
Rival de Phidias, ingénieux Houdon,
A moins que les dévots, en voyant ton image,
N'eussent craint le sort d'Actéon.

Parmi plusieurs morceaux précieux que le même artiste a exposés au salon, il y a entre autres un petit bas-relief représentant une grive morte, attachée à un clou par la patte. Ce morceau est d'un effet prodigieux; plus on le voit de près, plus il fait d'illusion. Un enfant de six ans fut mené il y a quelques jours dans l'atelier de M. Houdon; il examina cet oiseau et demanda d'abord à son père où il était blessé. On lui dit que la blessure était vraisemblablement cachée. « Mais, papa, dit-il, de quoi est donc fait cet oiseau? » — C'est du marbre, lui dit son père. — « Ah! ah! reprit l'enfant, est-ce que l'on fait des plumes avec du marbre? » — Cette naïveté dut flatter l'artiste plus que les éloges presque toujours exagérés des connaisseurs.

Tous les édits, tous les arrêts émanés du département des finances depuis que Sa Majesté

SEPTEMBRE 1777.

en a confié l'administration à M. Necker formeraient peut-être le plus excellent code d'économie politique qui ait encore été fait. On y trouve tous les grands principes développés avec la profondeur et la précision la plus lumineuse, la réforme des abus préparée sans effort, la dépense soumise à un ordre plus constant et plus éclairé, les frais de perception diminués, le système général des finances réduit à une marche plus simple et plus uniforme, enfin le grand art de gouverner et de maintenir le crédit public, de ranimer la confiance des peuples, et de l'inspirer même aux nations rivales. Mais une opération supérieure à toutes celles qui l'ont précédée et qui mérite d'être comptée au nombre des époques les plus heureuses du Gouvernement français, c'est l'établissement de l'administration provinciale de Berri, établissement dont les avantages deviendront sans doute l'objet des vœux de toutes les autres provinces du royaume, et qui doit consacrer dès à présent le nom de M. Necker au rang des noms les plus illustres et les plus chers à la France.

Le but de ce nouvel établissement est d'ajouter aux ressorts de notre législation un ressort qui lui manque essentiellement, dont l'effet soit d'adoucir le fardeau des impositions par un moyen qui puisse toujours subsister et se perfectionner de lui-même, sans porter aucune atteinte à l'autorité du souverain, sans lui laisser craindre aucune résistance dangereuse, sans embarrasser même en aucune manière l'exécution de ses volontés. C'est ce moyen qu'on s'est assuré·de trouver dans le zèle éclairé d'une administration locale, permanente et nombreuse, intéressée à faire la répartition des impôts la plus juste et la plus équitable, à prévenir les abus de tout genre et à féconder les ressources particulières à chaque province, ressources qui doivent varier selon la diversité des sols, des caractères et des usages.

Une tâche si importante et si difficile a été abandonnée jusqu'à présent aux soins du ministre des finances, dont le temps et les forces ne peuvent embrasser un détail aussi immense, et qui se voit forcé ainsi de suivre presque aveuglément les impressions de l'autorité intermédiaire de messieurs les intendans, et plus souvent encore de leurs secrétaires et de leurs subdélégués.

Ces subdélégués n'ont jamais de rapport avec le ministre, même en l'absence de l'intendant qui, dans quelque lieu qu'il soit, retient toujours à lui seul la correspondance; ils ne peuvent donc acquérir aucun mérite direct auprès du Gouvernement, ni aucune gloire qui leur soit propre. On doit nécessairement se ressentir du défaut de ces deux grands mobiles, sans lesquels, à moins d'une grande vertu, un subalterne chargé d'une administration publique doit être soumis à toutes les passions particulières. De tels hommes, on le sent facilement, doivent être timides devant les puissans, et arrogans envers les

SEPTEMBRE 1777.

faibles ; ils doivent surtout se parer sans cesse de l'autorité royale ; et cette autorité en de pareilles mains doit souvent éloigner du roi le cœur de ses peuples.

Il n'y a dans les pays d'élection aucun contradicteur légitime du commissaire départi, il n'en peut pas même exister dans l'ordre actuel sans déranger la subordination et contrarier la marche des affaires ; ainsi, à moins que le Gouvernement ne soit averti par des injustices éclatantes ou par quelque scandale public, il est obligé de voir par les yeux de l'homme même qu'on aurait besoin de juger.

Que résulte-t-il d'une forme d'administration aussi arbitraire ? Il vient au ministre des plaintes d'un particulier ou d'une paroisse entière. On communique à l'intendant cette requête ; celui-ci dans sa réponse, ou conteste les faits, ou les explique, et toujours d'une manière à prouver que tout ce qui a été fait par ses ordres a été bien fait. Alors on écrit au plaignant qu'on a tardé à faire droit jusqu'à ce qu'on eût pris une connaissance exacte de l'affaire, et on lui transmet, comme un jugement réfléchi du conseil, la simple réponse de l'intendant ; quelquefois même à sa réquisition on réprimande le contribuable ou la paroisse de s'être plaints mal à propos ; et qui sait s'ils ne se ressentent pas encore d'une autre manière de leur hardiesse ? Car un intendant et ses subdélégués qui voient toujours que les requêtes leur sont renvoyées, que leurs décisions sont adoptées, et que cette déférence à leurs avis est nécessaire, doivent naturellement mépriser les plaintes auxquelles des corps entiers ne s'associent pas; et voilà pourquoi, dans les provinces, ils sont si fort redoutés de ceux qui n'ont pas de rapports avec la cour ou la capitale.

Quand de longs murmures dégénèrent en plaintes générales, le parlement se remue et vient se placer entre le roi et ses peuples. Mais eût il les connaissances qu'il ne peut rassembler, eût-il la mesure que l'esprit de corps n'observe guère, ce remède est un inconvénient lui-même, puisqu'il habitue les sujets à partager leur confiance et à connaître une autre protection que l'amour et la justice de leur souverain.

On a senti dans tous les temps le vice de ce genre d'administration, et l'on a tâché d'y suppléer de différentes manières; sous Charlemagne et ses successeurs, par l'établissement des grandes assises, par l'envoi des *Missi Dominici*, appelés quelquefois *Juges des Exempts*, chargés d'éclairer de près dans les provinces la conduite des ducs et des comtes, de recevoir les plaintes de ceux qui en avaient été maltraités, et de les renvoyer, dans le cas où ils ne jugeaient pas eux-mêmes, au *Mallum Imperatoris*; dans la suite on remplaça les *Missi Dominici* par l'institution des baillis, juges des cas royaux; mais cette dernière institution servit bien plus à diminuer la puissance des seigneurs qu'à adoucir le sort des peuples. Les assemblées d'états ne

SEPTEMBRE 1777.

pouvaient porter leur attention que sur des vues d'administration générale, et leur activité devait se borner à des circonstances extraordinaires. On peut dire en général que tous les moyens imaginés jusqu'à présent pour prévenir et pour réparer les abus de cette portion de pouvoir, qu'on ne saurait se dispenser de confier à des ministres subalternes, étaient ou insuffisans pour la tranquillité des sujets, ou d'une conséquence dangereuse pour l'autorité royale.

Il paraît que le digne successeur de Sully et de Colbert a su concilier, dans les nouvelles dispositions que Sa Majesté vient d'adopter pour la province du Berri, tous les intérêts et tous les avantages dont un établissement si nécessaire pouvait être susceptible, et qu'il en a prévenu les inconvéniens avec toute la prudence qu'on peut attendre de la sagesse humaine.

Il a commencé d'abord par distinguer dans les différentes parties de l'administration celles qui tiennent uniquement à la police, à l'ordre public, à l'exécution des volontés du roi; on a senti qu'elles ne pouvaient jamais être partagées, et devaient reposer constamment sur l'intendant seul. Mais celles qui sont soumises à une marche plus lente et plus constante, telles que la répartition et la levée des impositions, l'entretien et la construction des chemins, le choix des encouragemens favorables au commerce, au travail en général, et aux débouchés de la province en particulier, toutes ces parties si essentielles

86   CORRESPONDANCE LITTÉRAIRE,

au bonheur et au repos de toutes les classes de la société, ont paru devoir être confiées préférablement à une commission locale composée de propriétaires choisis dans les différens ordres de l'État, dont les suffrages fussent balancés par un sage équilibre, dont le nombre ne fût point assez grand pour embarrasser, mais suffisant pour garantir le vœu de la province (1).

Les conditions essentielles auxquelles on a cru devoir soumettre le nouvel établissement sont des règles simples de comptabilité; l'administration la plus économe; les assemblées générales aussi éloignées que l'entretien du zèle et de la confiance peut le permettre; l'obligation de soumettre toutes les délibérations à l'approbation du conseil éclairé par le commissaire départi; l'engagement de payer la même somme d'imposi-

---

(1) Dans une commission permanente, composée des principaux propriétaires d'une province, la réunion des connaissances, la succession des idées donnent à la médiocrité même une consistance. Le concours de l'intérêt général vient augmenter les lumières, la publicité des délibérations force à l'honnêteté; et si le bien arrive avec lenteur, il arrive du moins; et une fois obtenu, il est à l'abri du caprice et se maintient. Au lieu que l'intendant le plus rempli de zèle et de connaissances est bientôt suivi par un autre qui dérange ou abandonne les projets de son prédécesseur. Dans l'espace de dix ou douze ans, on les voit aller de Limoges en Roussillon, de Roussillon en Hainaut, en Lorraine; et à chaque variation ils perdent le fruit de toutes les connaissances locales qu'ils pouvaient avoir acquises. On dirait, à voir ces changemens continuels, que l'administration des provinces est une école établie pour les maîtres des requêtes; et que, destinés à gouverner un autre hémisphère, ils viennent en France s'essayer sur différens sols et sur divers caractères, tandis que le grand avantage de chaque province devrait toujours être le but, et l'homme le moyen.

tion versée aujourd'hui au trésor royal; le simple pouvoir de faire des observations, en cas de demandes nouvelles, de manière que la volonté du roi se trouve toujours éclairée et jamais arrêtée ; enfin le mot de *Don-gratuit* absolument interdit ; celui de *Pays d'administration* subrogé à celui de *Pays d'état*, afin que la ressemblance de nom ne puisse jamais entraîner de prétentions semblables.

Il résulte de la nature de ces conditions si sagement combinées que l'institution d'administrations provinciales formées sur ce modèle, loin de pouvoir être envisagées comme un accroissement de résistance, servirait plutôt de contrepoids à la puissance des Etats et des parlemens, et qu'elle offrirait même aux rois des moyens d'asseoir plus tranquillement leur juste autorité. La réunion de tant de corps, presque toujours jaloux les uns des autres, deviendrait impossible, et si elle avait jamais lieu, ce ne pourrait être que par l'effet d'un malheur général et par des actes accumulés d'injustice et d'oppression. Mais si le meilleur des rois pouvait instituer une administration qui, en aplanissant le chemin à sa justice, offrît encore un obstacle aux abus du pouvoir, ne serait-ce pas à ses yeux le point de perfection, puisque, après avoir fait le bonheur de ses peuples pendant son règne, il en serait encore le bienfaiteur dans les temps les plus reculés?

Une observation non moins importante que

88 CORRESPONDANCE LITTÉRAIRE,

toutes celles qu'on vient d'indiquer, c'est qu'en supposant que les administrations provinciales ne fussent pas aujourd'hui la manière la plus convenable de simplifier les finances et d'atteindre au meilleur système d'imposition, il serait encore sage de la choisir, comme étant celle à laquelle les esprits sont le plus préparés; toute autre qui, sous un point de vue purement abstrait, paraîtrait préférable, trouverait, à titre de nouveauté, des obstacles d'exécution d'où naîtrait bientôt le découragement, et l'administration montre bien moins d'habileté lorsqu'elle veut exécuter tout à coup le plus grand bien qu'elle a conçu, que lorsqu'elle s'en approche par degrés, mais plus sûrement, en suivant la route que l'opinion générale a le plus frayée.

En avouant que la plupart des réflexions que l'on vient de faire ont été puisées dans un mémoire manuscrit qui nous avait été confié sous le sceau du plus profond secret, nous ne pouvons nous refuser au plaisir de transcrire ici en entier la conclusion de ce fameux morceau : « J'ai vu « divers genres de gloire partagés entre les sou- « verains; la guerre, la politique, les arts et la « magnificence ont tour à tour signalé leur règne « et consacré leur mémoire. Aujourd'hui le soin « du bonheur des peuples et l'établissement des « lois qui peuvent l'assurer semblent offrir la « seule ambition nouvelle et la plus noble de « toutes. Un siècle plus calme et plus instruit « paraît désabusé de ces fausses grandeurs. En

« même temps la nation a les yeux ouverts sur
« Votre Majesté; elle croit voir un accord entre
« ses besoins et le caractère de son souverain,
« entre l'âge de Votre Majesté et le temps néces-
« saire pour accomplir des projets salutaires, et
« l'amour qu'inspire Votre Majesté fait apercevoir
« avec sensibilité que la gloire qui paraît lui être
« plus particulièrement réservée sera la plus con-
« forme à son bonheur ainsi que la plus pré-
« cieuse à l'humanité. »

Les plaisirs et les amusements de la feue reine
étaient fort simples et très-uniformes; mais elle
tenait à l'arrangement de sa journée, et tout ce
qui pouvait en troubler l'ordre accoutumé lui
donnait de la tristesse et de l'humeur. Un soir,
M. de Maurepas étant entré dans le salon où
se tenaient toutes les personnes de sa cour, et
ne trouvant sur tous les visages que l'expression
de l'ennui et de l'embarras, il chercha à en pénétrer la cause. *Eh! ne savez-vous pas*, lui dit-on,
que c'est aujourd'hui le premier jour de deuil?
On n'ose pas jouer. Sa Majesté s'ennuie.....
Mais le piquet, répondit M. de Maurepas de
l'air du monde le plus sérieux? *Le piquet est*
de deuil. — Toute la cour s'empressa de répéter, *le piquet est de deuil;* on fut l'annoncer
à la reine, et le ciel reparut sans nuages.

Parmi les pertes irréparables que les lettres et
les arts ont faites cette année, on ne doit point

CORRESPONDANCE LITTÉRAIRE,

oublier le sieur Colalto, qui jouait les rôles de Pantalon à la Comédie italienne. Il réunissait au mérite d'un excellent acteur celui d'avoir composé plusieurs pièces charmantes (1), entre autres *les trois Jumeaux*, ouvrage supérieurement intrigué, plein de situations originales et de vrai comique. Sous le masque le plus ridicule et le plus hideux il n'est point de sentiment, point de passion qu'il ne sût exprimer avec beaucoup de chaleur et de vérité ; son talent l'emportait sur l'invraisemblance du costume et sur celle du rôle. Dans la comédie qu'on vient de citer, où il jouait à visage découvert, on l'a vu produire l'illusion la plus complète, faire pour ainsi dire à la fois trois rôles absolument différens, paraître tour à tour amoureux passionné, brusque et dur, niais et imbécille, et le paraître avec une magie telle que les yeux les plus accoutumés à sa figure avaient de la peine à le reconnaître. Son caractère personnel était d'une modestie et d'une simplicité peu commune à son état. Il ne connaissait d'autre bonheur que celui de vivre paisiblement au sein de sa famille et de faire du bien aux malheureux que le hasard offrait à sa générosité. Il est mort d'une maladie fort lente et fort douloureuse. Ses enfans, qui n'ont point quitté son chevet, l'ont vu s'éteindre dans leurs bras.

(1) *Pantalon père sévère*, le *Retour d'Argentine*, *Pantalon jaloux*, les *Intrigues d'Arlequin*, les *Mariages par magie*, les *Perdrix*, etc.

Il a senti tous leurs soins, et ses derniers mots ont été l'expression de sa reconnaissance. Ses yeux s'étaient arrêtés sur l'estampe du *Paralytique servi par ses enfans.* On lit ces vers au bas de la gravure :

> Si la vérité d'une image
> Est la vérité de l'objet,
> Que le sage artiste a bien fait
> De mettre la scène au village !

Mes enfans, leur dit le mourant d'une voix faible, l'auteur de ces vers ne vous connaissait pas.

———

On peut mettre au nombre des bons livres publiés depuis quelque temps les *Recherches et considérations sur la population de la France, par M. Moheau,* avec cette épigraphe : *Ego rem quam ago non opinionem sed opus esse, eamque non sectæ alicujus aut placiti, sed utilitatis esse et amplitudinis immensæ fundamenta.* — Bacon.

Tout ce que nous avons pu apprendre de M. Moheau, c'est ce qu'il dit de lui-même dans un avis au lecteur, que des devoirs d'état l'ont obligé à faire ou diriger des recherches relatives à la population, ordonnées par le Gouvernement; que son goût l'a porté à les étendre, et que la masse des faits étant devenue considérable, il a pensé à les distribuer en différentes classes, selon les vérités dont ils pouvaient former la preuve.

Le plan de son livre offre les vues les plus utiles, développées dans la méthode la plus raisonnable et la plus complète, et nous ne connaissons aucun ouvrage où ce sujet important soit traité avec plus d'étendue et de clarté. On examine dans le premier livre l'état actuel de la population, dans le second, les causes du progrès ou de la décadence de la population. Ce second livre est divisé en deux parties : la première traite des causes physiques qui influent sur la population, de l'air, des vents, des montagnes et des bois; des eaux, des alimens, de la fatigue et du repos ; de la richesse et de l'indigence ; de l'habitude ; des métiers destructeurs de l'espèce humaine; de l'effet du climat, des alimens, du régime sur le caractère et les affections, et de la réaction du caractère et des affections sur la constitution physique. La seconde partie traite des causes politiques, civiles et morales; de la religion; du gouvernement; des lois civiles relatives à l'état de l'homme en France; du mariage; des droits de masculinité, de primogéniture et des substitutions; de la peine de mort; des mœurs; du luxe; des usages; du droit d'aubaine; des impôts; de la guerre, de la marine et des colonies; des moyens de fixer les nationaux et d'attirer les étrangers; des rapports de la population aux moyens de subsistance et à l'aisance du peuple; des établissemens et réglemens de police utiles à la population; de l'influence du Gouvernement sur toutes les causes

SEPTEMBRE 1777.

qui peuvent déterminer les progrès et décroisse-
ment de la population.

La première partie de cet ouvrage est fort supérieure à la seconde. C'est le fruit d'un travail
infiniment pénible, et le résultat d'une immen-
sité de faits et de calculs rassemblés avec un soin
extrême, et dont les rapports, établis avec beaucoup de sagacité, forment peut-être l'ensemble
le plus complet que nous ait encore offert l'arith-
métique politique. L'auteur ne néglige aucun
des moyens de connaître la population, et les
apprécie tous avec une grande justesse; l'im-
perfection ou plutôt l'impossibilité d'un dénom-
brement exact tête par tête, la proportion du
nombre des paroisses à celui des familles, celle
du nombre des maisons à celui des habitans,
celle du nombre des familles et des cotes de ca-
pitation au nombre des habitans, l'évaluation de
la population par le nombre des naissances,
par celui des mariages, par celui des morts, enfin
la proportion de la consommation au nombre
des habitans.

M. Moheau est parvenu à rassembler les dénombremens de plus de six cent mille habitans
et les relevés du nombre des naissances dans
le lieu de leur habitation pendant dix ans; ses
recherches ont été faites dans huit généralités,
situées au nord, au midi, à l'ouest, à l'est du
royaume, sur le bord de la mer, dans l'intérieur
des terres, par conséquent dans des pays où le
climat, les vivres, le régime, la culture, les arts,

les manufactures diffèrent ; il a observé que dans tous ces pays, malgré ces variétés, il existe à peu près le même rapport entre le nombre des naissances et celui des habitans, puisque la proportion la plus forte est de 27 ½, et la plus faible de 23 ¼, et que les proportions intermédiaires diffèrent peu entre elles. Il en a conclu qu'il existait au moins en France une relation constante entre ces deux nombres, telle que l'une pouvait être la mesure de l'autre, mesure que donne le terme moyen des exemples rapportés. Il s'est pourtant permis de hausser ce terme environ d'un cinquantième, d'après la considération de quelques qualités distinctives des lieux dénombrés qui se trouvent moins exprimées dans la masse totale du royaume. Suivant ces calculs, il croit pouvoir porter la population actuelle de la France à vingt-trois millions cinq cent mille. Pour donner à cette évaluation une certitude et une précision entière, il serait sans doute à désirer que M. Moheau fût à portée de multiplier encore ses observations et d'opérer sur un plus grand nombre de pays ; mais nous osons croire que, du moins en France, personne n'a été plus avant dans cette carrière obscure et pénible, personne n'a touché le but de si près.

M. de Voltaire avait calculé pendant la dernière guerre que si la population continuait de diminuer dans la même proportion, il ne resterait en France, l'an 2050, je crois, qu'un homme avec fraction. M. Moheau nous rassure beaucoup

SEPTEMBRE 1777.

sur cet avenir. Il trouve dans les dénombremens de quinze communautés d'Auvergne, faits à quinze ans de distance et qui comprennent la guerre de 1755, une augmentation d'environ $\frac{2}{43}$; or, si l'on jugeait du royaume par ces quinze communautés, qui ne sont certainement pas celles où la population a le plus gagné, et si la situation nationale était toujours la même qu'elle a été pendant cette époque, en moins de deux siècles et demi la population serait doublée.

« Cette progression, dit l'auteur, est-elle possible et doit-on supposer que jamais la population s'élève en France jusqu'à ce degré ? Nous avouons que nous n'y trouvons aucun obstacle, et nous croyons, avec M. Franklin, que les limites de la population ne sont fixées que par la quantité d'hommes que la terre peut nourrir et vêtir ; ces bornes même, qui sont réelles pour la totalité de l'univers, n'existent pas pour un pays en particulier ; et sa population peut être supérieure à la fécondité du sol, si l'habitant trouve dans son industrie des moyens de subvenir à ses besoins et de rendre tributaire le sol étranger.... On doit donc tenir pour certain que la possibilité de l'extension de la population va jusqu'au point où la réunion d'un nombre d'hommes sur un même terrain pourrait nuire à leur conservation par l'altération de l'atmosphère, ou l'interception des communications, ou l'insuffisance des moyens de fournir aux besoins de la vie. »

OCTOBRE 1777.

Les vers suivans avaient été faits pour le portrait de M. Benjamin Francklin, dessiné par Cochin, et gravé par Saint-Aubin.

(Le censeur a cru devoir les supprimer comme blasphématoires.)

C'est l'honneur et l'appui du nouvel hémisphère,
Les flots de l'Océan s'abaissent à sa voix ;
Il réprime ou dirige à son gré le tonnerre.
Qui désarme les Dieux peut-il craindre les rois ? (1)

Lettre *de Ferney, du 12 octobre 1777.*

« Voulez-vous apprendre, Madame, l'histoire véritable du pèlerinage que M. Barthe (2) a fait à Ferney ? et vous verrez comment on se damne en croyant faire son salut.

« Imaginez donc, Madame, qu'il arrive tout exprès de Marseille..... pour voir M. de Voltaire ?.... non ; pour lui lire sa pièce, une comédie en cinq actes, en vers, *l'Homme personnel!* Ce n'est qu'à cette condition qu'il se détermine à faire le voyage, et son marché est conclu d'avance. M. Moulton avait été chargé de négocier

(1) Il ne s'agissait que du roi d'Angleterre. *Note de l'Édit.*
(2) L'auteur des *Fausses Infidélités*, de *la Mère jalouse*, homme d'esprit, mais d'un caractère difficile et violent ; l'être le plus personnel qui existe.

OCTOBRE 1777.

l'affaire. Vous savez combien M. de Voltaire l'aime ; tout avait été accordé de la meilleure grâce du monde. Ils vont ensemble à Ferney ; le vieux patriarche les reçoit à merveille : enfin la lecture commence. Ici vous voyez Barthe un œil sur son manuscrit, l'autre armé d'une lorgnette, cherchant avec inquiétude les regards de toute l'assemblée, et surtout ceux du maître de la maison. Aux dix premiers vers, M. de Voltaire fait des grimaces et des contorsions effrayantes pour tout autre lecteur que M. Barthe. A la scène où le valet raconte comment son maître lui fit arracher une dent pour s'assurer de l'habileté du dentiste, il l'arrête, ouvre une grande bouche : *Une dent ! là ! ah ! ah !* L'instant d'après un des interlocuteurs dit : Vous riez. — *Il rit !* — Oui, Monsieur ; trouvez-vous que ce soit mal à propos ? — *Non, non, c'est toujours fort bon de rire....* Tout l'acte est lu sans le plus léger applaudissement, pas même un sourire ; et lorsqu'il est question de commencer le second, il prend à M. de Voltaire des bâillemens terribles, il se trouve mal, il est désolé, se retire dans son cabinet, et laisse le pauvre Barthe dans un grand désespoir. On était convenu qu'il coucherait à Ferney. Madame Denis prend M. Moulton à part, et lui dit : « Ceci « devient trop sérieux : à tout prix il faut empê- « cher cet honnête homme de souper ici ; mon « oncle n'y tiendrait pas, lui ferait une scène, « et j'en serais désespérée..... » On remet bien vite tous les paquets dans la voiture, et l'on s'en

98 CORRESPONDANCE LITTÉRAIRE,

retourne tristement à Genève. — Il n'est pas de bonne humeur. — Oh! non : mais aussi vous n'avez point cherché à me faire valoir; vous avez tous été d'un silence mortel; vous n'avez pas même ri une seule fois. — Eh! comment vouliez-vous, devant M. de Voltaire? Occupé de l'impression que vous lui faisiez, pensez-vous que j'aie entendu un mot de votre pièce? — Jugez, Madame, quelle nuit on passe après une pareille aventure. Pour s'en consoler, on reçoit le lendemain un billet fort doux de M. de Voltaire, qui demande avec instance la continuation de la lecture, et qui promet très-expressément que l'accident de la veille ne lui arrivera pas une seconde fois. Quelle promesse! quel persifflage! Malgré tout ce qu'on peut lui dire, M. Barthe s'obstine à en être la dupe. Sans doute il serait trop dur de ne pas finir une lecture commencée avec tant de peine. Il retourne à Ferney. M. de Voltaire le reçoit encore mieux que le premier jour : mais après avoir écouté tout le second acte en bâillant, il s'évanouit au troisième avec tout l'appareil imaginable; et le pauvre Barthe est réduit à partir sans avoir pu achever de lire sa pièce, et, ce qui ne lui coûta peut-être guère moins, sans avoir osé battre personne. Il n'y a que l'excès de l'accablement où le plongea une si cruelle scène qui ait pu modérer les premiers transports de sa fureur. — *Hélas!* nous dit M. de Voltaire en nous racontant lui-même cette dernière séance, *si Dieu n'était pas venu à mon secours, j'étais perdu.*

OCTOBRE 1777.

« L'aventure m'a paru trop originale pour me priver du plaisir de vous la conter; mais j'ose vous supplier, Madame, de n'en parler à personne. Les travers de M. Barthe ne m'empêchent point de rendre justice à ses talens. Je serais bien fâché d'affliger son amour-propre; je le serais bien plus encore si l'humeur que ses importunités ont donnée à M. de Voltaire pouvait prévenir le public contre un ouvrage que l'on ne connaît point encore. »

———

On a donné le 13 octobre, sur le théâtre de la Comédie italienne, la première représentation de *Sans dormir,* parodie d'*Ernelinde,* en deux actes, en vers mêlés de vaudevilles, par le sieur Rousseau, qui n'est guère connu que pour avoir été autrefois secrétaire de M. le marquis de Villette. Cette pièce est tombée à plat, et ne méritait pas un meilleur sort. On a donné presque en même temps, sur le théâtre de mademoiselle Guimard, une autre parodie d'*Ernelinde,* d'un jeune danseur nommé Despréaux. Ce n'est pas un chef-d'œuvre de bonne plaisanterie; mais on y trouve du moins quelques saillies heureuses, et surtout un fonds très-propre à faire valoir les lazzis du sieur Dugazon, dont le talent pour les facéties de ce genre est admirable. Le principal artifice de l'auteur est d'avoir fait jouer le rôle des femmes aux hommes, et celui des hommes aux femmes. Est-ce donc la première fois qu'on s'en est avisé dans le monde et même au théâtre?

CORRESPONDANCE LITTÉRAIRE,

On peut croire que sans beaucoup de caricature le tableau n'eût pas été d'un effet bien neuf.

Il est vrai que dans cette Ernelinde parodiée, Dugazon en femme ne ressemble point trop mal à mademoiselle d'Eon depuis qu'on l'a obligée à porter les habits de son sexe, car ce n'est que sous cette condition qu'il lui a été permis de reparaître à Versailles et à Paris. Son maintien, ses gestes, toutes ses habitudes, et principalement ses propos, contrastent merveilleusement avec sa nouvelle façon d'être ; et quelque simple, quelque prude que soit sa grande coiffe noire, il est difficile d'imaginer quelque chose de plus extraordinaire, et, s'il faut le dire, de plus indécent que mademoiselle d'Eon en jupe. « Je se-« rai, disait-elle l'autre jour à une dame qui vou-« lait lui donner des conseils, je serai sage sans « doute ; mais pour modeste, cela m'est impos-« sible. N'est-il pas aussi trop étrange qu'après « avoir été si long-temps capitaine de dragons, « je finisse par être *cornette ?* » De toute sa correspondance avec Louis XV, voici peut-être la lettre la plus curieuse :

« On m'a fait promettre soixante mille francs « de récompense pour vous faire enlever à Lon-« dres ; mais j'ai pris mes mesures de manière « que vous recevrez la présente trois jours avant « l'expédition de l'ordre. Ainsi soyez sur vos « gardes, etc. »

Parmi les nouveautés qui viennent de paraître,

OCTOBRE 1777.

il en est une qui mérite peut-être un peu plus d'attention que les autres : c'est une *Apologie de Schakespeare en réponse à la Critique de M. de Voltaire*, traduite de l'anglais de madame de Montaigu.

Si cet ouvrage ne fait point en France la fortune qu'il a faite en Angleterre, ce n'est pas uniquement à la gaucherie du traducteur qu'il faut s'en prendre. On y combat la partialité prétendue des jugemens de M. de Voltaire avec une partialité cent fois plus révoltante. On se plaint de ce qu'il ose critiquer Schakespeare sans l'entendre ; et à l'exception de quelques détails sur lesquels il n'est pas étonnant qu'un étranger se soit trompé, on finit par être entièrement de son avis ; car, de bonne foi, n'est-ce pas l'être que de convenir : « Que Schakespeare écrivait dans un temps où la science était infectée de pédanterie, l'esprit brut, le ton de plaisanterie grossier ;.... que la cour d'Elisabeth parlait un jargon scientifique, et affectait en tout une certaine obscurité de style ;... que le roi Jacques joignit à la pédanterie l'indécence des mœurs et du langage, et que Schakespeare, soit par contagion, soit par complaisance pour le goût du public, tombe souvent dans le style qui était à la mode, etc. ; qu'il n'avait point appris qu'il n'y a que la belle nature et les usages décens qui soient des sujets propres à l'imitation, etc.... ; que ses pièces avaient été faites pour être jouées dans une misérable auberge, devant une assemblée qui n'avait pas la moindre idée de littérature, etqui sortait à peine de la barbarie? etc. » Combien de fois M. de Voltaire n'a-t-il pas avoué qu'il y avait dans toutes les pièces de Schakespeare des passages écrits avec une noblesse et une simplicité qui ne se ressentent en rien de la dépravation du goût ou de la corruption des mœurs? Combien de fois n'a-t-il pas avoué que la grande supériorité du poëte anglais consistait dans l'art de dessiner les caractères, de donner à tout un air de vérité, et de produire, malgré les fautes les plus graves et les plus multipliées, les principaux effets que le théâtre se propose? etc.

Après avoir entendu crier au blasphème sur quelques expressions peu respectueuses pour l'idole de la nation anglaise, comment supporter la prévention avec laquelle on accuse l'auteur des Horaces de n'avoir peint les Romains que d'après les romans de La Calprenède et de Scuderi? Que penser de l'équité d'une critique de Corneille fondée presque uniquement sur des exemples tirés d'*Othon* et de *Pertharite?* Malgré toutes ces injustices, on ne peut nier qu'il n'y ait beaucoup d'esprit et de connaissances dans l'ouvrage de madame de Montaigu, souvent même des traits ingénieux. En voici un qui mérite peut-être qu'on le cite, parce qu'il peut s'appliquer à plus d'un objet. « Le pédant qui acheta à grand « prix la lampe d'un philosophe célèbre, dans « l'espérance qu'avec ce secours ses ouvrages ac- « querraient la même célébrité, n'était guère

OCTOBRE 1777.

« moins ridicule que ces poëtes qui s'imaginent
« que leurs drames doivent être parfaits dès qu'ils
« sont réglés sur la pendule d'Aristote. »

———

Jamais personne dans une fortune médiocre,
dans un état privé, n'eut peut-être autant de
droits au souvenir de la société que madame
Geoffrin; cependant à peine eut-elle disparu de
la scène du monde qu'elle y fut oubliée, et sans
l'hommage que trois hommes de lettres viennent
de rendre à sa mémoire, l'existence de cette
femme singulière et respectable ne laisserait déjà
plus aucune trace après elle; tant il est vrai que
ce que nous appelons la société est ce qu'il y a de
plus léger, de plus ingrat et de plus frivole au
monde!

Le premier écrit consacré à la *mémoire de
madame Geoffrin*, et qui a pour épigraphe :
Nulli flebilior quam mihi, est de M. Thomas.
Le second, intitulé : *Portrait de madame Geoffrin*, par *M. L. M.* : *Quid virtus et quid sapientia possit utile proposuit nobis exemplar*, est
de M. l'abbé Morellet. Le troisième est une *Lettre de M. d'Alembert à M. le marquis de Condorcet, sur madame Geoffrin* : *Quis desiderio
sit pudor aut modus tam cari capitis !* Pour
exprimer d'un seul mot le différent caractère de
ces trois écrivains, on a dit que le premier *avait
réfléchi*, que le second *avait raconté*, et que le
troisième *avait pleuré* ; mais à force de vouloir

CORRESPONDANCE LITTÉRAIRE,

être précis on peut quelquefois manquer d'exactitude et de vérité.

S'il y a beaucoup de réflexion dans l'ouvrage de M. Thomas, c'est toujours la réflexion d'une âme infiniment sensible, c'est l'amitié, c'est la reconnaissance qui recueille avec soin tous les traits d'une image chérie et qui se plaît à la rendre intéressante. En peignant madame Geoffrin telle qu'elle fut aux yeux de ses amis, on explique de la manière du monde la plus heureuse, et peut-être aussi la plus vraie, ce qui, dans son humeur et dans son caractère, pouvait blesser le plus ceux qui ne l'avaient observée que superficiellement. On voit que l'auteur ne cherche à la faire connaître que pour la faire aimer; qu'il n'analyse que ce qu'il a senti vivement lui-même, et que toute la finesse de ses pensées a sa source première dans la délicatesse de son cœur. M. Thomas n'a jamais rien fait qui soit aussi naturellement, aussi simplement écrit, et l'on doit regarder peut-être ce petit ouvrage comme le meilleur chapitre de son *Essai sur les femmes.*

Le *portrait* de M. l'abbé Morellet a un mérite tout-à-fait différent de celui de M. Thomas; mais s'il n'est pas ressemblant ce n'est pas la faute du peintre. Les moindres détails y sont prononcés avec une force merveilleuse, il est même impossible d'y trouver un seul trait tracé légèrement. Tout est solidement conçu, fortement appuyé. On reconnaît partout un homme qui peint de sang-froid, un philosophe au-dessus des

OCTOBRE 1777. 105

illusions de la sensibilité, qui, sans se permettre d'embellir son modèle, se propose uniquement de le montrer sous le point de vue le plus propre à exciter une émulation utile à la société... des gens de lettres.

Quoique M. l'abbé Morellet n'ait rien de caché pour ses lecteurs, quoiqu'il semble avoir pris à tâche de dire de madame Geoffrin tout ce qu'il pouvait en savoir, il est un article auquel il a cru devoir une attention toute particulière, qu'il traite à fond, qu'il développe dans le plus grand détail, et sur lequel il paraît même avoir fait des recherches et des calculs plus clairs et plus exacts que ceux qu'il entreprit autrefois, par attachement pour l'administration, sur le commerce des Indes. Cet article favori, c'est l'éloge de l'*humeur donnante* de madame Geoffrin. *L'humeur donnante!* Ce mot a pour son oreille un charme suprême; il a l'art de le ramener presque à chaque page et de lui donner toujours une grâce nouvelle. Serait-ce un excès de reconnaissance qui aurait engagé M. l'abbé Morellet à célébrer une vertu si modeste avec tant d'éclat, peut-être avec tant d'indiscrétion? Non, la reconnaissance la plus vive est aussi simple, aussi délicate, aussi réservée que le sentiment qui la fait naître, et rien au monde ne peut faire soupçonner M. l'abbé Morellet de se laisser entraîner par des sentimens exagérés.

A la bonne foi, à l'exactitude, à la naïveté, au sang-froid, et surtout à l'esprit de calcul et de détail avec lequel notre orateur s'est donné la peine de faire la liste, ou le mémoire des bienfaits et des aumônes de madame Geoffrin, il est à présumer qu'il a eu un projet plus essentiel, plus digne d'un philosophe que celui de satisfaire simplement le besoin de son cœur, et son secret est dans son épigraphe : *Utile nobis proposuit exemplar*, elle a laissé un exemple utile à suivre. O vous, Mesdames, qui prétendez à la même considération, à la même célébrité que madame Geoffrin, voyez ce qu'il faut faire et surtout pour les gens de lettres; car, comme l'observe finement notre auteur dans une note : *Il faut autre chose que des dîners pour occuper dans le monde la place que cette femme estimable s'y était faite.*

En vérité l'on ne saurait assez admirer l'extrême condescendance avec laquelle notre cher docteur tâche de se mettre à la portée de tout le monde. Il sait qu'on n'instruit véritablement que par les détails, et voici dans quels détails il daigne entrer.

C'est surtout avec ses amis, *avec les gens de lettres* qui ont formé sa société qu'elle a satisfait, souvent malgré eux-mêmes, ce qu'elle appelait *son humeur donnante.* Elle allait quelquefois chez eux dans cet unique projet. Elle observait leur ameublement, tâchait de découvrir s'il manquait à l'un une pendule, à l'autre un bureau, reconnaissait la place d'un meuble utile, et lorsqu'elle avait arrêté ses idées elle était tourmentée du besoin de faire son présent, etc. J'ai vu ces

OCTOBRE 1777. 107

mouvemens en elle et je les rends comme je les ai vus. — Madame Geoffrin ne bornait pas sa bienfaisance à ces bagatelles. Elle s'est occupée constamment avec une bonté aussi active que touchante de la *fortune des hommes de lettres* de sa société qui lui étaient les plus agréables ou que leur situation lui rendait plus intéressans. — Elle a donné, vers 1760, 600 liv. de rente viagère à M. d'Alembert. Elle y a depuis ajouté 1800 l. de rente viagère, dont il ne devait jouir qu'après la mort de sa bienfaitrice. Enfin elle lui a fait remettre en mourant trois rescriptions formant une rente annuelle de 400 l. destinées à des œuvres de bienfaisance qu'elle-même a eu soin de lui indiquer. — M. Thomas, cet homme de lettres en qui les talens et la vertu se prêtent une force mutuelle et se dirigent au même but, avait trop bien mérité l'estime de madame Geoffrin pour qu'elle n'ambitionnât pas la satisfaction de lui être utile. Un grand mal d'yeux le rendait incapable de suivre ses occupations, l'amitié de madame Geoffrin saisit cette occasion pour le forcer d'accepter une rente viagère de 1200 liv. Elle y a joint depuis une somme de 6000 l., etc.

Un chef-d'œuvre de délicatesse et de naïveté, c'est sans doute la manière dont M. l'abbé Morellet veut bien rendre compte lui-même de ses relations avec madame Geoffrin. On n'y trouvera pas une phrase qui ne peigne à la fois le peintre et son modèle.

« De vingt années pendant lesquelles j'ai joui

du bonheur d'être admis dans sa société, les premières se sont écoulées sans qu'elle me *distin-
guât* par une bienveillance particulière. Je dois
même dire ce qu'elle me disait elle-même qu'elle
avait pour moi quelque *éloignement* ; des *formes*,
des *manières* que je laisse à mes amis le soin
d'excuser *s'ils le peuvent*, l'empêchaient de *s'accoutumer* à moi. Je lui disais quelquefois qu'elle
m'aimerait un jour, et que je la priais seulement
de me *supporter* jusqu'à ce que ce jour fût
venu. Il vint. (Que ce tour oratoire est ingénieux ! et comme il sauve adroitement une date
qui aurait pu donner mauvaise opinion de la sagacité de madame Geoffrin, ou de l'opiniâtreté
de ses préventions !)

« Depuis ce moment elle n'a cessé de me com-
bler de bonté et de marques d'intérêt. Plus d'une
fois j'ai été obligé de détourner sa bienfaisance et
d'éviter de lui en fournir les *occasions ;* celles *que
je n'ai pu lui dérober* étaient *si bien choisies*, et
la manière dont elle m'obligeait alors était si touchante, que le prix du bienfait en était doublé.

« Quelque éloignement que j'aie à occuper les
lecteurs de détails qui me sont personnels, je ne
puis me dispenser de dire en quel *moment* et à
quelle *occasion* elle m'a donné *comme* à M. d'A-
lembert et à M. Thomas une rente viagère d'environ 1200 l. J'avais écrit en faveur de la liberté
du commerce aux Indes orientales un ouvrage
qu'elle avait hautement désapprouvé, d'après des
opinions fausses sans doute, mais trop communes

OCTOBRE 1777.

et trop acccréditées pour qu'on puisse lui savoir mauvais gré de les avoir adoptées. (Quelle indulgence !) Le ministre dont j'avais secondé les vues, en ne soutenant que mes propres sentimens bien connus avant cet ouvrage, était sorti de place avant d'avoir pu récompenser mon travail. (On prétend que ceci n'est pas tout-à-fait exact, mais cela ne regarde en rien madame Geoffrin.) Madame Geoffrin vint chez moi, me gronde de nouveau avec une extrême vivacité d'avoir fait ce qu'elle appelait *mes méchans mémoires*, et puis tout de suite : « Vous voyez qu'on « ne vous a pas récompensé. Votre fortune n'en « est pas plus avancée. Allons, donnez-moi votre « nom et votre extrait de baptême; et passez de- « main chez mon notaire, vous en retirerez un « contrat; j'ai placé 15000 l. sur votre tête, n'en » dites rien à personne, et ne me remerciez pas. » Voilà exactement son discours et son procédé. Que pourrais-je ajouter à ce récit qui ne fût plus faible que les réflexions qu'il fait naître ? »

C'est pour dédommager les lecteurs qui ne sentiraient pas tout le prix d'un mémoire aussi circonstancié, que M. l'abbé Morellet s'est permis sans doute d'insérer dans sa brochure quelques lettres originales de madame Geoffrin; mais ces lettres étaient déjà entre les mains de tout le monde, et font encore plus d'honneur à son caractère qu'à son esprit. Deux traits de bonté de cette femme respectable, que nous ne pouvons nous empêcher de rapporter ici, ce sont ceux que mademoiselle de l'Espinasse avait imaginé d'ajouter au *Voyage sentimental de Sterne*, et que Sterne lui-même n'eût pas désavoués.

Elle avait commandé deux vases de marbre au célèbre Bouchardon. Deux ouvriers les lui apportent. Elle s'aperçoit que l'un des couvercles est cassé. Hélas! oui, Madame, lui dirent les ouvriers, et notre camarade, à qui ce malheur est arrivé, en est si fâché qu'il n'a pas osé se présenter devant vous; il est bien à plaindre, car si le maître le sait il le renverra, et c'est un homme qui a une femme et quatre enfans.... Allons, allons, dit madame Geoffrin, voilà qui est bien; je n'en parlerai pas, et qu'il soit tranquille. Quand les ouvriers sont partis, elle se dit à elle-même : ce pauvre homme a eu bien de l'inquiétude et du chagrin, il faut que je l'envoie consoler. Elle appelle un de ses gens. « Allez, lui dit-elle, chez M. Bouchardon, vous « demanderez un tel, vous lui donnerez ces « 12 liv., et 5 liv. à ses camarades qui m'ont si « bien parlé de lui. »

On lui faisait observer que sa laitière la servait mal. « Je le sais bien, disait-elle, mais je « ne puis pas en changer. — Et pourquoi, Ma-« dame? — C'est que je lui ai donné deux va-« ches ».... On se récrie sur cette étrange raison. « Eh! oui, dit-elle; elle vendait du lait à « ma porte; mes gens vinrent me dire qu'elle « était au désespoir de la perte de sa vache, « et comme ils m'avertirent trop tard je lui en

« donnai deux , une pour remplacer celle qu'elle
« avait perdue , l'autre pour la consoler de tout
« le chagrin qu'elle avait eu pendant huit jours.
« Vous voyez bien que je ne puis pas changer
« cette laitière-là. » —

La Lettre de M. d'Alembert n'ayant point été
vendue , sans doute par égard pour madame de
La Ferté-Imbault, dont on n'a point voulu se
venger avec trop de publicité , nous nous empressons de la transcrire ici, en retranchant seulement les complimens que l'auteur a cru devoir
à ceux qui l'ont prévenu dans l'hommage qu'il
voulait consacrer à la mémoire de son amie.

« On a dit à quel point la bonté de madame
Geoffrin était agissante, inquiète, opiniâtre ;
mais on n'a peut-être pas assez dit ce qui ajoute
infiniment à son éloge; c'est qu'en avançant en
âge, sa bonté augmentait de jour en jour. Pour
le malheur de la société humaine , l'âge et l'expérience ne produisent que trop souvent l'effet
contraire , même dans les personnes vertueuses ,
si la vertu n'est pas en elles d'une trempe forte
et peu commune. Plus elles ont d'abord senti
de bienveillance pour leurs semblables , plus ,
en éprouvant chaque jour leur ingratitude , elles
se repentent de les avoir servis et s'affligent de
les avoir aimés. Une étude des hommes plus
réfléchie , plus éclairée par la raison et par la
justice , avait appris à madame Geoffrin qu'ils
sont encore plus faibles et plus vains que méchans ; qu'il faut compatir à leur faiblesse et souf-

frir leur vanité, afin qu'ils souffrent la nôtre.
« Je sens avec plaisir, me disait-elle, qu'en vieil-
« lissant je deviens *plus bonne*, car je n'ose pas
« dire *meilleure*, parce que ma bonté tient
« peut-être à la faiblesse, comme la méchanceté
« de bien d'autres. J'ai fait mon profit de ce que
« me disait souvent le bon abbé de Saint-Pierre,
« que la charité d'un homme de bien ne devait
« pas se borner à soulager ceux qui souffrent,
« qu'elle devait s'étendre aussi jusqu'à l'indul-
« gence dont leurs fautes ont si souvent besoin;
« et j'ai pris comme lui pour devise ces deux
« mots : *Donner* et *pardonner*. »

La passion de *donner*, qui fut le besoin de
toute sa vie, était née avec elle et la tourmenta
pour ainsi dire dès ses premières années. Etant
encore enfant (l'humanité pardonnera ce détail),
si elle voyait de sa fenêtre quelques malheureux
demander l'aumône, elle leur jetait tout ce qui se
trouvait sous sa main, son pain, son linge, et
jusqu'à ses habits. On la grondait de cette intem-
pérance de charité, si je puis parler de la sorte,
on l'en punissait quelquefois, et elle recom-
mençait toujours.

Comme elle ne respirait que pour faire le
bien, elle aurait voulu que tout le monde lui
ressemblât; mais sa bienfaisance se gardait bien
d'importuner celle des autres. « Quand je ra-
« conte, disait-elle, la situation de quelque in-
« fortuné à qui je voudrais procurer des se-
« cours, je n'enfonce point la porte, je me place

OCTOBRE 1777.

« seulement tout auprès, et j'attends qu'on
« veuille bien m'ouvrir. » Son illustre ami Fontenelle était le seul avec qui elle en usât autrement. Ce philosophe, si célèbre pour son esprit et si recherché pour ses agrémens, sans vices, et presque sans défauts, parce qu'il était sans chaleur et sans passion, n'avait aussi que les vertus d'une âme froide, des vertus molles et peu actives, qui, pour s'exercer, avaient besoin d'être averties, mais qui n'avaient besoin que de l'être. Madame Geoffrin allait chez son ami, et lui peignait avec intérêt et sentiment l'état des malheureux qu'elle voulait soulager. *Ils sont bien à plaindre*, disait le philosophe, et il ajoutait quelques mots sur le malheur de la condition humaine, et puis il parlait d'autre chose. Madame Geoffrin le laissait aller, et quand elle le quittait : *Donnez-moi*, lui disait-elle, *cinquante louis pour ces pauvres gens. — Vous avez raison* (1) disait Fontenelle, et il allait chercher les cinquante louis, les lui donnait et ne lui en reparlait jamais, tout prêt à recommencer le lendemain, pourvu qu'on l'en avertît encore. On trouvera peut-être un peu sèche la bienfaisance du philosophe, mais du moins on ne lui reprochera pas l'ostentation. Que le ciel donne à tous les hommes la bienfaisance, même avec autant de sécheresse, mais surtout avec autant de simplicité, et que le genre humain bénisse

(1) Il était assez intéressant de prouver du moins que les gens de lettres savent donner comme ils savent recevoir.

IV.

8

la vertu active qui sait, comme la digne amie de Fontenelle, mettre ce sentiment en action dans les cœurs où il repose et attend qu'on le réveille!

Madame Geoffrin avait tous les goûts d'une âme sensible et douce; elle aimait les enfans avec passion, elle n'en voyait pas un seul sans attendrissement; elle s'intéressait à l'innocence et à la faiblesse de cet âge; elle aimait à observer la nature, qui, grâce à nos mœurs, ne se laisse plus voir que dans l'enfance; elle se plaisait à causer avec eux, à leur faire des questions, et ne souffrait pas que les gouvernantes leur suggérassent la réponse. «J'aime bien mieux, « leur disait-elle, les sottises qu'il me dira que « celles que vous lui dicterez..... Je voudrais, « ajoutait-elle, qu'on fît une question à tous les « malheureux qui vont subir la mort pour leurs « crimes : *Avez-vous aimé les enfans?* Je suis « sûre qu'ils répondraient que non. »

On peut juger par-là qu'elle regardait la paternité comme le plaisir le plus doux de la nature. Mais plus ce plaisir était sacré pour *elle*, plus elle voulait qu'il fût pur et *sans* trouble. C'est pour cela qu'elle priait ceux de ses amis qui étaient sans fortune de ne pas se marier. « Que « deviendront, leur disait-elle, vos pauvres enfans « s'ils vous perdent de bonne heure? Pensez à « l'horreur de vos derniers momens, quand vous « laisserez malheureusement après vous ce que « vous aurez eu de plus cher. » Quelques-uns de

OCTOBRE 1777. 115

ceux à qui elle parlait ainsi se mariaient malgré ses remontrances ; ils lui amenaient leurs petits enfans : elle pleurait, les embrassait et devenait leur mère.

Elle aurait voulu non-seulement prolonger sa bienfaisance jusqu'après sa mort, mais la prolonger par les mains de ses amis : *On les bénirait*, disait-elle, *et ils béniraient ma mémoire.* Elle mit 1200 liv. sur sa tête et sur celle d'un ami qui avait peu de fortune. *Si vous devenez plus riche*, lui dit-elle, *donnez cet argent pour l'amour de moi, quand je ne pourrai plus le donner.*

Toujours occupée de ceux qu'elle aimait, toujours inquiète pour eux, elle allait même au-devant de ce qui pouvait troubler leur bonheur. Un jeune homme (1) à qui elle s'intéressait, jusqu'alors uniquement livré à l'étude, fut saisi et frappé comme subitement d'une passion malheureuse qui lui rendait et l'étude et la vie même insupportable. Elle vint à bout de le guérir. Quelque temps après elle s'aperçut que ce jeune homme lui parlait avec intérêt d'une femme aimable qu'il voyait depuis peu de jours. Madame Geoffrin, qui connaissait cette femme, l'alla trouver. « Je viens, dit-elle, vous demander une « grâce ; ne témoignez pas à *** trop d'amitié ni « d'envie de le voir, il deviendrait amoureux de « vous, il serait malheureux, je le serais de le

(1) Ce jeune homme c'est M. d'Alembert lui-même.

8.

« voir souffrir, et vous souffririez vous-même de
« lui avoir fait tant de mal. » Cette femme, vraiment honnête, lui promit ce qu'elle demandait,
et lui tint parole.

Comme elle rassemblait chez elle les personnes
les plus distinguées par le rang et la naissance,
qu'elle paraissait même les rechercher quelquefois, on s'imaginait qu'elle était très-flattée de les
voir. On la jugeait mal ; elle n'était en aucun
genre la dupe des préjugés, mais elle les ména-
geait pour être utile à ses amis. « Vous croyez,
« disait-elle à un des hommes qu'elle aimait le
« plus, que c'est pour moi que je vois des grands
« et des ministres ? Détrompez-vous, je les vois
« pour vous et pour vos semblables qui pouvez
« en avoir besoin : si tous ceux que j'aime étaient
« heureux et sages, ma porte serait tous les jours
« fermée à neuf heures, excepté pour eux (1). »
Son indulgence pour les pauvres se montrait
surtout dans la conversation. Elle supportait jusqu'aux bavards, si insupportables à la bonté
même, quand elle n'est pas à toute épreuve. « En

(1) Le public prévenu croyait au contraire que madame Geoffrin
n'avait reçu chez elle les artistes et les gens de lettres que pour y attirer les gens de qualité. Ce qu'il y a de certain, c'est que depuis long-
temps elle paraissait assez ennuyée de la société de nos littérateurs
et de leurs tracasseries ; ce qu'il y a de plus sûr encore, c'est que personne n'attachait plus de prix à l'opinion, n'en saisissait mieux tous
les mouvemens, ne les suivait avec plus de souplesse. Quand M. Helvétius eut donné son livre de *l'Esprit*, il dit à ses amis : *Voyons
comment madame Geoffrin me recevra : ce n'est qu'après avoir
consulté ce thermomètre de l'opinion que je pourrai savoir au juste
quel est le succès de mon ouvrage.*

OCTOBRE 1777.

« vérité, disait-elle, je m'en accommode assez,
« pourvu que ce soit de ces bavards *tout court*
« qui ne veulent que parler et qui ne demandent
« pas qu'on leur réponde. Mon ami Fontenelle,
« qui leur pardonnait comme moi, disait qu'ils
« reposaient sa poitrine; ils me font encore un
« autre bien : leur bourdonnement insignifiant
« est pour moi comme le bruit des cloches, qui
« n'empêche point de penser et qui souvent y
« invite. » Les bavards à prétention qui se croient
faits pour qu'on les écoute, et dans qui le besoin
de parler est un besoin de vanité, étaient les seuls
qu'elle souffrît avec peine : encore avait-elle soin
qu'ils ne s'en aperçussent pas. « Je voudrais,
« disait-elle de l'un d'eux, que lorsqu'il me
« parle, Dieu me fît la grâce d'être sourde sans
« qu'il le sût; il parlerait et croirait que je l'é-
« coute, et nous serions contens tous deux. »

Avec tant de vertu, de bonté, de bienfaisance,
croirait-on que madame Geoffrin eût des ennemis? Eh! qui faire? Fénélon en avait bien. Il
faut se soumettre à cette cruelle loi de la nature
et pleurer sur l'espèce humaine. Il est vrai que
madame Geoffrin n'avait guère d'ennemis que
parmi les femmes, et j'en suis bien fâché pour
elles; encore dois-je avouer à leur honneur que
ses ennemis étaient en bien petit nombre, et que
toutes les femmes dont elle était vraiment connue la chérissaient et la respectaient. Quand elle
se voyait l'objet de la haine, le sentiment qu'elle
lui inspirait était celui de la pitié, non pas de

cette pitié qui méprise et qui humilie, mais de celle qui plaint et qui pardonne. « Si vous trou- « vez, disait-elle à ses amis, des gens qui me « haïssent, gardez-vous de leur dire le peu de « bien que vous pensez de moi; ils m'en haï- « raient davantage, ils en seraient plus tourmen- « tés, et je voudrais qu'ils ne le fussent pas. »

Telle était, mon cher ami, celle que la vertu, la société, l'humanité enfin, dans tous les sens pos- sibles de ce mot, ont eu le malheur de perdre, et que j'ai perdue plus que personne. Elle m'ai- mait comme son fils, ma confiance en elle était sans bornes. Hélas! j'ai vu périr dans l'espace d'une année les deux personnes qui m'étaient les plus chères, et j'étais assez heureux pour que ces deux personnes s'aimassent tendrement. Elles étaient bien dignes l'une de l'autre et bien dignes de s'aimer, quoique très-différentes par leur ca- ractère; car les âmes honnêtes et bienfaisantes ont comme les pierres d'aimant, si je puis em- ployer cette expression, un pôle ami par où elles s'attirent et s'unissent fortement l'une à l'autre. Que me reste-t-il dans la solitude où mon cœur se trouve que de penser à elles et de les pleurer! La nature, qui nous a fait naître pour la douleur et pour les larmes, nous a fait dans notre malheur deux tristes présens dont la plupart des hommes ne se doutent guère : la mort pour voir finir les maux qui nous tourmentent, et la mélancolie pour nous aider à supporter la vie dans les maux qui nous flétrissent. Le cœur encore tout plein

OCTOBRE 1777.

de la première perte que je venais de faire, j'allais voir tous les jours madame Geoffrin, et m'affliger auprès d'elle et avec elle. Son amitié m'écoutait et me soulageait. Ce bien qui m'était si nécessaire et si cher m'a été enlevé peu de temps après; et au milieu de ces sociétés qui ne sont que le remplissage de la vie, je ne puis plus parler à personne qui m'entende. Je passais toutes mes soirées chez l'amie que j'avais perdue, et toutes mes matinées chez celle qui me restait encore : je ne l'ai plus, et il n'y a plus pour moi ni soir ni matin.

J'ai vu madame Geoffrin, pendant les premiers jours de sa maladie, sur ce lit de douleur et de mort où elle a langui plus d'une année. « Pour- « quoi faut-il, me disais-je, qu'elle disparaisse « de la terre, elle qui va manquer à tant d'amis, « à tant de malheureux; et que j'y reste encore, « moi, qui ne manquerai plus à personne! »

Des circonstances cruelles m'ont privé même du plaisir douloureux de la voir jusqu'à la fin de sa vie, et d'adoucir par les marques de ma tendresse sa mort lente et prolongée. Son cœur m'appelait, et sa bouche n'osait obéir à son cœur (1). J'étais condamné à la perdre un an plus tôt que les amis qui ont fermé ses yeux. Qu'il me soit au moins permis d'adresser à son ombre, si elle peut m'entendre, ces mots touchans que

(1) On sait que madame la marquise de La Ferté Imbault avait fait fermer la porte de sa mère à M. d'Alembert, ainsi qu'à M. Marmontel et à M. l'abbé Morellet, dès le commencement de sa dernière maladie.

120 CORRESPONDANCE LITTÉRAIRE,

Tacite adressait à celle de son vertueux beau-père Agricola, enlevé par une longue mort à sa famille absente. « Trop peu de larmes ont honoré vos derniers momens, et vos yeux en se fermant ont cherché les miens qu'ils n'ont pu trouver. *Paucioribus lachrymis composita es, et novissimâ in luce desideravere aliquid oculi tui.* » Ici, mon cher ami, la plume me tombe des mains, mes yeux se remplissent de larmes, et je ne vois plus ce que je vous écris. Adieu.

STANCES *de M. le chevalier de Chastellux à madame la comtesse de Genlis, qui a composé pour l'instruction de ses filles plusieurs petites comédies très-morales et très-ingénieuses, et les a fait représenter par ses enfans, avec beaucoup de succès, devant madame la duchesse de Chartres et les personnes de sa cour qu'elle a bien voulu y admettre.*

Lise, à vos spectacles charmans,
Qui peut refuser son suffrage ?
Drame, acteurs, tout est votre ouvrage,
Et l'on n'y voit que vos enfans.

De vous-même heureuse rivale,
Et féconde dans le printemps,
Vous voulez que l'enfance égale
Et vos appas et vos talens.

Pourtant, en voyant ces prodiges
Dont nos Garricks seraient jaloux,
On sent que leurs plus doux prestiges
Sont encore émanés de vous.

OCTOBRE 1777.

Ainsi dans vos jeux le plus sage
Sans le savoir peut s'engager,
Et, n'adorant que votre image,
Il croit vous aimer sans danger.

Eh! qui peut voir dans la prairie
L'onde errer sur de verts gazons,
Sans chercher la nymphe chérie
Qui les enrichit de ses dons?

Ah! suivons plutôt dans leur course,
Suivons ces aimables ruisseaux.
Qui voit en paix couler leurs eaux
Pourrait s'enivrer à la source.

IMPROMPTU *de M. de Voltaire, ajouté par apostille
à une lettre de M. de Villette, où il fait le récit
de la cérémonie de son mariage célébré au milieu de la nuit, à la lueur des flambeaux, dans
la chapelle de Ferney, le vieux patriarche y
assistant lui-même, appuyé sur deux chevaliers de Saint-Louis, et revêtu de la superbe
pelisse de Catherine II.*

Il est vrai que le dieu d'amour,
Fatigué du plaisir volage,
Loin de la ville et de la cour,
Dans nos champs a fait un voyage.
Je l'ai vu ce dieu séducteur,
Il courait après le bonheur,
Il ne l'a trouvé qu'au village.....

Il y a eu ce mois-ci de grands débats dans la
faculté de médecine sur la section de la sym-

CORRESPONDANCE LITTÉRAIRE,

phise. Cette opération, proposée par M. Sigault dans un mémoire lu en 1768 à l'Académie royale de chirurgie, avait été pratiquée depuis par M. le professeur Camper sur beaucoup de cadavres de femmes et sur quelques animaux vivans. Le succès de ces expériences engagea le médecin hollandais à demander au prince d'Orange la permisson d'en faire l'essai sur une femme condamnée à la mort; mais le clergé batave, je ne sais par quel scrupule de conscience, ne voulut jamais y consentir. Une pauvre femme de Paris, qui jusqu'ici n'avait pu être accouchée que d'enfans morts, s'y est soumise volontairement; et cette opération, dirigée par M. Sigault, assisté de M. Alphonse Le Roi, a fixé trop long-temps l'attention du public pour ne pas nous faire désirer d'en rendre compte. Un jeune élève d'Esculape a bien voulu nous communiquer la note suivante.

« Le premier octobre on a coupé la symphise des os pubis à la femme Souchot, rachitique, qui jusqu'ici n'avait pu être accouchée que d'enfans morts quoiqu'entiers. Immédiatement après la section faite cette femme a accouché d'un enfant vivant, qu'elle a nourri pendant quelque temps. Les cartilages de la symphise se sont réunis au bout de trois semaines, et il ne reste d'autre incommodité qu'un écoulement involontaire des urines, le canal de l'urètre ayant été incisé par le bistouri dont on s'est servi pour faire la section. Malgré toutes les clameurs qui s'étaient

OCTOBRE 1777.

d'abord élevées contre cette opération , la faculté de médecine de Paris vient de lui donner enfin l'approbation la plus authentique et les éloges les plus pompeux ; elle a même arrêté qu'il sera frappé une médaille , sur l'exergue de laquelle on lirait la date de la découverte de M. Sigault et celle de l'opération ; qu'il serait remis à M. Sigault cent de ces médailles et cinquante à M. Le Roi pour avoir coopéré au succès de son confrère ; qu'enfin la faculté ferait une pension de 360 liv. à la femme Souchot, jusqu'à ce qu'il plût au Gouvernement de lui en faire une , etc. »

Avant de partager cet enthousiasme , peut-être serait-il intéressant de savoir s'il est bien avéré qu'il était *impossible* d'accoucher la femme Souchot d'un enfant vivant sans avoir recours ou à l'opération césarienne , ou à la section de la symphise , puisqu'il n'est pas besoin de dire que cette expérience ne mérite des récompenses aussi flatteuses qu'autant que l'accouchement aurait été *impossible* à terminer par des moyens plus aisés , plus simples , et qui eussent conservé également la vie à la mère et à l'enfant. Or rien n'est plus difficile à établir que cette impossibilité , puisque ce mot , dans tout ce qui tient aux arts et à l'industrie , ne peut jamais avoir qu'une signification relative. On voit assez souvent ce qui avait paru *impossible* jusqu'à nous devenir possible à un artiste plus ingénieux. C'est ainsi que M. Coutouly , qui a perfectionné le forceps de M. Levret , a terminé très-heureusement à tous

124 CORRESPONDANCE LITTÉRAIRE.

égards un accouchement que les plus grands maîtres avaient jugé impossible sans donner la mort à l'enfant. Qui peut assurer que dans ce cas-ci les mêmes mains, le même forceps n'auraient pas rendu possible ce qui avait été jugé impossible comme dans le cas de M. Coutouly? Nous n'avons donc pas une certitude complète de l'impossibilité d'accoucher la femme Souchot d'un enfant vivant par des moyens plus simples que celui de la section de la symphise des os pubis.

Convenons pourtant qu'on doit à MM. Sigault et Le Roi beaucoup de reconnaissance pour nous avoir appris que la section de la symphise du pubis peut se faire sans inconvénient, puisque la réunion de la symphise se fait très-bien; et que si le canal de l'urètre a été percé, c'est la faute des circonstances du bistouri droit qu'on a employé, et non pas un vice de l'opération.

NOVEMBRE 1777.

M. DORAT, dont la muse ne repose jamais, vient de publier une épître à un homme en faveur. Cet homme est feu M. Masson, marquis de Pezai, mestre de camp de dragons, aide-maréchal-général-des-logis de l'armée, l'auteur de *Zélis aux bains*, de l'*Epître à la maîtresse que j'aurai*, des *Soirées helvétiennes et francomtoises*, des *Tableaux*, d'une traduction en prose de *Properce* et de *Catulle*, de la *Rosière de Salency*, opéra comique, et des *Campagnes de M. de Maillebois*, etc., etc. M. de Pezai a été enlevé à la fleur de ses ans aux plus grandes espérances. Il était aimé de M. de Maurepas; et dans une circonstance où le zèle de la reconnaissance et de l'amitié l'avait emporté sur toutes les considérations qui l'auraient pu retenir, il s'était adressé directement à Louis XVI alors dauphin : sa conduite dans cette affaire lui attira la confiance de ce jeune prince, qui depuis son avénement au trône lui conserva ses bontés, entretint une correspondance assez suivie avec lui, et fut sur le point de le nommer administrateur d'une caisse de bienfaisance sous les ordres directs de Sa Majesté, établissement dont les papiers publics ont annoncé le projet, mais qu'on fut obligé d'abandonner, au moins pour le moment, à cause des difficultés qui se présentèrent dans l'exécution.

M. de Pezai avait infiniment d'esprit et de vertu, beaucoup de souplesse et de douceur dans le caractère, l'âme très-ardente et très-active. Il n'avait que le défaut de vouloir réunir sans cesse tous les extrêmes, de se répandre trop au dehors, et de se piquer pour ainsi dire de déployer à chaque occasion toutes les parties de son esprit et de son talent. Des efforts si multipliés ne pouvaient que se nuire mutuellement; cette habitude d'ailleurs prêtait à ses moindres discours un air de prétention dont il ne se doutait pas lui-même, mais que la société ne pardonne guère; et le mérite le plus réel se faisait méconnaître ainsi sous l'apparence du ridicule ou de la frivolité.

Parmi les ouvrages modernes qui honorent le plus l'éloquence de la chaire, il faut compter le *discours* prononcé par ordre du magistrat de Strasbourg, à l'occasion de la translation du corps de M. le maréchal de Saxe dans l'église de Saint-Thomas, le 20 août 1777, par Jean Laurent Blessig.

Il y a dans ce discours quelques longueurs, quelques incorrections; mais ces fautes légères sont rachetées par des beautés du premier ordre: Bossuet lui-même n'eût pas désavoué, je crois, le mouvement de l'exorde. « On a profané les « éloges, dit l'orateur, dans tous les siècles; on a « vu le vil adulateur ramper au pied des trônes, « et le sophiste mercenaire prostituer un indigne « encens au vice puissant, et pour comble de

OCTOBRE 1777.

« bassesse les temples mêmes, ce dernier asile de
« la vérité, ont retenti cent fois des louanges
« honteusement prodiguées. Parlez, vous qui
« m'écoutez, puis-je prononcer dans cette chaire
« l'éloge du maréchal de Saxe? Peuples qu'il a
« sauvés, peuples qu'il a vaincus, France qui l'as
« adopté, guerriers qu'il a formés à la victoire;
« répondez; Maurice est-il un grand homme?
« J'entends d'ici l'acclamation des deux rives du
« Rhin. Ta valeur protégea nos possessions, nous
« assura l'héritage de nos pères, arrêta la fureur
« de l'ennemi; tel est le cri de notre rivage. Tu
« fus notre ennemi, répond la rive opposée,
« mais tu respectas l'humanité, et adoucissant
« pour nous les calamités de la guerre, tu nous
« fais chérir encore ta mémoire. Le Danube, la
« Meuse, la Sambre et l'Escaut élèvent leur voix
« et portent le même témoignage. Tel est,
« messieurs, l'éloge funèbre que prononcent à
« l'honneur de Maurice les villes et les nations.
« L'Europe entière est l'écho de sa louange. Ses
« titres sont consignés dans les fastes de l'his-
« toire; sa grandeur brille dans ce temple même
« au milieu de ces lugubres décorations, elle re-
« luit sur le front des héros devant qui je parle
« aujourd'hui. Tu dors, Maurice, mais tes fils (1)
« nous protégeront; voilà tes titres vivans. »

On trouve dans les notes qui accompagnent
ce discours plusieurs anecdotes intéressantes.

(1) Le régiment de Schomberg.

128 CORRESPONDANCE LITTÉRAIRE,

Nous ne pouvons nous refuser au plaisir de transcrire ici la lettre dont le roi de Prusse honora notre héros après la visite qu'il en eut reçue à Potsdam en 1749. — « J'aurais désiré, mon cher
« maréchal, de vous faire passer le temps plus
« agréablement que vous ne l'avez fait. Je vous
« avoue que j'ai préféré les intérêts de ma cu-
« riosité et la passion de m'instruire aux atten-
« tions que j'aurais dû avoir pour votre personne
« et pour votre santé. Je vous fais mes excuses de
« vous avoir tenu si long-temps assis et de vous
« avoir fait veiller au - delà de votre coutume.
« J'ignorais que cela pût vous incommoder. Je
« suis si bon allié de la France, que, bien loin de
« vouloir ruiner la santé de ses héros, je voudrais
« leur prolonger la vie. On parlait ces jours passés
« d'actions de guerre et on agitait cette question
« rebattue, savoir, laquelle des batailles qu'on
« avait gagnées faisait le plus d'honneur au gé-
« néral ? Les uns disaient que c'était celle d'Al-
« manza, d'autres se déclaraient pour celle de
« Turin ; pour moi je fus d'avis que c'était la vic-
« toire qu'un général à l'agonie avait remportée
« sur les ennemis de la France... Je passe sous
« silence les choses obligeantes que vous me
« dites. Le but de la plupart de nos actions est
« de mériter l'approbation des gens de bien et des
» grands hommes. Si j'ai gravé dans votre mé-
« moire le souvenir de mon amitié, c'est tout ce
« que j'ai prétendu y mettre Les talens égalent
« les particuliers aux rois, et pour ne rien dissi-

NOVEMBRE 1777.

« muler, les avantages du mérite effacent souvent
« ceux de la naissance. Je ne vous souhaite que
« de la santé ; il n'est aucune sorte de gloire dont
« vous ne soyez comblé, etc. »

VERS *de M. le chevalier de Boufflers, envoyés
par madame du Deffant à madame la duchesse de La Vallière, avec un panier rempli
d'œufs de parfilage.*

Recevez ce présent dont le prix est extrême :
    De la veuve c'est le denier.
    Heureux qui pour l'objet qu'il aime
    Met tous ses œufs dans un panier.

COUPLET *de madame la maréchale de Luxembourg, sur un groupe représentant Voltaire
et le chien favori de madame du Deffant, à
madame du Deffant.*

    Vous les trouvez tous deux charmans,
    Nous les trouvons tous deux mordans,
        Voilà la ressemblance :
    L'un ne mord que ses ennemis,
    Et l'autre mord tous vos amis,
        Voilà la différence.

ÉPIGRAMME *sur M. de La Harpe, par le président de Rosset, auteur d'un poëme sur l'agriculture.*

    Si vous voulez faire bientôt
Une fortune immense et pourtant légitime,

IV.

130 CORRESPONDANCE LITTÉRAIRE,

Il vous faut acheter Cythare ce qu'il vaut,
Et le vendre ce qu'il s'estime.

L'Olympiade de Métastase, mise en musique par le célèbre Sacchini, et parodiée par M. Frameri, à qui nous sommes déjà redevables du charmant opéra *de la Colonie*, du même compositeur, avait été destinée d'abord au théâtre de l'Académie royale de musique; mais après plusieurs répétitions essayées sur ce théâtre, messieurs les directeurs avaient jugé que la pièce ne pouvait leur convenir et y avaient renoncé. Le sieur Frameri s'est cru autorisé par ce refus à proposer son ouvrage aux comédiens italiens, qui l'ont reçu avec beaucoup d'empressement et en ont donné trois ou quatre représentations avec assez de succès pour exciter toute l'indignation de l'Académie royale de musique. Des ordres supérieurs ont forcé les comédiens à retirer l'opéra, et l'on est réduit à ce moment à solliciter une permission expresse du ministre pour rendre au public un spectacle dont il n'a été privé que par la mauvaise humeur de l'auguste tribunal de la rue Saint-Nicaise (1).

Il serait assez inutile de donner ici l'analyse d'un ouvrage aussi connu que *l'Olympiade* de Métastase; nous observerons seulement que la conduite de ce poëme a paru fort compliquée, fort obscure, fort peu vraisemblable, et ces défauts ont été d'autant plus sensibles, que le tra-

(1) Magasin de l'Opéra.

NOVEMBRE 1777. 131

ducteur, pour vouloir adapter l'ouvrage aux convenances de notre théâtre, en a resserré infiniment la marche, en a retranché beaucoup d'incidens, beaucoup de détails nécessaires à la vérité de l'action, et qu'au style enchanteur de
l'original il a substitué le sien. A cela il faut
ajouter encore que les personnages héroïques de
ce drame ont été représentés par des acteurs peu
faits au ton et au costume de leur rôle, les Colas
et les Mathurins ayant peu de rapport avec les
héros qui combattaient aux jeux olympiques.
Cependant et les défauts du poëme et les disparates de l'exécution n'ont pas empêché que les
beautés musicales dont cet ouvrage est rempli
n'aient été senties vivement par la meilleure partie
des spectateurs. On a surtout applaudi avec transport tous les airs chantés par madame Trial et
par mademoiselle Colombe. Gardons-nous donc
de désespérer de la possibilité d'entendre quelque
jour la bonne musique en France.

Les comédiens italiens ont donné, ce lundi 24,
la première représentation de *Félix* ou *l'Enfant
trouvé*, comédie en trois actes, en prose et en
vers, les paroles de M. Sedaine, la musique de
M. Monsigni. Cette pièce avait été représentée
le 10 devant Leurs Majestés à Fontainebleau, et
n'y avait eu qu'un succès très-médiocre ; elle n'a
guère mieux réussi sur le théâtre de Paris, mais
il s'en faut bien qu'elle soit tombée aussi décidé-
ment que les pièces de M. Sedaine ont coutume

9.

de tomber le premier jour, et cette espèce de fortune prématurée a paru de mauvais augure à tous ses amis.

Le sujet de *Félix* est tiré d'une historiette fort connue, et a déjà été traité sur ce même théâtre par M. Davesne dans une pièce intitulée *Perrin et Lucette*. C'est un laboureur qui a trouvé une somme d'argent considérable, qui en a acheté une ferme qu'il a mise en valeur, et qui, reconnaissant après vingt-sept ans le vrai propriétaire de ce bien, le lui restitue en entier.

Quelque médiocre qu'ait été le succès de cet ouvrage, on ne peut s'empêcher d'y retrouver le talent de M. Sedaine, des situations heureusement hasardées, des effets et des mœurs d'une originalité piquante, et des détails d'une grande vérité. Ce qui paraît avoir nui le plus généralement à l'impression de ce drame, c'est le rôle odieux et des trois frères et du baron, qui ne cessent d'occuper la scène et qui ne semblent l'occuper que pour avilir l'état dont ils portent le caractère. On voit bien que l'objet de ce plan est d'une morale excellente ; le poëte a voulu montrer le danger qu'il y avait à donner à ses enfans un état au-dessus de leur naissance ; il a voulu développer les avantages de l'éducation de la campagne sur celle des villes ; que sais-je ? Mais, n'a-t-il pas oublié que le premier mérite d'un drame est d'intéresser et non pas d'instruire ? C'est à messieurs du Rozoi et compagnie qu'il faut laisser la gloire d'établir à l'Opéra comique une école de patrio-

NOVEMBRE 1777.

tisme et de législation. Le génie de M. Sedaine ne doit pas prétendre au même laurier.

Nous n'insisterons point sur les disparates du caractère de ce bon homme qui a le courage de dépouiller ses enfans d'un bien sur lequel il leur avait pour ainsi dire permis de compter, qui a ce courage lorsque son devoir l'exige, et qui sacrifie sans nécessité le bonheur d'une fille chérie au caprice et à la vanité de ses trois garnemens de fils. Nous observerons seulement que le caractère du baron est d'une bassesse révoltante d'un bout à l'autre, et que sa dernière entreprise qui ne sert qu'à troubler l'impression du dénouement est d'une atrocité parfaitement gratuite.

La musique de ce drame est peut-être la musique la mieux écrite que M. Monsigni ait jamais faite, mais elle est peu variée. On retrouve dans presque toutes les ariettes le même motif, toutes du moins se ressemblent. A l'exception du trio de la petite servante et du *quinque* qui termine le premier acte, on n'entend jamais d'autre chant que celui de la plainte ou des regrets, etc. Le petit nombre d'airs susceptibles d'une autre expression n'ont que le mérite d'un style assez pur, mais dépourvu d'idées et sans couleurs. Madame Dugazon a joué le rôle de la petite servante avec infiniment d'esprit et dans la plus grande vérité de costume.

DÉCEMBRE 1777.

COUPLET *de madame la marquise du Deffant sur le maréchal de Belle-Isle, qui venait de perdre sa femme, son fils et son frère lorsqu'il fut fait ministre.*

Sur l'air du *Confiteor.*

J'AI perdu ma femme et mon fils,
Et puis le chevalier mon frère ;
Je suis sans parens, sans amis,
Hors l'Etat dont je suis le père :
Hélas ! je vais le perdre encor ;
Dirai-je mon *confiteor.*

Mustapha et Zéangir, tragédie en cinq actes et en vers, par M. de Champfort, qui avait eu le plus grand succès l'année dernière sur le théâtre de Fontainebleau, a reparu cette année-ci sur le même théâtre avec moins d'éclat. Représentée à Paris pour la première fois, le lundi 15, elle y a été reçue sans enthousiasme, mais avec une estime calme et soutenue. Le sujet de cette tragédie, tiré d'une anecdote historique connue sous le même titre, avait déjà été traité, et même avec assez de succès ; le *Mustapha* de M. Bélin, auquel on soupçonna dans le temps madame la duchesse de Bouillon d'avoir eu beaucoup de part, donné en 1705, eut vingt-six représentations consécutives. M. de

DÉCEMBRE 1777.

Champfort a suivi presque toute la marche de l'ancienne pièce ; il a employé les mêmes caractères, les mêmes incidens, les mêmes motifs de scènes ; les a liés avec plus d'art, peut-être aussi quelquefois avec moins de chaleur ; mais son style nous a paru en général aussi supérieur à celui de Bélin que le style de Racine l'est à celui de Pradon.

On a trouvé dans la tragédie de M. de Champfort des caractères pleins de noblesse, des sentimens doux, des développemens très-précieux ; et c'est sans contredit la pièce la mieux écrite que nous ayons vue au théâtre depuis vingt ans : mais l'intérêt en est faible, parce qu'elle manque non-seulement d'action, mais de situations et de mouvement. Il n'y a que le quatrième acte qui offre deux ou trois scènes infiniment touchantes ; le dénouement est de nul effet : tout le reste n'est qu'une suite de discours plus ou moins éloquens, plus ou moins heureusement liés. Ce n'est qu'à la fin du quatrième acte que l'action commence, et c'est aussi là qu'elle s'arrête. Tout ce qui arrive au cinquième acte pouvait arriver plus tôt, et la situation des personnages n'a presque pas changé. Quoique le style de la pièce soit en général très-soutenu, très-pur, souvent même rempli de douceur et d'élégance, il a peu de couleur, peu d'énergie, et l'on aperçoit trop souvent ce qu'il en a coûté de peine à l'auteur pour écrire si bien. C'est un tort, parce qu'il est impossible que le lecteur ne partage cette peine, et n'en soit fâché.

On a dit que *Mustapha* n'était qu'un vieux habit auquel on avait donné une coupe plus avantageuse, et sur lequel on avait trouvé le secret d'appliquer très-artistement des broderies choisies avec beaucoup de goût dans nos meilleurs magasins, Racine, Voltaire, etc. On peut convenir que le plan de M. de Champfort a beaucoup de rapport avec celui de l'ancien *Mustapha*; on peut convenir aussi qu'il y a dans la nouvelle pièce un grand nombre de vers qui sont ou des imitations ou des réminiscences peut-être involontaires; mais il faut ajouter que le quatrième acte, qui a fait tout le succès de l'ouvrage, est celui qui paraît le plus appartenir à M. de Champfort; il faut ajouter encore qu'un style aussi correct, aussi soutenu que le sien a un mérite très-indépendant de toutes les imitations qu'il a pu se permettre ou qui peuvent lui être échappées. En donnant à ce style les éloges qu'il nous paraît mériter, nous ne le croyons point exempt de taches. Nous ne comprenons point trop ce que veut dire :

Des fureurs de l'armée insolens *émissaires ;*

nous avons plus de peine encore à démêler le véritable sens des vers suivans :

Les flots d'un peuple immense *inondent* la mosquée,
Tandis que dans le camp un *deuil séditieux*
D'un désespoir farouche épouvante *les yeux;*
Que des plus forcenés *l'emportement* funeste
Des drapeaux déchirés ensevelit le reste , etc.

On pourrait multiplier ici les citations; mais c'est un plaisir qu'il faut laisser à M. de La Harpe.

DÉCEMBRE 1777.

La reine n'a pas cessé de prendre le plus grand intérêt à la tragédie de M. de Champfort. Le lendemain de la première représentation elle eut la bonté de dire en présence de tous les ambassadeurs qu'elle avait été la veille dans l'état du métromane jusqu'au moment où on l'avait assurée du succès de l'ouvrage. Ayant vu le même jour M. de Rhulière, ancien ami de l'auteur, Sa Majesté voulut bien le charger de lui mander combien son succès l'avait intéressée. Voici les vers où M. de Rhulière s'est acquitté d'un devoir si précieux.

A M. de Champfort.

Vos vers si doux et si bien faits
Ont peint de l'amitié les vertueux effets.
Une grâce touchante, une bonté suprême,
A, pour vous annoncer votre plus beau succès,
Daigné choisir l'amitié même.

EXTRAIT *d'une lettre de Genève.*

« Voltaire n'ira point à Paris, mais il aime fort qu'on le presse d'y aller. Il voudrait joindre à sa gloire l'éclat, mais il veut aussi prolonger sa vie qui n'est que le sentiment continuel de sa gloire, et il comprend qu'un voyage à Paris, qui l'obligerait à des efforts au-dessus de son âge, mettrait sa santé en quelque péril. Ce n'est pas qu'il ne soit encore plein de vigueur et de force; en deux mois il a composé trois brochures : *Prix de la Justice et de l'Humanité*; *Commentaire sur Mon-*

tesquieu; Nouvelle Lettre à madame de Montaigu, sur Schakespeare. Il a fait deux tragédies : *Agathocle,* pièce froide, mais pleine, à ce qu'on dit, de sentimens nobles et dignes de la liberté républicaine que cet ouvrage fait aimer; *Irène et Alexis,* copie faible de la *Bérénice* de Racine, mais où l'on trouve encore des morceaux dignes de la main qui traça les caractères d'Alzire et d'Aménaïde. Les marquis de Villette et de Villevieille assurent que Voltaire n'a rien fait de mieux dans son bon temps. Je n'en juge pas comme eux, mais je me rappelle que Voltaire me disait une fois, en parlant d'une tragédie de madame du Bocage : *Mon ami, il faut avoir des....... pour faire une bonne tragédie.* Or, à quatre-vingt-quatre ans on n'a plus de..... Il y a cependant de beaux vers dans cette pièce, car Voltaire en fait-il d'autres? Mais point d'unité, point d'action, point de situations. Le serment d'Irène fait, tout est dit; et dans le reste de la pièce..... Alexis n'est qu'une faible Bérénice qui veut toujours épouser, et Irène un plus faible Titus qui voudrait épouser aussi, mais qui n'ose à cause du moine. Tout cela ne vous paraît-il pas un rabachage bien fou? Cependant Voltaire est si engoué, si trompé par ce qui l'entoure, qu'il veut faire jouer cette pièce à Paris. Imaginez, mon ami, la force de cet homme : il nous lut, il nous déclama cette tragédie entière avant le souper; soupa ensuite avec nous, folâtra comme un enfant jusqu'à deux heures après minuit, et dormit ensuite sept heures sans s'éveiller

DÉCEMBRE 1777.

une seule fois. Aussi je lui disais qu'il n'avait jamais commencé et qu'il ne finirait jamais........ »

L'Armide de M. le chevalier Gluck, dont les premières représentations furent si mal accueillies, occupe encore avec assez de succès les grands jours de l'Académie royale de musique. Quoique ce soit de tous les sujets que M. Gluck pouvait choisir celui qui convenait le moins à son genre, on s'accorde à trouver dans cet ouvrage beaucoup de difficultés vaincues, des chœurs d'une grande beauté, quelques idées neuves quoique peut-être déplacées, mais en général la facture la plus suivie et la plus savante qu'il ait jamais faite, au moins pour notre théâtre. Ce qui avait été le plus vivement applaudi à la première représentation, est ce qu'on critique le plus aujourd'hui, la fin du premier acte. Le chœur, par lequel le musicien a imaginé d'interrompre le récit d'Aronte, a toujours paru d'un effet admirable; ce grand effet cependant n'est qu'un contre-sens, parce qu'il détruit absolument celui de la situation. On vient dire à Armide qu'un seul guerrier a délivré tous ses captifs. M. Gluck a détaché l'*un seul* pour en faire un chœur d'admiration superbe, et si superbe que lorsque Armide s'écrie, *Ah! c'est Renaud!* ce qui, sans contredit, est le trait de la scène, on n'y fait plus aucune attention. Le chœur qui suit : *Poursuivons jusqu'au trépas l'ennemi qui nous offense*, termine l'acte d'une manière très-brillante; mais le commencement de ce chœur n'ex-

CORRESPONDANCE LITTÉRAIRE,

prime que l'inquiétude d'une conspiration secrète, et cette expression s'accorde encore mal avec l'idée du poëte, sans compter qu'il n'est point dans la nature de passer si subitement de l'effroi au mépris, des transports de l'admiration à ceux de la vengeance......

Les représentations d'*Armide* n'ont été interrompues que les dimanches et les jeudis par les intermèdes de *Pigmalion*, du *Devin du Village* et d'une nouvelle pastorale intitulée *Myrtil et Lycoris*. Les paroles de ce petit drame sont de MM. Bocquet et Boutelier; la musique de M. Desormeri. Il n'y a rien de neuf ni dans le poëme ni dans la musique; mais on y trouve quelques souvenirs heureux et une scène dont l'exécution forme un fort joli tableau. Le sujet de cette pastorale est tout entier dans ce vers si connu de Virgile,

Et fugit ad salices, et se cupit ante videri.

Elle court se cacher derrière les saules; mais en fuyant elle désire d'être aperçue. On voit Lycoris sur un rocher d'où elle regarde furtivement Myrtil assis au bord d'une fontaine. Comme ce berger, elle défie l'amour de triompher de son cœur. Il cherche à reconnaître la voix qui l'enchante. Il la suit en vain, la nymphe échappe à ses regards. Enfin revenu au bord de la fontaine, il aperçoit dans son onde l'image de cette jeune beauté. Il vole au devant d'elle, et Lycoris ne fuit plus que pour se laisser atteindre. La pantomime du ballet

DÉCEMBRE 1777.

qui termine ce petit acte exprime à peu près la
même action que le poëme ; mais grâce aux talens
de Vestris et de mademoiselle Guimard, c'est
une peinture qui n'a rien perdu de sa grâce et de
sa fraîcheur.

Les comédiens italiens viennent de donner une
parodie d'*Armide* intitulée l'*Opéra de Province*.
C'est, comme la parodie d'*Alceste*, l'ouvrage
d'une société de jeune gens pleins d'esprit et de
gaieté. M. Auguste est le principal auteur de la
nouvelle pièce. En voici le sujet.

Un jeune homme a été envoyé à Reims pour
y prendre ses degrés en droit. Dégoûté de Bar-
thole et de Cujas, il s'est engagé dans une troupe
qui joue l'opéra d'*Armide*. Son oncle et le docteur chargé de diriger ses études viennent le chercher comme les chevaliers danois cherchent Renaud, l'arrachent aux séductions de la principale
actrice, et le rendent au barreau. Cette idée a
paru assez ingénieuse ; mais on a remarqué avec
raison que les auteurs n'en ont pas tiré tout le
parti qu'ils en auraient pu tirer s'ils y avaient mêlé
moins de choses étrangères au sujet, s'ils s'étaient
bornés à faire la parodie d'*Armide*, au lieu de
faire une critique générale de l'opéra, du magasin et de toutes ses dépendances. Voici quelques
couplets qui ont été fort applaudis.

> Acteurs en chef, sans nul remord
> Bravez les lois de Polymnie ;
> Le goût sans doute a toujours tort,

CORRESPONDANCE LITTÉRAIRE.

Puisque le goût défend qu'on crie.
Voici le mot, songez-y bien :
Crier est tout, chanter n'est rien.

Le chœur.

Voici le mot, songeons-y bien :
Crier est tout, chanter n'est rien.

Sur l'air des *Bossus*.

Pour avocat sans doute il le sera ;
Oui, sur les bancs Rigaut retournera ;
Fût-il muet, le barreau l'entendra.
S'il devient sourd tandis qu'il plaidera,
J'ai des écus, du moins il jugera.

SUPPLÉMENT *à l'histoire de la rivalité de la France et de l'Angleterre, et à l'histoire de la querelle de Philippe de Valois et d'Edouard III ; par M. Gaillard de l'Académie française.*

Quatre volumes in-12 de plus de quatre cents pages chacun, ce qui fait plus de seize cents pages pour nous apprendre des faits que l'on trouve partout et dans plusieurs auteurs avec moins de confusion, mais dont le résultat répété à chaque page est une moralité bien utile et surtout bien nouvelle, que la guerre est un grand fléau..... Et l'histoire aussi, lorsqu'elle est si longue et si diffuse.

JANVIER 1778.

Il y avait plus de six mois que le fauteuil de feu M. Gresset se trouvait vacant, lorsque M. l'abbé Millot en a pris possession. L'histoire de l'Académie française offre peu d'exemples d'un aussi long interrègne, et les intrigues auxquelles il a donné lieu n'ont pas occupé médiocrement toutes nos puissances littéraires. Puisque ces messieurs nous permettent si rarement de parler de leurs ouvrages, il faut bien que nous parlions un peu de leur personne.

Parmi les candidats du trône académique on a vu paraître d'abord M. de Chabanon et l'abbé Maury. M. de Chabanon avait pour lui un caractère très-estimable, le vœu de toutes les sociétés où il vit, le suffrage de quelques académiciens des inscriptions, quelques traductions assez ignorées, deux ou trois ouvrages dramatiques dont la chute affligea beaucoup dans le temps tous ses amis. A ces titres il joignait encore l'appui de M. de Champfort, qui avait déclaré hautement qu'il n'oserait jamais faire valoir ses droits avant qu'on eût daigné reconnaître ceux de son ami et de son bienfaiteur. Ce qui mettait le comble à des prétentions, comme vous voyez, si bien établies, c'est l'extrême passion dont l'auteur d'*Éponine* brûle depuis long-temps pour l'Académie. Il menaçait de mourir de désespoir si elle ne

IV.

cédait pas enfin à l'ardeur des poursuites, et il
était impossible de l'entendre parler sur cet objet
de son culte sans en être profondément touché.
Les femmes surtout ne manquaient pas de dire
comme mademoiselle Gaussin dans une circonstance à la vérité plus naturelle : *Peut-on refuser
une chose qui fait tant de plaisir lorsqu'elle coûte
si peu?*

M. l'abbé Maury, connu par un fort beau panégyrique de saint Louis, par un éloge honoré
de l'*accessit*, et par quelques discours assez bien
écrits sur l'éloquence de la chaire, n'avait pas lui-même dans ces titres autant de confiance que
dans l'amitié de quelques chefs de l'Académie.
Pour donner à une recommandation déjà si puissante par elle-même un nouveau degré de force
et d'activité, son zèle crut devoir se charger de
l'office de médiateur entre les gluckistes et les
piccinistes; soit qu'il eût l'espérance de réunir
ainsi les deux partis en sa faveur, soit qu'il eût
seulement le projet de s'attacher par ce moyen
celui des deux partis qu'il aurait vu le plus disposé à le soutenir. Il est certain que cette médiation a tourné contre lui. Ses ennemis ont prétendu
qu'il ne travaillait que pour son propre compte.
C'est avant ce fâcheux incident qu'on avait invité
M. Le Mierre à se mettre sur les rangs, peut-être
sans autre but que celui d'ôter à M. de Chabanon
les voix de ceux qui auraient pu le préférer à
M. l'abbé Maury.

Les droits de M. Le Mierre sont à découvert.

JANVIER 1778.

Plusieurs prix académiques, sept tragédies dont trois sont restées au théâtre; un poëme sur la peinture, où l'on trouve des détails d'une beauté rare; un grand nombre de pièces fugitives, en général trop peu soignées, mais d'une touche souvent très-poétique et très-originale; des mœurs et la réputation du plus honnête homme du monde. A ces titres qu'on ne saurait lui disputer on oppose quelques ridicules personnels, des fautes de goût, des négligences, des vers durs, et sur toute chose une barbe mal faite, une figure ignoble et bizarre, un front presque chauve, et deux ou trois cheveux de face toujours fort mal peignés, extérieur qui ne convient guère, dit-on, à la majesté du trône académique.

Le bon, l'honnête M. Le Mierre ne connut jamais qu'une seule façon de triompher des cabales et de captiver les suffrages en sa faveur, c'est de dire de lui-même tout le bien qu'il en pense et de le dire avec toute la verve et toute la chaleur dont il est capable. Sa simplicité sur ce point est peut-être sans exemple. — « Moi, je n'ai « pas de prôneurs, il faut bien que je fasse mes « affaires tout seul... J'ose le dire, tout le monde « le sait, le plus beau vers du siècle est de moi. « Voyez si ce n'est pas du Corneille tout pur... « Voici un morceau qu'on doit trouver ou dé- « testable ou sublime, mais je crois qu'il n'est « pas mal... Ils me reprochent des vers durs ; eh! « pensent-ils que je veuille faire des vers comme « Racine ? »

IV.   10

146   CORRESPONDANCE LITTÉRAIRE,

Après ce portrait fidèle, quelque légitimes que fussent les prétentions de M. Le Mierre, on ne sera point étonné sans doute si M. de Chabanon, voyant l'abbé Maury forcé de se retirer, conçut les plus grandes espérances de réussir aux dépens d'un rival qui, tout bien compté, n'avait pour lui que le mérite de ses travaux et le ridicule de son amour-propre. Tout le monde croyait son succès assuré, et M. Le Mierre disait lui-même : *Ah ! M. de Chabanon l'emportera ; il joue du violon* (c'est un des coryphées du concert des amateurs), *et moi je ne joue que de la lyre.*

Ce ne fut que très-peu de temps avant le jour fixé pour la nouvelle élection que cette grande affaire changea tout à coup de face. M. d'Alembert, qui ne voyait ni dans M. de Chabanon ni dans M. Le Mierre un sujet de son choix, ne voulant point paraître céder à l'importunité de la voix publique, encore moins aux cabales d'aucun parti, d'aucune société particulière, imagina très-adroitement d'écarter de la lice M. de Chabanon en faisant valoir contre lui le titre même qui semblait devoir lui assurer le plus de suffrages, celui d'académicien des inscriptions. Il fit observer que l'Académie des inscriptions avait déjà disposé si souvent en faveur de ses membres du choix de l'Académie française, que si on y laissait augmenter encore le nombre de ses cliens on risquait de la voir bientôt maîtresse absolue de toutes les élections. Une vue si profondément politique frappa tous les esprits. M. de Chabanon

JANVIER 1778.

se crut lui-même obligé de s'y soumettre, sans autre ressource que l'espoir d'enterrer bientôt quelque ancien confrère de l'une et de l'autre Académie. Au milieu de ces agitations on se souvint de M. l'abbé Millot, qui s'était déjà présenté il y a deux ans, mais qui n'avait fait alors que de très-bons catéchismes d'histoire, et qui avait mérité depuis une protection plus distinguée et plus puissante par ses *Mémoires* sur la maison de Noailles. Personne dans les circonstances actuelles ne parut plus propre que lui à l'emporter sur le pauvre Le Mierre. En effet il l'emporta, et avec une grande pluralité de suffrages. Dans le nombre des billets qui le nommèrent il y en eut pourtant un qui dut paraître au moins assez équivoque. « Je donne, disait le « billet, ma voix à M. l'abbé Millot, mais à « condition qu'il écrira mieux. » Cet homme scrupuleux pouvait en conscience reprendre sa voix après avoir vu le discours du récipiendaire, car c'est un des plus mauvais discours de réception que nous ayons entendu depuis long-temps, le plus plat extrait de tous les lieux communs qui furent jamais débités en pareille occasion ; aussi fut-il écouté dans le plus mortel silence, et ce n'est qu'à la dernière phrase que le public toujours assez juste applaudit poliment l'orateur pour le remercier de ne pas abuser plus long-temps de sa patience.

On fut dédommagé de cet ennui par la réponse de M. d'Alembert, chargé de la fonction de directeur à cause de l'absence de M. de Buffon. Un de ses premiers soins fut de faire applaudir le nouveau confrère qui l'avait été si mal tant qu'il avait parlé lui-même. « Pour justifier notre choix, il suffira de répéter avec confiance le jugement unanime que tous vos lecteurs ont porté de vos excellens abrégés historiques.... Aussi fidèle aux convenances que jaloux de ménager à la vérité tous ses avantages, vous avez eu l'art et le bonheur de garder toujours en la disant cette juste mesure si nécessaire pour lui ôter ce qu'elle peut avoir de choquant, en lui laissant tout ce qu'elle a d'utile, etc. »

Tout le discours de M. d'Alembert fut écouté avec le plus grand intérêt. Ce n'est qu'au moment où il rappela que M. Gresset ne vint frapper à la porte du temple des Muses que sa comédie du *Méchant* à la main, mais qu'aussi cette porte lui fut ouverte sans délai, sans qu'*aucune femme* eût besoin de parler pour lui ; ce n'est qu'à ce dernier mot qu'on entendit comme un léger murmure, *O mânes de mademoiselle de Lespinasse !*

M. Marmontel récita ensuite un *discours en vers sur l'histoire*, qui reçut les plus grands applaudissemens, et dont nous aurons l'honneur de vous envoyer l'extrait. La séance fut terminée, comme de coutume, par M. d'Alembert, qui nous lut un *éloge de Fléchier* plein d'anecdotes et d'observations intéressantes. On y admire surtout un parallèle de Fléchier et de

JANVIER 1778.

Bourdaloue mis en comparaison avec Corneille et Racine, idée un peu usée, mais que le Fontenelle de nos jours a su rajeunir avec une grâce et une finesse de goût qui n'appartient qu'à lui.

Une des actions les plus dignes d'être consacrées dans les fastes de l'humanité est celle du pilote Boussard.

Le 31 août dernier, à neuf heures du soir, un navire venant de La Rochelle, monté de huit hommes d'équipage et de deux passagers, approcha de la tête des jetées de Dieppe. Le vent était si impétueux, qu'un pilote-côtier essaya en vain quatre fois de sortir pour diriger son entrée dans le port. Boussard, s'apercevant que le pilote du navire faisait une fausse manœuvre qui le mettait en danger, chercha à le guider avec le porte-voix et par des signaux ; mais l'obscurité, le sifflement des vents, le bruit des vagues et la grande agitation de la mer empêchèrent le capitaine de voir et d'entendre, et bientôt le navire fut jeté sur le galet, et échoua à trente toises au-dessus de la jetée.

Aux cris des malheureux qui allaient périr, Boussard, malgré toutes les représentations et l'impossibilité apparente du succès, résolut d'aller à leur secours, et fit emmener sa femme et ses enfans qui voulaient le retenir. Il se fit ceindre aussitôt d'une corde, dont l'autre bout fut attaché sur la jetée, et se précipita au milieu des flots agités pour porter jusqu'au navire un cordage avec lequel on pût amener l'équipage à terre. Il approchait du navire lorsqu'une vague l'entraîna et le rejeta sur le rivage. Il fut ainsi vingt fois repoussé par les flots et roulé violemment sur le galet, couvert des débris du navire, que la fureur de la mer mettait en pièces. Son ardeur ne se ralentit point. Une vague l'entraîna sous le navire; on le croyait mort lorsqu'il reparut tenant dans ses bras un matelot qui avait été précipité du bâtiment, et qu'il rapporta à terre sans mouvement et presque sans vie. Enfin, après une infinité de tentatives et des efforts incroyables, il parvint à jeter un cordage dans le navire; ceux de l'équipage qui eurent la force de profiter de ce secours s'y attachèrent et furent tirés sur le rivage.

Boussard croyait avoir sauvé tous les hommes du navire. Accablé de fatigues, le corps meurtri et rompu par les secousses qu'il avait éprouvées, il gagna avec peine la cabane où le pavillon est déposé; là il succomba et tomba en défaillance. On venait de lui donner quelques secours, il avait rejeté l'eau de la mer et il reprenait ses esprits, lorsqu'on annonça qu'on entendait encore des gémissemens sur le navire. Dans ce moment Boussard, rappelant ses forces, s'échappe des bras de ceux qui s'empressaient à le secourir; il court à la mer, s'y précipite de nouveau, et il est assez heureux pour sauver encore un des passagers qui s'était lié au bâtiment et que sa faiblesse avait empêché de profiter du secours fourni

JANVIER 1778.

à ses compagnons. Des dix hommes qui étaient
dans le navire, il n'en a péri que deux, dout les
corps ont été trouvés le lendemain.

Voici la lettre que M. Necker a écrite de sa
main au pilote, après avoir pris les ordres de
Sa Majesté :

« Brave homme,

« Je n'ai su qu'avant hier, par M. l'intendant,
« l'action courageuse que vous aviez faite le 31
« août, et hier j'en ai rendu compte au roi,
« qui m'a ordonné de vous en témoigner sa
« satisfaction, et de vous annoncer de sa part une
« gratification de mille francs et une pension
« annuelle de trois cents livres. J'écris en con-
« séquence à M. l'intendant. Continuez de se-
« courir les autres quand vous le pourrez, et
« faites des vœux pour votre bon roi, qui aime les
« braves gens et les récompense. — Signé *Necker*,
« directeur général des finances. »

Le brave pilote a reçu cette lettre et les bienfaits dont elle était accompagnée avec la plus vive
reconnaissance, mais sans autre surprise que celle
de voir que sa dernière action avait fait beaucoup plus de bruit que les autres, car ce qu'il
fit le 31 août, il l'avait déjà fait dans plusieurs
occasions avec le même zèle, et sans se plaindre
de n'en avoir reçu aucune récompense. Après
avoir payé ses dettes, après avoir fait habiller de
neuf sa femme et ses enfans, ce qui ne leur était
point encore arrivé, il demanda à M. l'intendant la permission d'aller à Paris pour remercier

152　CORRESPONDANCE LITTÉRAIRE,

M. Necker, et pour voir, s'il était possible, ce jeune roi qui aime les braves gens et qui leur fait du bien. Il est arrivé ici dans l'habit de matelot qu'il avait fait faire pour le jour de ses noces. C'est un homme dont l'extérieur imposant rappelle ces anciens héros d'*Homère* à qui l'imagination de Bouchardon voyait vingt pieds de hauteur. Il en a près de six, la tête petite, les épaules larges et la démarche ferme, quoiqu'il ait une jambe presque estropiée d'une blessure gagnée au service du roi. Il a paru devant les ministres, devant tous les grands de la cour avec la simplicité la plus modeste et l'assurance la plus noble. Il a reçu les éloges prodigués à son courage sans laisser échapper la moindre marque d'orgueil ou de vanité, et les présens assez considérables que lui ont faits tous nos princes, particulièrement M. le duc de Penthièvre, sans qu'il soit possible de le soupçonner d'aucun sentiment d'avidité ni même d'intérêt. Dès que l'objet de son voyage a été rempli, tous les égards, toutes les caresses dont il se voyait comblé, car c'était l'homme à la mode, toutes les largesses auxquelles il pouvait encore s'attendre, n'ont pu le retenir; il a témoigné la plus grande impatience de retourner au sein de sa famille reprendre sa vie accoutumée. Quelqu'un lui ayant demandé ce qui pouvait lui avoir inspiré une intrépidité si rare, il a répondu ces paroles remarquables : *C'est l'humanité et la mort de mon père. Il a été noyé; je n'étais pas là pour le sauver, aussi*

JANVIER 1778.

j'ai juré depuis de courir au secours de tous ceux que je verrais tomber à la mer.... Offrit-on jamais à la piété filiale un plus pur, un plus sublime hommage !

Le roi, à qui l'étiquette de la cour n'a pas permis de le présenter, l'a regardé avec beaucoup d'intérêt en passant par la galerie où on l'avait averti de se placer, et en disant : *Ah ! voilà le brave homme !* Sa Majesté a confirmé le nom qui lui avait été donné par son ministre.

La lettre de M. Necker au pilote a fait faire à M. Sedaine l'impromptu que voici. On convient que la pensée en est plus heureuse que la rime.

> Cette lettre au pilote est-elle de Necker ? Oui.
>> C'est un point qu'on ne peut débattre.
>> Qui gouverne comme Sully
>> Doit écrire comme Henri quatre.

M. Marmontel nous a donné depuis quelques jours un discours en vers sur l'espérance de se survivre. On y trouve des morceaux pleins de chaleur et d'éloquence. On y remarque surtout ces vers qui rappellent un des plus odieux jugemens de l'inquisition.

> Hélas ! puisse de même, au comble de l'outrage,
> Se sentir revêtu de force et de courage
> Le citoyen flétri par l'absurde fureur
> D'un zèle mille fois plus affreux que l'erreur !
> Accusé sans témoin, condamné sans défense
> A l'avilissement d'une imbécille enfance,
> Pour avoir méprisé d'infâmes délateurs,
> En peuplant les déserts d'heureux cultivateurs.

CORRESPONDANCE LITTÉRAIRE,

Qu'il regarde ces monts où fleurit l'industrie,
Et fier de ses bienfaits, qu'il plaigne sa patrie (1).
Le temps la changera comme il a tout changé.
De ses vils oppresseurs Galilée est vengé.

(1) L'infortuné M. d'Olivadès, assistant de Séville, condamné par le tribunal de l'inquisition pour avoir fait défricher par une colonie d'hérétiques les landes de la *Sierra-Morena*, qui sépare la Castille de l'Andalousie. Ce citoyen vertueux a été déclaré hérétique et apostat, incapable de posséder jamais aucun office, banni à perpétuité à vingt lieues de la cour, des maisons royales, de toutes les grandes villes, même au Pérou sa patrie. Il ne pourra plus monter à cheval ni en voiture; il ne pourra plus s'habiller que d'étoffes grossières et couleur de paille, pour représenter le *San-Benito;* et pendant huit ans il sera renfermé dans un couvent, sous l'inspection de deux moines qui ne le quitteront jamais, qui lui enseigneront pendant les quatre premières années son catéchisme, et qui auront soin de le faire jeûner tous les vendredis au pain et à l'eau, et de lui faire dire tous les jours son chapelet avec sept *Ave Maria* et un *Credo*. En lisant ce jugement, qui semble réunir toutes les recherches de la cruauté la plus noire et la plus imbécille, ne se croirait-on pas transporté dans les siècles de la plus affreuse barbarie? Et c'est près de nous, aux yeux de l'univers que le despotisme des prêtres ose renouveler ces scènes de scandale et d'horreur! Quoi! tous les souverains de l'Europe se seront réunis pour détruire un ordre religieux à qui l'on ne doit reprocher peut-être qu'une politique trop ambitieuse, et à qui l'on ne saurait refuser la gloire d'avoir contribué au progrès de nos connaissances, et d'avoir mérité quelquefois du genre humain par d'utiles entreprises; quoi! toutes les cours de l'Europe n'auront pas dédaigné de conspirer la perte des jésuites, et on laisse subsister des moines qui, sans avoir jamais rien fait pour le bonheur des hommes, ont élevé une puissance dont la tyrannie est sans mesure et sans frein, qui s'élève ouvertement au-dessus de toute autorité légitime, dont le principe et les effets sont également atroces, dont aucune religion ne nous offre l'exemple, et qui sera dans tous les âges l'opprobre du christianisme et l'horreur de l'humanité! Ah! s'il y eut jamais une ligue honorable et juste, s'il y eut jamais une croisade digne d'intéresser les souverains du monde, ce serait sans doute celle qui aurait pour but l'anéantissement d'une puissance si funeste, si absurde et si barbare.

(*Voyez, à la fin du tome V de cette Correspondance,* un Précis historique sur Paul d'Olivadès, *rédigé par M. Diderot sur des Mémoires fournis par un Espagnol.* Note de l'éditeur.)

JANVIER 1778.

On a donné sur le théâtre de l'Académie royale de musique trois ou quatre représentations d'*Hellé*, opéra nouveau en trois actes. Cet ouvrage n'a eu aucun succès. Le poëme est originairement de M. l'abbé Le Monnier, qui l'avait ébauché en sortant du collége et qui n'y avait plus songé depuis. On a retrouvé son manuscrit, je ne sais par quel hasard, dans de vieilles paperasses d'une succession appartenante à M. de La Boulaye. Soit respect pour les papiers de famille, soit quelqu'autre prévention, M. de La Boulaye s'est pris d'une grande tendresse pour l'ouvrage, l'a fait arranger par deux ou trois de ses amis et a exigé du sieur Floquet, son protégé, qu'il le mît en musique. Voici en deux mots le sujet de ce merveilleux chef-d'œuvre. Neptune, sous le nom d'Arsame, revient vainqueur de je ne sais quels ennemis, il demande pour prix de sa conquête la main d'Hellé, jeune princesse. La reine, sa tante, est une magicienne qui voudrait garder Arsame pour elle ; en conséquence elle évoque tous les démons soumis à son empire et les engage à persécuter nos deux amans. Leurs prestiges transportent Hellé au milieu des déserts ; elle y voit dans un tableau magique l'infidélité de son amant qui la sacrifie à sa rivale. Arsame, après l'avoir cherchée long-temps en vain, la retrouve au bord de la mer et lui jure de ne plus la quitter, cependant il la laisse s'embarquer un moment après, et voilà une tempête suscitée par les démons qui engloutit la pauvre princesse presque à ses yeux. On se désole, mais on la voit bientôt reparaître sur une conque argentée portée par des nymphes et des tritons. Arsame déclare alors qu'il est Neptune, et la reine sorcière se tue de rage, etc. Tout cela est encore mieux écrit que cela n'est bien imaginé. Il y a dans la musique quelques chœurs assez beaux, une multitude de réminiscences fort heureuses, un duo qui rappelle pour ainsi dire à chaque trait de chant le beau duo de *Roland* du sieur Piccini, et un air de bravoure d'une facture très-savante et d'un caractère fort brillant. Les airs de danse ont paru généralement au-dessous du talent que l'auteur avait annoncé pour ce genre dans l'*Union de l'Amour et des Arts.*

FÉVRIER 1778.

DEPUIS plusieurs années M. Mercier le dramomane ne cesse de nous prédire la chute prochaine de la tragédie française. On sait les raisons particulières qu'il peut avoir pour y croire plus qu'un autre. On pourrait en avoir de meilleures, et sans être dramomane convenir que l'accomplissement de cet oracle funeste ne fut jamais plus à craindre. Tous les ressorts de notre système dramatique semblent usés ; après deux ou trois mille pièces jetées pour ainsi dire dans le même moule, comment ne le seraient-ils pas? Où trouver aujourd'hui des sujets, des situations, des mouvemens, des effets nouveaux en s'attachant surtout à suivre éternellement la même méthode, le même procédé ? M. Ducis a laissé entrevoir à la vérité quelques exceptions originales, mais M. Ducis écrit d'un style barbare. L'auteur de *Warwick* n'a rien fait qui réponde encore aux espérances qu'avait données de lui ce premier essai de sa jeunesse. Le succès de *Zuma* s'est évanoui à la lecture, et *Mustapha*, la tragédie la mieux écrite qu'on nous ait donnée depuis long-temps, quoique travaillée avec un soin extrême, quoique remplie de détails fort précieux, n'a paru qu'un ouvrage infiniment faible au théâtre. Ce défaut de productions nouvelles et intéressantes a été moins sensible sans doute tant que des acteurs et des actrices d'un talent supérieur ont occupé la scène ; mais on a vu disparaître tour à tour les Le Couvreur, les Dufresne, les Gaussin, les Clairon, les Dumesnil ; et tous ces grands talens n'ont pas même laissé l'espoir d'être jamais remplacés. Il nous restait un seul acteur sorti de cette brillante école, seul il avait survécu à la gloire du théâtre, et seul il en soutenait encore tout l'éclat. Il n'est plus. —On attribue la maladie inflammatoire qui vient de nous l'enlever aux efforts qu'il fit dans le rôle de Vendôme pour plaire à une certaine dame Benoît, dont il était éperdument amoureux et dont l'excessive reconnaissance a bien plus contribué, dit-on, à précipiter le terme de ses jours que les rigueurs d'Adélaïde. Il est fort à craindre que les charmes de madame Benoît n'aient fait plus de tort à la tragédie que toutes les Philippiques de M. Mercier.

Qu'il y ait eu des acteurs d'un talent supérieur à celui de Le Kain, que Baron ait eu plus de naturel, Dufresne un extérieur plus imposant, c'est ce que nous ne chercherons point à disputer. Mais ce qui nous paraît assez généralement reconnu, c'est que jamais acteur n'a pu concevoir avec plus de profondeur, avec plus de dignité, le génie de la tragédie et surtout de la tragédie française. Jamais personne n'a su animer comme lui la scène, en saisir tous les mouvemens, en préparer tous les effets, conserver à la fois au langage toute sa noblesse, aux accens de la nature

FÉVRIER 1778. 159

toute leur vérité, au caractère sa couleur originale, aux passions toute leur fougue et toute leur
énergie. Il suffisait de son talent pour embrasser,
pour soutenir toute la marche, tout l'ensemble
d'un ouvrage. Quand mademoiselle Gaussin quitta
le théâtre on craignit de ne plus revoir *Zaïre*.
Le Kain, avec des débutantes d'une faiblesse
extrême, a fait revivre cent fois ce chef-d'œuvre
à nos yeux. L'illusion de son rôle se répandait sur
tous les autres et leur prêtait une chaleur, une vie
nouvelle. On sait le peu de succès qu'eut *Britan-
nicus* dans sa nouveauté. Il n'est presqu'aucune
tragédie de Racine que nous ayons vue plus suivie dans ces derniers temps, et c'est au rôle de
Néron, qui n'avait été regardé jusqu'alors que
comme un rôle secondaire, qu'elle dut tout son
effet ; l'art de Le Kain y sut présenter la vive et
frappante image de la jeunesse d'un tyran échap-
pant pour la première fois aux liens de la contrainte et de l'habitude.

Si les difficultés que ce grand acteur eut à sur-
monter pour arriver à un degré de perfection si
étonnant et si rare n'ajoutaient rien à nos plaisirs,
le sentiment de reconnaissance, d'admiration que
sa mémoire inspire n'en est pas moins intéressé à
en garder le souvenir. La nature lui avait refusé
presque tous les avantages que semble exiger l'art
du comédien. Ses traits n'avaient rien de régulier,
rien de noble. Sa physionomie au premier coup-
d'œil paraissait grossière et commune, sa taille
courte et pesante. Sa voix était naturellement

lourde et peu flexible. Un seul don de la nature avait suppléé à tous ces défauts, c'était une sensibilité forte et profonde qui faisait disparaître la laideur de ses traits sous le charme de l'expression dont elle les rendait susceptibles, qui ne laissait apercevoir que le caractère et la passion dont son âme s'était remplie, et lui donnait à chaque instant de nouvelles formes, un nouvel être.

L'arrangement de ses cheveux sous une apparente négligence prêtait aux contours de son front plus ou moins de jeunesse, plus ou moins de majesté, selon la convenance de ses rôles. Il avait dans le mouvement de ses sourcils une magie d'expression qui lui était propre et dont il tirait un parti prodigieux. L'art avec lequel il dessinait ses moindres gestes, ses moindres attitudes leur imprimait un caractère de noblesse et de dignité qui enveloppait pour ainsi dire toute sa figure, et la perspective du théâtre en favorisait encore l'illusion. Fidèle au costume qu'il introduisit le premier sur la scène française, de concert avec mademoiselle Clairon, il employait dans sa manière de s'habiller tout l'art que peut mettre un peintre habile dans la disposition de ses draperies. A la faveur de cet artifice heureux il était parvenu non-seulement à cacher le désagrément de sa taille, mais encore à lui donner je ne sais quoi de théâtral et d'imposant. L'homme qu'on eût pris dans la société pour un petit bourgeois de la rue Saint-Denis, sur la scène devenait un roi, un sultan, et pouvait passer dans l'esprit même de Bouchardon pour un héros d'Homère. J'ai connu un étranger de beaucoup d'esprit qui n'avait jamais entendu parler de Le Kain, et qui, le voyant pour la première fois dans le rôle de Zamore, sortit du spectacle très-persuadé que l'acteur qu'il venait de voir était un des plus beaux hommes qui eussent jamais paru sur la scène. Il est sans doute assez remarquable que Roscius, le plus excellent comédien de l'ancienne Rome, ait eu les mêmes désavantages naturels que Le Kain, qu'il en ait eu de plus grands et qu'il les ait surmontés avec le même succès. On lit dans Festus que ce fut le premier acteur à Rome qui ait usé du masque sur le théâtre, parce qu'il avait les yeux de travers et la vue difforme, que cependant le peuple se plaisait à l'entendre à visage découvert à cause de la douceur de sa voix.

C'est aussi au charme de sa voix que le talent du moderne Roscius fut redevable de ses plus grands succès. Nous avons remarqué qu'elle était naturellement pesante et même un peu voilée. A force d'étude et de travail il avait tellement corrigé ce défaut, qu'il ne lui en était resté que l'habitude d'un ton ferme, grave et soutenu. Je n'ai jamais entendu aucune voix humaine dont les inflexions fussent plus sûres et plus variées, plus fortes et plus tendres, d'un pathétique plus touchant et plus terrible. Il n'y avait point de vers qui parussent faibles lorsqu'il daignait les dire avec soin. Un talent plus précieux sans doute et qu'il avait porté au plus haut degré, c'était celui de faire sentir tout le charme des beaux vers sans nuire jamais à la vérité de l'expression. En déchirant le cœur il enchantait toujours l'oreille, sa voix pénétrait jusqu'au fond de l'âme, et l'impression qu'elle y faisait, semblable à celle du burin, y laissait des traces profondes et de longs souvenirs.

Sa conversation annonçait un esprit sage et réfléchi, mais sans aucune saillie brillante ; tous ses discours étaient pleins de mesure et d'égards, son langage pur et doux avait souvent une simplicité digne, et de l'énergie sans affectation. Il aimait la gaieté, personne n'était plus sensible que lui aux talens de son ami Préville, aux grâces naïves de Carlin ; mais le rire n'en était pas moins étranger à sa physionomie, elle conservait toujours l'empreinte et des passions qu'il s'était étudié à peindre et de celles qu'il avait éprouvées lui-même. Il n'avait jamais aimé qu'avec fureur ; il avait toujours haï de même, et quand il prononçait ce vers d'*Alzire*,

Deux vertus de mon cœur, la vengeance et l'amour,

il était plus Zamore que Zamore lui-même. Si les circonstances le forcèrent le plus souvent à renfermer ces sentimens au fond de son cœur, il n'en était pas moins dévoré, et l'on ne peut douter que cet excès de sensibilité n'ait contribué pour le moins autant que les fatigues de son état à abréger ses jours. J'en juge par une consulta-

FÉVRIER 1778.

tion qu'il demande à M. Tronchin dans une de ses dernières maladies, consultation aussi tragique, aussi pleine de philosophie et de chaleur qu'aucun de ses rôles.

Notre Roscius, uniquement occupé de la perfection de son art, n'avait jamais cherché d'autres distractions que celles où il avait été entraîné par la violence de ses sentimens. Mais il n'avait rien négligé pour acquérir toutes les connaissances relatives à son objet ; il avait fait en conséquence des études assez suivies sur la langue, sur l'histoire et sur tous les arts dont le secours pouvait contribuer à perfectionner et à embellir son talent. Son jugement était naturellement droit et sain, mais pour se développer il avait besoin d'une attention suivie d'une méditation lente et profonde. Je lui ai entendu dire très-souvent et de la meilleure foi du monde, qu'il avait étudié quinze ans le rôle du *Cid* avant de l'avoir saisi comme il l'a joué les dernières années de sa vie.

Soit avarice comme beaucoup de gens ont cru avoir le droit de le soupçonner, soit singularité ou même une sorte de coquetterie, il affectait dans ses habits de ville autant d'épargne, autant de négligence qu'il mettait de faste et de recherche dans ses habits de théâtre. Cependant il ne perdait jamais de vue ce qu'on doit aux convenances de la société, il y réunissait avec beaucoup d'attention et la modestie convenable à son état et cette estime de soi-même qui est la première dignité. Tout le monde sait la réponse

11.

pleine de caractère qu'il fit à cet officier qui se servait devant lui des expressions les plus méprisantes pour comparer la fortune d'un comédien à celle d'un militaire réduit après de longs services à vivre d'une chétive pension : *Eh! comptez-vous pour rien, monsieur, le droit que vous croyez avoir de me parler ainsi?....*

C'est le 8 de février que nous avons perdu ce grand acteur, il n'était que dans sa quarante-neuvième année; et c'est le lendemain, le jour même de son enterrement, que le patriarche de Ferney est arrivé à Paris après une absence de plus de vingt-sept ans. Ainsi par une étrange fatalité il n'a jamais vu sur le théâtre de Paris l'acteur qui contribua sans doute le plus à sa gloire, que lui-même avait pris soin de former, mais qui ne put obtenir la permission de débuter à la comédie française que quelques jours après le départ de son bienfaiteur pour la Prusse.

Non, l'apparition d'un revenant, celle d'un prophète, d'un apôtre, n'aurait pas causé plus de surprise et d'admiration que l'arrivée de M. de Voltaire. Ce nouveau prodige a suspendu quelques momens tout autre intérêt, il a fait tomber les bruits de guerre, les intrigues de robe, les tracasseries de cour, même la grande querelle des gluckistes et des piccinistes. L'orgueil encyclopédique a paru diminué de moitié, la sorbonne a frémi, le parlement a gardé le silence, toute la littérature s'est émue, tout Paris s'est empressé de voler aux pieds de l'idole, et jamais le

FÉVRIER 1778.   165

héros de notre siècle n'eût joui de sa gloire avec
plus d'éclat, si la cour l'avait honoré d'un regard
plus favorable ou seulement moins indifférent.
On sait même qu'un mot du roi sur ce retour
inattendu pensa détruire tout à coup une si douce
ivresse. Sa Majesté demanda si l'ordre qui défen-
dait à Voltaire de revenir à Paris (ordre donné
sous le ministère de M. de Saint-Contest) avait
été levé. Quoique le roi n'eût rien ajouté de **plus**,
on se pressa de rapporter ce discours à M. de
Voltaire et de le lui rapporter de la manière du
monde la plus alarmante. Le vieux malade en fut
vivement affecté, mais l'intention du roi n'avait
jamais été de l'affliger, et grâce à l'empressement
de madame la comtesse Jules de Polignac, ap-
puyée des bontés de la reine, il ne tarda pas à
être rassuré. Consoler la vieillesse, s'intéresser au
repos du favori des Muses, n'est-ce pas le plus
doux emploi des grâces et de la beauté!

A quatre-vingt-quatre ans M. de Voltaire a fait
le voyage de Paris dans cinq jours, au mois de
février. Il est parti de Ferney deux jours après
madame Denis, M. et madame de Villette, et il
les a rejoints à Fontainebleau. Le lendemain de
son arrivée il a reçu les hommages de toute la
France, et il y a répondu avec cette fleur d'esprit,
avec ces agrémens, cette politesse dont lui seul a
conservé le ton. Dans la soirée il a lu, déclamé
lui-même la plus grande partie de sa tragédie
d'*Irène*, et toute la nuit ensuite il l'a passée à en
corriger les deux derniers actes. Madame Ves-

166   CORRESPONDANCE LITTÉRAIRE,

tris qu'il a chargée du rôle d'Irène étant venue le voir à son lever, il lui dit : *J'ai été occupé de vous, madame, toute la nuit comme si je n'avais que vingt ans.* Tout cela n'empêche pas qu'il ne se dise toujours mort ou mourant, et qu'il ne se fâche même beaucoup lorsqu'on ose l'assurer qu'il est encore plein de force et de vie.

C'est dans l'hôtel de M. le marquis de Villette qu'il est descendu avec madame Denis pour ne point se séparer de Belle et Bonne (1), qu'il chérit avec une tendresse extrême. Il y occupe un cabinet qui ressemble beaucoup plus au boudoir de la Volupté qu'au sanctuaire des Muses, et ce cabinet se trouve précisément au-dessous de l'appartement de M. le marquis de Thibouville. C'est là, dit-on, que M. de Voltaire vient faire ses Pâques. Eh! quel rapport ont toutes ces folies à la gloire de *Mahomet* et d'*Alzire!*

Avis *important attribué à M. Barthe.*

Le sieur Villette, dit marquis,
Successeur des Jodelles,
Facteur de vers, de prose et d'autres bagatelles,
Au public donne avis
Qu'il possède dans sa boutique
Un animal plaisant, unique,
Arrivé récemment
De Genève en droiture;
Vrai phénomène de nature;
Cadavre, squelette ambulant.

(1) C'est le nom que M. de Voltaire a donné à madame la marquise de Villette.

FÉVRIER 1778.

Il a l'œil très-vif, la voix forte ;
Il vous mord, vous caresse ; il est doux, il s'emporte.
　　　Tantôt il parle comme un dieu,
　　　Tantôt il parle comme un diable.
Son regard est malin, son esprit est tout feu.
　　　　Cet être inconcevable
Fait l'aveugle, le sourd et quelquefois le mort.
Sa machine se monte et démonte à ressort,
Et la tête lui tourne au surnom de *grand homme.*
Du mont Crapak tel est l'original en somme.
　　　On le verra tous les matins
　　　Au bout du quai des Théatins.
Par un salut profond, beaucoup de modestie,
Les grands seigneurs paieront leur curiosité.
　　　Porte ouverte à l'Académie,
　　　A tous acteurs de comédie
　　　Qui flatteront sa vanité,
　　　Et voudront adorer l'idole.
　　　Les gens mitrés portant étole
　　Verront de loin, moyennant une obole,
　　Pour éviter ses griffes et ses dents.
Tout poëte entrera pour quelques grains d'encens.

ÉPIGRAMME *sur M. le marquis de Villette, qui jouit peut-être avec trop de vanité du bonheur de montrer M. de Voltaire à tout Paris.*

　　　Petit Villette, c'est en vain
　　　Que vous prétendez à la gloire ;
　　　Vous ne serez jamais qu'un nain
　　　Qui montre un géant à la foire.

M. Le comte d'Angivilliers avait désiré d'acquérir pour le compte du roi quelques blocs de porphyre que M. le marquis de Marigny avait

CORRESPONDANCE LITTÉRAIRE,

fait venir d'Italie. Il n'a voulu les céder que sous la condition qu'on les emploierait au même usage auquel il les avait destinés lui-même, c'est-à-dire à en faire faire des bustes de nos grands hommes. Pour prix de son marché, il a demandé celui du maréchal de Saxe et celui de Voltaire. M. le comte d'Angivilliers ayant écrit en conséquence au sieur de Mouchi, le neveu du sieur Pigal, on s'est empressé d'apprendre à **M.** de Voltaire que Sa Majesté venait de donner l'ordre de faire son buste et celui du héros de Fontenoy. On s'est bien gardé d'ajouter que c'était pour **M.** de Marigny; et très-flatté d'une distinction qu'il croyait devoir aux bontés de son roi, l'illustre vieillard a fait sur-le-champ l'impromptu que voici.

A M. de Mouchi.

> Le roi sait que votre talent
> Dans le petit et dans le grand
> Ne fit jamais qu'œuvre parfaite;
> Et par un contraste nouveau
> Il veut que votre heureux ciseau
> Du héros descende au trompette.

RÉPONSE *de M. de Voltaire à un Évêque de bonne compagnie qui lui avait envoyé un Mandement contre les incrédules.*

> J'ai reçu votre mandement;
> Je vous envoi ma tragédie,
> Afin que mutuellement
> Nous nous donnions la comédie.

FÉVRIER 1778.

Depuis que M. de Voltaire est à Paris, je ne sais combien de prêtres ont déjà fondé leurs projets de gloire et de fortune sur l'espérance de devenir les instrumens de la conversion d'un homme si célèbre. Il s'en est présenté plusieurs pour lui demander la préférence au cas qu'il fût disposé à se confesser. Un de ces messieurs, plus hardi ou peut-être plus affamé que les autres, ayant forcé la porte dans un moment où M. de Voltaire était resté seul dans sa chambre, est venu se jeter au pied de son lit, et lui a dit en style judaïque : « Au « nom du ciel, écoutez-moi; je serai pour vous « le bouc émissaire, je viens me charger de tous « vos péchés; mais confessez-vous tout à l'heure, « et tremblez de perdre le seul moment que la « grâce vous laisse encore, » etc. Le vieux malade était de bonne humeur; il l'a écouté avec la plus grande modération, et lui a demandé *de quelle part il venait. — De quelle part? de la part de Dieu même. — Eh bien, monsieur l'abbé, vos lettres de créance?* Une question si embarrassante et si naturelle l'a tellement confondu, que M. de Voltaire en a eu pitié; il l'a remis à son aise, lui a parlé avec beaucoup de douceur, et l'a renvoyé en l'assurant qu'il ne se sentait aucun éloignement pour la confession, mais qu'il choisirait un moment plus propice pour s'y préparer.

On demande après cela si c'est faiblesse ou crainte, ou désir de plaire à la cour, ou simple respect pour les convenances établies qui lui a fait demander avec tant d'empressement un prêtre aussitôt qu'il s'est vu attaqué de cette violente hémorragie que M. Tronchin lui-même a regardée plusieurs jours comme mortelle, vu son âge et la difficulté de lui faire observer le seul régime qui pût assurer sa guérison. Ce qu'il y a de certain, c'est que son premier mot, lorsqu'il vomissait encore le sang à pleine bouche, son premier mot a été : *Qu'on envoie chercher le prêtre..... sur-le-champ ;.... je ne veux pas qu'on me jette à la voirie.....* Ce qui n'est pas moins sûr, c'est qu'il s'est confessé avec beaucoup de patience, et dans toutes les formes, au père Gautier, chapelain des Incurables; que cette scène édifiante s'est passée dans le boudoir même de M. de Villette, c'est-à-dire dans le plus profane, dans le plus voluptueux de tous les boudoirs; qu'il a promis à ce bon père tout ce qu'il a voulu, excepté le désaveu public de ses ouvrages, parce qu'aucun de ses ouvrages n'ayant paru sous son nom, ce désaveu lui semblait parfaitement superflu. Mais ce qui n'est pas moins sûr aussi, c'est que lorsque les forces lui sont revenues, et qu'il s'est aperçu que sa confession, sans faire aucun effet à la cour, réussissait encore moins à la ville, il en a pris beaucoup d'humeur. Ce qu'il avait fait comme un enfant, il s'en est fâché de même.

On a donné le samedi 21 la première représentation de *l'Homme personnel,* comédie en cinq actes et en vers, par M. Barthe, auteur des

FÉVRIER 1778.

fausses Infidélités, de *la Mère jalouse*, de *l'Amateur*, de *l'Ami du mari*, et de plusieurs jolies *épîtres* insérées dans l'*Almanach des Muses*.

Cette pièce n'a eu aucun succès le premier jour, elle a été aux nues le second, et les autres presque abandonnée. C'est aujourd'hui le sort de beaucoup de pièces nouvelles. La première représentation est ordinairement pour la cabale, la seconde pour l'auteur, et ce n'est souvent qu'à la cinq ou sixième que la voix du public se fait entendre.

Il y a dans cette pièce des traits de caractère assez bien saisis, des combinaisons ingénieuses, de l'esprit, quelques vers heureux, quelques mots plaisans ; mais la marche en général a paru froide, embarrassée ; les scènes décousues, l'exécution triste et sèche. Comme on sait que M. Diderot et M. Thomas se sont fort intéressés au plan de l'ouvrage, qu'ils l'ont fait corriger et refaire à plusieurs reprises, on s'est permis de dire que cette pièce avait été fortement conseillée, mais faiblement conçue ; et ce mot est quelque chose de mieux qu'une méchanceté. Il est très-vrai que l'on croit sentir partout ce que le poëte avait dessein de faire, et ce qu'il n'a pas eu la force d'exécuter. Il faut que tout ce que l'homme personnel imagine de faire pour son intérêt tourne contre lui ; n'était-ce pas une excellente idée ? Il faut que l'homme personnel cherche à profiter de tous les avantages de la société sans en remplir aucun devoir ; n'était-ce pas encore une fort bonne idée ?

Il faut qu'il en impose long-temps à tout ce qui l'entoure; il faut qu'il soit amoureux, et que son amour l'embarrasse; il faut qu'il paraisse un moment lui-même la victime de l'égoïsme, et qu'il ait le droit d'en faire l'apologie sans se rendre trop suspect aux yeux de ceux qu'il est intéressé à tromper; il faut enfin qu'il porte le même caractère dans toutes les relations qu'il peut avoir avec sa maîtresse, ses parens, ses amis, ses valets : tout cela n'était-il pas fort bien vu, fort bien combiné? Et pour faire de ce fonds une excellente pièce que fallait-il de plus que du génie, de la verve et de la gaieté? Avec ce secours n'aurait-on pas sauvé tous les inconvéniens du plan? n'aurait-on pas trouvé des effets plus comiques, des liaisons plus faciles, des traits plus frappés?

Il y a infiniment plus d'esprit dans l'*Égoïste* de M. Barthe, il y a peut-être un peu plus de talent comique dans celui de M. Cailhava; mais l'une et l'autre pièce sont également dépourvues d'intérêt. Il fallait sans doute plus que de l'esprit et du talent pour traiter un sujet aussi difficile, un sujet où le génie même de Molière eût peut-être échoué.

MARS 1778.

IL est rare que les fêtes du carnaval ne fournissent quelque anecdote remarquable. Celle qui a fait le plus de bruit cette année mérite de fixer l'attention non - seulement par le rang des personnes qui en ont fait naître le sujet, par l'importance de ses suites, mais aussi par l'influence singulière que l'empire de l'opinion a paru avoir dans cette circonstance sur nos usages et sur nos mœurs. On ne nous pardonnerait pas sans doute de la passer sous silence; des mémoires littéraires n'ayant point d'objets plus intéressans à nous offrir que ceux qui tiennent à l'histoire de l'opinion. Voici le fait en peu de mots.

M. le comte d'Artois, à la faveur de la liberté qu'inspire le masque et peut-être aussi grâce aux avis secrets de madame de Canillac (1) qui lui donnait le bras, se permit, dans un de nos derniers bals, de dire à madame la duchesse de Bourbon des choses assez vives pour exciter au moins son impatience autant que sa curiosité. La princesse ayant voulu tenter de lever la barbe du masque qui la tourmentait avec si peu de ménagement, le comte d'Artois s'en défendit par un mouvement fort brusque, et l'effort qu'il fit pour lui arracher à elle-même le petit masque qui ne

(1) Madame de Canillac, ci-devant dame d'honneur de madame la duchesse de Bourbon, puis attachée à madame Élisabeth.

couvrait que la moitié de son visage, y laissa quelques légères meurtrissures. Cette scène malheureusement fut bientôt si répandue et à la ville et à la cour, que madame de Bourbon ne crut pouvoir se dispenser d'en faire porter ses plaintes au roi par M. le prince de Condé et par son père M. le duc d'Orléans. Le duc de Bourbon se hâta peut-être un peu trop de dire tout haut que si l'on ne faisait point à sa femme les excuses qu'on lui devait, le parti qu'il avait à prendre n'était pas difficile à deviner. La reine tâcha vainement d'arranger cette affaire ; les négociations les plus adroites furent sans succès, et l'autorité du roi ne put obtenir qu'une réconciliation forcée. La situation de M. le comte d'Artois était fort embarrassante, vu d'un côté les ordres précis de Sa Majesté, de l'autre l'espèce de menace faite par M. de Bourbon. Les femmes dont ce prince jusqu'alors avait été l'idole, les femmes prirent toutes parti contre lui, et la cause de madame de Bourbon parut celle de tout le sexe, c'est-à-dire à peu près de toute la nation. Leurs cris, leurs suffrages, la voix impérieuse de l'honneur français l'emportèrent enfin sur les considérations les plus graves, sur l'autorité même des lois, sur celle du monarque. M. le comte d'Artois donna rendez-vous à M. le duc de Bourbon, dans le bois de Boulogne, le lundi 16. Le combat dura cinq ou six minutes; on se battit dans toutes les règles de l'ancienne chevalerie, mais heureusement sans aucun accident fâcheux. Le comte d'Artois ne reçut qu'une petite égra-

MARS 1778.

tignure au bras, et tout fut terminé à la satisfaction de toutes les parties intéressées. Les deux combattans dînèrent gaiement ensemble. Le comte d'Artois écrivit sur-le-champ au roi qu'il lui demandait pardon de lui avoir désobéi, et le suppliait de ne point lui faire d'autre grâce que celle de traiter le duc de Bourbon comme il jugerait à propos de le traiter lui-même; mais que, quelque coupable que sa conduite pût paraître aux yeux du monarque, il osait espérer d'en trouver l'excuse dans les sentimens et dans l'amitié d'un frère. Ce devoir rempli, il vola au palais Bourbon, et fit à la princesse la réparation la plus noble et la plus entière. « Je profite, madame, lui dit-il en entrant chez elle, du premier instant de liberté que me laissent les circonstances pour vous faire des excuses que j'ai été bien fâché de ne pas oser vous faire plus tôt....... »

C'est le jour même de cette scène intéressante que fut donnée à Paris la première représentation de la tragédie de M. de Voltaire. Jamais assemblée ne fut plus brillante. La reine, suivie de toute la cour, honora de sa présence le nouveau triomphe du Sophocle de nos jours. Ce triomphe si touchant, après soixante ans de gloire, fut précédé de celui de madame de Bourbon, qui ne parut pas plutôt dans sa loge que toute la salle retentit d'applaudissemens et de battemens de mains. Les transports du public redoublèrent lorsqu'on aperçut son époux et son chevalier; ils se renouvelèrent encore à l'arrivée de M. le comte d'Ar-

CORRESPONDANCE LITTÉRAIRE,

tois, et s'ils furent un peu moins vifs alors, c'est que tous les spectateurs n'étaient pas également instruits de ce qui s'était passé dans la matinée. Ainsi la voix publique osa consacrer par le suffrage le plus éclatant une action défendue par les lois, contraire aux maximes du trône, et que les ordres positifs du monarque venaient d'interdire expressément; tant il est vrai que le pouvoir des mœurs ou celui du préjugé national est au-dessus de toute autorité, de toute puissance humaine!

——————

Ce lundi 30.

Non, je ne crois pas qu'en aucun temps le génie et les lettres aient pu s'honorer d'un triomphe plus flatteur et plus touchant que celui dont M. de Voltaire vient de jouir après soixante ans de travaux, de gloire et de persécution.

Cet illustre vieillard a paru aujourd'hui pour la première fois à l'Académie et au spectacle. Un accident très-grave (1), et qui avait fait craindre pendant plusieurs jours pour sa vie, ne lui avait pas permis de s'y rendre plus tôt. Son carrosse a été suivi dans les cours du Louvre par une foule de peuple empressée à le voir. Il a trouvé toutes les portes, toutes les avenues de l'Académie as-

(1) Une violente hémorragie, occasionée vraisemblablement par toutes les fatigues qu'il a essuyées depuis son arrivée à Paris, et surtout par les efforts qu'il a faits dans une répétition que les comédiens firent chez lui de sa tragédie d'*Irène*, répétition qui lui a donné beaucoup d'impatience et beaucoup d'humeur.

MARS 1778.

siégées d'une multitude qui ne s'ouvrait que lentement à son passage et se précipitait aussitôt sur
ses pas avec des applaudissemens et des acclamations multipliées. L'Académie est venue au-devant
de lui jusque dans la première salle ; honneur
qu'elle n'a jamais fait à aucun de ses membres,
pas même aux princes étrangers qui ont daigné
assister à ses assemblées. On l'a fait asseoir à la
place du directeur, et par un choix unanime on
l'a pressé de vouloir bien en accepter la charge
qui allait être vacante à la fin du trimestre de jan-
vier. Quoique l'Académie soit dans l'usage de faire
tirer cette charge au sort, elle a jugé, sans doute
avec raison, que, déroger ainsi à ses coutumes en
faveur d'un grand homme, c'était suivre en effet
l'esprit et les intentions de leur fondateur. M. de
Voltaire a reçu cette distinction avec beaucoup
de reconnaissance, et la lecture que lui a faite
ensuite M. d'Alembert de l'*Éloge de Boileau* a
paru l'intéresser infiniment. Il y a dans cet éloge
une discussion très-fine sur les progrès que le
législateur du goût dans le dernier siècle a fait
faire à notre langue. On y compare le style de
Racine et celui de Boileau, la manière de ces deux
poëtes et celle de M. de Voltaire, à qui l'auteur
donne des éloges trop vrais et trop délicats pour
avoir pu craindre, en les lisant devant lui, de
blesser ou son amour-propre ou sa modestie.
L'assemblée était aussi nombreuse qu'elle pouvait
l'être, sans la présence de messieurs les evêques
qui s'étaient tous dispensés de s'y trouver, soit

que le hasard, soit que cet esprit saint, qui n'a-
bandonne jamais ces messieurs, l'eût décidé ainsi
pour sauver l'honneur de l'église ou l'orgueil de la
mitre; ce qui, comme chacun sait, ne fut presque
toujours qu'une seule et même chose.

Les hommages que M. de Voltaire a reçus à
l'Académie n'ont été que le prélude de ceux qui
l'attendaient au théâtre de la nation. Sa marche
depuis le vieux Louvre jusqu'aux Tuileries a été
une espèce de triomphe public. Toute la cour des
princes, qui est immense, jusqu'à l'entrée du Car-
rousel était remplie de monde; il n'y en avait guère
moins sur la grande terrasse du jardin, et cette
multitude était composée de tout sexe, de tout
âge et de toute condition. Du plus loin qu'on a
pu apercevoir sa voiture, il s'est élevé un cri de
joie universel; les acclamations, les battemens de
mains, les transports ont redoublé à mesure qu'il
approchait, et quand on l'a vu, ce vieillard respectable chargé de tant d'années et de tant de
gloire, quand on l'a vu descendre appuyé sur
deux bras, l'attendrissement et l'admiration ont
été au comble. La foule se pressait pour pénétrer
jusqu'à lui; elle se pressait davantage pour le défendre contre elle-même (1). Toutes les bornes,

(1) Les moindres détails de cette journée pouvant avoir quelque
intérêt, nous ne voulons point manquer de rappeler ici le costume
dans lequel M. de Voltaire a paru. Il avait sa grande perruque à
nœuds grisâtres, qu'il peigne tous les jours lui-même, et qui est toute
semblable à celle qu'il portait il y a quarante ans; de longues man-
chettes de dentelles, et la superbe fourrure de martre zibeline, qui
lui fut envoyée il y a quelques années par l'impératrice de Russie,

MARS 1778. 179

toutes les barrières, toutes les croisées étaient remplies de spectateurs, et le carrosse à peine arrêté, on était déjà monté sur l'impériale et même jusque sur les roues pour contempler la divinité de plus près. Dans la salle même l'enthousiasme du public, que l'on ne croyait pas pouvoir aller plus loin, a paru redoubler encore lorsque M. de Voltaire placé aux secondes dans la loge des gentilshommes de la chambre, entre madame Denis et madame de Villette, le sieur Brizard est venu apporter une couronne de lauriers que madame de Villette a posée sur la tête du grand homme, mais qu'il a retirée aussitôt, quoique le public le pressât de la garder par des battemens de mains et par des cris qui retentissaient de tous les coins de la salle avec un fracas inouï. Toutes les femmes étaient debout. Il y avait plus de monde encore dans les corridors que dans les loges. Toute la comédie, avant la toile levée, s'était avancée sur les bords du théâtre. On s'étouffait jusques à l'entrée du parterre, où plusieurs femmes étaient descendues, n'ayant pas pu trouver ailleurs des places pour voir quelques instans l'objet de tant d'adorations. J'ai vu le moment où la partie du parterre qui se trouve sous les loges allait se mettre à genoux, désespérant de le voir d'une

couverte d'un beau velours cramoisi, mais sans aucune dorure. Il est impossible de penser à cette fameuse perruque sans se souvenir qu'il n'y avait autrefois que le pauvre Bachaumont qui en eût une pareille, et qui en était extrêmement fier. On l'appelait *la tête à perruque de M. de Voltaire*.

autre manière. Toute la salle était obscurcie par la poussière qu'excitait le flux et le reflux de la multitude agitée. Ce transport, cette espèce de délire universel a duré plus de vingt minutes, et ce n'est pas sans peine que les comédiens ont pu parvenir enfin à commencer la pièce. C'était *Irène* qu'on donnait pour la sixième fois. Jamais cette tragédie n'a été mieux jouée (1); jamais elle n'a été moins écoutée; jamais elle n'a été plus applaudie. La toile baissée, les cris, les applaudissemens se sont renouvelés avec plus de vivacité que jamais. L'illustre vieillard s'est levé pour remercier le public, et l'instant d'après on a vu sur un piédestal, au milieu du théâtre, le buste de ce grand homme, tous les acteurs et toutes les actrices rangés en cintre autour du buste, des guirlandes et des couronnes à la main, tout le public qui se trouvait dans les coulisses derrière eux, et dans l'enfoncement de la scène les gardes qui avaient servi dans la tragédie; de sorte que le théâtre dans ce moment représentait parfaitement une place publique où l'on venait d'ériger un monument à la gloire du génie (2). A ce spectacle sublime et tou-

(1) Elle l'a toujours été fort mal.

(2) Cette petite fête n'avait point été préparée d'avance; et puisqu'il faut tout dire, c'est mademoiselle La Chassaigne, qui débuta il y a quelques années dans le rôle de Zaïre, qui eut l'honneur alors de faire débuter feu M. le prince de Lamballe, et qui se contente aujourd'hui de doubler madame Drouin dans les rôles de caractère; c'est mademoiselle La Chassaigne enfin qui a donné l'idée de couronner le buste, et c'est mademoiselle Fannier qui a fait faire les vers à M. de Saint-Marc. Ne faut-il pas rendre à chacun ce qui lui est dû?

chant, qui ne se serait cru au milieu de Rome ou d'Athènes ? Le nom de Voltaire a retenti de toute part avec des acclamations, des tressaillemens, des cris de joie, de reconnaissance et d'admiration. L'envie et la haine, le fanatisme et l'intolérance n'ont osé rugir qu'en secret, et pour la première fois peut-être on a vu l'opinion publique en France jouir avec éclat de tout son empire. C'est Brizard, en habit de Léonce, c'est-à-dire en moine de Saint-Basile, qui a posé la première couronne sur le buste ; les autres acteurs ont suivi son exemple, et après l'avoir ainsi couvert de lauriers, madame Vestris s'est avancée sur le bord de la scène pour adresser au dieu même de la fête ces vers que M. de Saint-Marc venait de faire sur-le-champ :

> Aux yeux de Paris enchanté
> Reçois en ce jour un hommage
> Que confirmera d'âge en âge
> La sévère postérité.
> Non, tu n'as pas besoin d'atteindre au noir rivage
> Pour jouir de l'honneur de l'immortalité.
> Voltaire, reçois la couronne
> Que l'on vient de te présenter ;
> Il est beau de la mériter
> Quand c'est la France qui la donne.

Ces vers avaient du moins le mérite du moment ; le public y a trouvé une partie des sentimens dont il était animé, et cela suffisait pour les faire recevoir avec transport. On les a fait répéter à madame Vestris, et il s'en est répandu mille copies dans un instant. Le buste est resté sur le théâtre, chargé de lauriers, pendant toute la petite pièce. On donnait *Nanine*, qui n'a pas été moins applaudie qu'*Irène*, quoiqu'elle ne fût guère mieux jouée, mais la présence du dieu faisait tout pardonner, rendait tout intéressant.

Le moment où M. de Voltaire est sorti du spectacle a paru plus touchant encore que celui de son entrée; il semblait succomber sous le faix de l'âge et des lauriers dont on venait de charger sa tête. Il paraissait vivement attendri; ses yeux étincelaient encore à travers la pâleur de son visage, mais on croyait voir qu'il ne respirait plus que par le sentiment de sa gloire. Toutes les femmes s'étaient rangées et dans les corridors et dans l'escalier sur son passage; elles le portaient pour ainsi dire dans leurs bras : c'est ainsi qu'il est arrivé jusqu'à la portière de son carrosse. On l'a retenu le plus long-temps qu'il a été possible à la porte de la Comédie. Le peuple criait : *Des flambeaux, des flambeaux, que tout le monde puisse le voir!* Quand il a été dans sa voiture, la foule s'est pressée autour de lui, on est monté sur le marchepied, on s'est accroché aux portières du carrosse pour lui baiser les mains. Des gens du peuple criaient : *C'est lui qui a fait Œdipe, Mérope, Zaïre; c'est lui qui a chanté notre bon roi*, etc. On a supplié le cocher d'aller au pas, afin de pouvoir le suivre, et une partie du peuple l'a accompagné ainsi, en criant des *vive Voltaire!* jusqu'au Pont-Royal.

MARS 1778.

Nous ne devons pas oublier ici que M. le comte d'Artois, qui était à l'Opéra avec la reine, l'a quittée un moment pour venir à la Comédie française, et qu'avant la fin du spectacle il a envoyé son capitaine des gardes, M. le prince d'Henin, dans la loge de M. de Voltaire pour lui dire de sa part tout l'intérêt qu'il prenait à son triomphe, et tout le plaisir qu'il avait eu de joindre ses hommages à ceux de la nation.....

L'enthousiasme avec lequel on vient de faire l'apothéose de M. de Voltaire, de son vivant, est la juste récompense, non seulement des merveilles qu'a produites son génie, mais aussi de l'heureuse révolution qu'il a su faire et dans les mœurs et dans l'esprit de son siècle, en combattant les préjugés de tous les ordres et de tous les rangs, en donnant aux lettres plus de considération et plus de dignité, à l'opinion même un empire plus libre et plus indépendant de toute autre puissance que celle du génie et de la raison.

VERS *de M. de Voltaire à M. le marquis de Saint-Marc.*

Vous daignez couronner aux jeux de Melpomène
D'un vieillard affaibli les efforts impuissans.
Ces lauriers dont vos mains couvraient mes cheveux blancs
    Étaient nés dans votre domaine.
On sait que de son bien tout mortel est jaloux ;
Chacun garde pour soi ce que le ciel lui donne.
    Le Parnasse n'a vu que vous
    Qui sût partager sa couronne.

CORRESPONDANCE LITTÉRAIRE.

Vers du même à madame Hébert, qui lui avait envoyé deux remèdes, l'un contre l'hémor- ragie, l'autre contre une fluxion sur les yeux.

Je perdais tout mon sang, vous l'avez conservé.
Mes yeux étaient éteints, et je vous dois la vue.
    Si vous m'avez deux fois sauvé,
    Grâce ne vous soit point rendue.
Vous en faites autant pour la foule inconnue
    De cent mortels infortunés.
    Vos soins sont votre récompense.
    Doit-on de la reconnaissance
    Pour les plaisirs que vous prenez.

AVRIL 1778.

ON peut compter l'*Essai sur le commerce de Russie* au nombre des bons ouvrages qu'a produits et que doit produire encore l'*Histoire philosophique et politique du commerce des deux Indes*. Le malheur de tout ouvrage qui jette un grand éclat est de faire éclore une foule d'imitations médiocres. Un de ses plus beaux privilèges sans doute est de tracer des routes nouvelles et d'exciter quelques bons esprits à les suivre. Le livre de M. l'abbé Raynal a surtout le grand mérite de nous avoir fait envisager le commerce sous le point de vue le plus étendu, le plus intéressant, c'est-à-dire dans tous ses rapports avec la philosophie et les mœurs, avec la puissance et la prospérité des nations. On sent que l'auteur de l'ouvrage que nous avons l'honneur de vous annoncer a travaillé dans le même esprit, dans les mêmes vues ; et s'il s'est trompé quelquefois, l'importance et l'intérêt de son travail méritent bien qu'on le mette en état de rectifier ses erreurs.

L'*Essai sur le commerce de Russie avec l'Histoire de ses découvertes*, est attribué à M. de Marbois, attaché depuis plusieurs années aux affaires étrangères, secrétaire d'ambassade à la diète de l'Empire, employé depuis dans différentes cours, et qui l'est encore actuellement à

CORRESPONDANCE LITTÉRAIRE,

Munich. On sait aujourd'hui que nous lui devons les *Lettres* prétendues *de madame de Pompadour*, la traduction française du *Diogène* de M. Vieland, et plusieurs articles du *Journal encyclopédique* et du *Journal des Savans*, entre autres un morceau assez curieux sur l'*histoire des Flagellans*. Mais toutes ces productions de sa jeunesse n'ont aucun rapport aux connaissances et aux lumières qu'il a déployées dans son dernier ouvrage; nous tâcherons du moins d'indiquer sa méthode et les principaux résultats de ses recherches.

Il paraît d'abord que le premier objet de notre auteur est de développer les relations de commerce qui pourraient s'établir entre la Russie et la France, avec tous les avantages qui en résulteraient pour les deux nations, si la nature de ce commerce, très-différent de celui des autres Etats, était mieux connue et mieux dirigée.

Pour donner une idée du commerce intérieur de la Russie, il commence par faire l'énumération succincte de ses provinces, de leurs différentes productions, de leur population et de leur industrie. Ce précis prouve qu'il n'y a point de pays au monde où les climats soient plus nombreux, les productions plus variées et d'une utilité plus universelle, la terre plus féconde et la nature plus libérale.... La Finlande fournit des planches, des bois de construction, quelques mâtures, du goudron. La Livonie, l'Estonie, la province de Smolensko, des gruaux, du

AVRIL 1778. 187

blé, du chanvre et du lin. L'Ukraine, qui produit abondamment les mêmes richesses, fournit encore beaucoup de cire, de miel et de tabac. Elle vend annuellement environ dix mille bœufs; ils passent dans la Silésie et dans la Saxe : on prétend même qu'on en mène jusqu'à Paris. Quoique cette province ne produise point de vin, son sol est également propre à la culture de la vigne, des mûriers et des oliviers. Il sort une quantité immense de blés des provinces de Biélogorod, Sinbirski, Penza, Alatyr. Le gouvernement d'Astracan abonde en moutons fameux par leur grosseur et par la beauté de leurs fourrures. Cette province produit de plus des melons délicieux et d'excellens raisins. La plus grande partie de ces fruits se consomme à Pétersbourg. Si le vin qu'on fait dans le territoire d'Astracan ne peut se garder, l'auteur pense que ce défaut ne provient que de la façon de cultiver la vigne et de faire le vin, deux choses essentielles peu connues dans ces contrées. La province de Casan porte ces forêts immenses d'où l'on tire les plus beaux mâts et les meilleurs bois de construction. Elle fournit encore à l'empire et à l'étranger une grande quantité de caviar, qui n'est qu'une préparation des œufs de belonga, de citera et d'esturgeon. On envoie le caviar sec à Archangel, où les Anglais et les Hambourgeois en font des chargemens considérables qu'ils portent en Allemagne, en Italie, en Espagne, en Turquie et même dans les colonies des deux

188   CORRESPONDANCE LITTÉRAIRE,

Indes. Le caviar liquide s'aigrit facilement ; la Pologne est le seul pays où l'on puisse le transporter. Les suifs, branche importante du commerce de Russie, se tirent de Casan, de Kalumna, de Toula ; mais la plus grande partie vient d'Orembourg. Le gouvernement d'Archangel produit des goudrons, de la colle de poisson, des bois, des bestiaux, et surtout des veaux et des moutons très-estimés pour la délicatesse de leur chair. La Sibérie est sans contredit une des parties les plus utiles de l'empire par ses bois, ses sels, ses pelleteries et ses mines. Le cuivre de Sibérie est de très-bonne qualité, et son fer n'est pas inférieur à celui de Suède ; ce dernier métal est si abondant, qu'indépendamment de la grande quantité qui s'en consomme dans l'empire, il s'en exporte annuellement trois ou quatre millions de pouds. Le produit des mines de la couronne en or et en argent est incertain. On dit qu'en 1772 elles ont rendu cinquante-neuf pouds d'or fin et dix-huit cent quatre-vingt-huit d'argent pur. Il y a du fer végétal en Sibérie, malgré le système de M. de Buffon : il est souple, maniable. La Russie renferme des salpétrières considérables dans le gouvernement d'Astracan ; mais il est rare qu'on en permette l'exportation. Indépendamment de la fertilité de son sol, elle possède une quantitié prodigieuse de gibiers et de poissons de toute espèce. Les poissons les plus estimés sont le sterlet et le soudac. Les chevaux de Mésen, province d'Archangel,

AVRIL 1778.

sont petits, jolis, lestes et méchans. Ceux de Nischninorogorod sont forts, assez hauts pour le service des dragons ; cependant on emploie plus communément ceux des Kirghis et du Holstein. Ceux des Cosaques Donniens sont beaux et agiles à la course ; ils ressemblent pour la figure aux chevaux anglais.....

Pour faciliter aux différentes parties de son empire l'échange de leurs richesses selon leurs besoins réciproques, la Russie se trouve arrosée dans toute son étendue par plusieurs grands fleuves et par une quantité prodigieuse de rivières destinés à faire circuler l'abondance dans ses provinces et à les rapprocher par la communication. Le Niester, le Don, le Volga, l'Obi, la Léna, le Jaïck, le Tobol, l'Irtich, la Janisca traversent l'empire par un cours très-étendu, et sont presque tous navigables. Le canal de Ladoga joint la mer Caspienne à la Baltique ; un autre, facile à exécuter, pourrait unir encore la mer Noire au golfe de Finlande. Pendant six à sept mois que dure l'hiver dans ces climats, le traînage supplée à la navigation par un transport aussi commode, plus rapide et moins dispendieux. A ces avantages naturels s'en joint un autre dont on doit faire honneur au Gouvernement, c'est la modicité des droits imposés sur la communication des provinces de l'empire. Le péage de Ladoga est le seul considérable.

D'où vient donc que, malgré toutes ces richesses, malgré tous ces avantages, le commerce intérieur languit resserré dans les bornes les plus étroites? Parmi les causes qui s'opposent à ses progrès, notre auteur pense qu'on peut en assigner trois principales ; savoir, la négligence de l'agriculture, le défaut d'industrie, les privilèges ou monopoles de la couronne.

Quoique depuis Pierre Ier l'agriculture ait fait quelques pas en Russie, elle est encore fort loin de l'état florissant où l'ont portée quelques nations de l'Europe.

Le paysan russe ne connaît presque point l'usage des engrais, il ne sillonne pas assez profondément les terres grasses, la forme de la charrue qu'il emploie est vicieuse et insuffisante, il manque souvent des avances indispensables à la culture, il est privé surtout des encouragemens que donnent l'émulation et la liberté. De là il résulte qu'il n'y a que les terres excellentes de cultivées, les autres sont absolument désertes ; leurs malheureux habitans les quittent pour se livrer au trafic, dans l'espérance de payer plus facilement le tribut qu'ils doivent à leur seigneur. Le Gouvernement a tâché de prévenir cette désertion par une ordonnance publiée en 1775, où l'on borne au terme de six années le pouvoir des seigneurs d'accorder à leurs sujets la liberté de s'absenter et de se fixer dans les villes pour y faire le commerce. Le même ukase met un frein à la manie qu'ont les seigneurs russes d'entretenir dans leurs maisons une foule de domestiques inutiles, et règle avec beaucoup de sagesse le

AVRIL 1778.

nombre de chevaux d'attelage , la nature et la quantité des livrées des nobles de la capitale selon le rang militaire de chacun.

S'il en faut croire notre auteur, la plupart des causes qui entretiennent l'agriculture russe dans un état de faiblesse et de langueur sont de nature à céder aux efforts d'une bonne administration ; mais il en est une plus générale , plus difficile, plus lente à corriger ; c'est l'affaiblissement , le défaut de population.

« Il n'est point de pays , dit-il, où les femmes soient plus fécondes qu'en Russie ; elles portent communément dix enfans , mais rarement en conservent - elles plus de trois ou quatre. Quels sont donc les principes destructeurs d'une fécondité si prodigieuse ? La mauvaise nourriture des mères et des enfans ; les épreuves du froid excessif auquel on expose sans précaution et sans ménagement ces organes tendres et délicats ; la dureté de l'éducation ; les bains de sueur ; le scorbut ; les maladies vénériennes , la petite vérole qui fait des ravages affreux dans cet empire ; voilà pour le physique. Les privations de l'indigence ; les travaux forcés de la servitude ; la crainte continuelle et trop bien fondée des femmes de se voir arracher des êtres précaires qui appartiennent à leurs seigneurs avant même d'appartenir à la nature ; voilà pour le moral. »

Quelque funeste que puisse être à l'espèce humaine la réunion de tant de fléaux , notre auteur pense que son dépérissement provient plus par-

ticulièrement en Russie du scorbut et des maladies vénériennes dont les enfans reçoivent le ve-
nin avec la vie ou bien avec le lait des nourrices.
Mais la preuve sur laquelle il fonde cette opinion
ne paraît pas suffisante; il la tire de la maison des
Enfans-Trouvés de Moscou, où, depuis son établissement jusqu'à l'époque dont il parle, de quatre
mille soixante-onze enfans qui y ont été nourris
il n'en est resté que neuf cent trente-cinq, ce qui
fait presque le quart. Dans la maison des Enfans-
Trouvés de Paris on ne sauve guère que le
dixième, et c'est moins à la négligence de l'administration, plus exacte et mieux réglée dans ces
hôpitaux que dans tous les autres, qu'aux acci-
dens auxquels les enfans se trouvent exposés
avant d'y être transportés, soit par l'insouciance
des parens, soit par la mauvaise nourriture des
mères pendant leur grossesse, qu'on attribue un
dépérissement si considérable.

Les calculs de M. de Marbois fixent à qua-
torze millions toute la population actuelle de
l'empire. « De tous les souverains de Russie,
« Catherine II paraît être la seule qui se soit pro-
« fondément occupée d'un si grand objet. Dans
« son instruction sur un nouveau code de lois,
« elle a exhorté les membres de la commission à
« rechercher avec soin les causes de la dépopula-
« tion générale de l'empire, pour y porter les
« remèdes les plus efficaces. Elle ne s'en est pas
« tenue là. Prévoyant sans doute que ce projet
« de législation pourrait bien avoir le même sort

AVRIL 1778.

« que tous les rêves brillans de nos philosophes
« sur le bonheur du genre humain, elle a appelé
« les étrangers de toutes les classes qui, persécu-
« tés ou opprimés sur le sol de leur naissance,
« voudraient apporter en Russie leurs talens,
« leurs bras ou leur industrie..... Un nouveau
« projet de Catherine II, bien plus favorable à la
« population de ses États en ce qu'il est plus
« analogue au physique et au moral de la Rus-
« sie, c'est celui de changer la constitution de
« tous les peuples sauvages qui en bordent les
« frontières, de les assujettir à la police générale
« de l'empire, et de les attacher à la vie séden-
« taire qui entraîne nécessairement à l'applica-
« tion à l'agriculture. Une partie de ce projet
« vient d'être heureusement exécutée sur les
« Cosaques Zaporaviens.... Leur association a été
« rompue, et leur caisse publique saisie. On per-
« met à ceux qui voudront se marier de rester
« dans le pays; les autres seront transportés et
« distribués dans l'intérieur de l'empire. »

Notre auteur avoue que la Russie est trente
ou quarante fois moins peuplée qu'elle ne devrait l'être relativement à son étendue; mais il
pense que la faiblesse de son industrie provient
moins encore de la faiblesse de sa population que
des vices de sa constitution civile et politique. Il
prononce un peu légèrement que si Pierre Ier
avait eu le génie d'un législateur, il aurait commencé par tempérer le despotisme de sa puissance, mais qu'il a moins consulté le bonheur de

son peuple que l'intérêt de sa gloire personnelle. Messieurs les philosophes ont bientôt décidé ainsi des projets d'un grand homme, de la destinée du plus vaste empire de la terre ; mais lorsqu'il s'agit de faire l'application de leurs principes, même à la société la plus bornée, au plus petit ménage, leur haute sagesse se trouve fort embarrassée.

On peut convenir avec M. de Marbois que Pierre Ier, trop pressé de jouir, a trop précipité l'exécution de ses plans ; qu'il n'a pas fait pour le progrès des lumières et des mœurs ce qui seul pouvait assurer le succès et la durée d'une législation nouvelle ; qu'il ne s'est point assez occupé des moyens de perfectionner le caractère de sa nation, sans chercher à le dénaturer par l'imitation forcée des habitudes et des coutumes étrangères ; mais il parait fort douteux qu'il eût réussi dans aucun de ses projets sans le secours de ce pouvoir absolu dont on voudrait qu'il eût resserré les limites. M. Thomas lui fait dire à ce sujet de fort belles choses dans son poëme, entre autres ces vers remarquables :

A mes nouveaux desseins le jugeant nécessaire,
Etc.

En effet, comment tirer une nation de la barbarie, comment lui faire adopter des connaissances, des lois, des mœurs, des manières nouvelles, sans être armé de la puissance la plus étendue, sans tenir du ciel le don des miracles, le

AVRIL 1778.

crédit d'un Dieu ou la force d'un despote ? On ne détruit l'opinion que par le pouvoir de l'opinion même, l'erreur par l'erreur, la force par la force.

Quoi qu'en dise maître Linguet, la liberté sera toujours le plus cher, le plus précieux de tous les biens; mais il n'en est pas moins vrai que ce bien si cher, si précieux, ne paraît pas être à la portée de tous les hommes. Il en est un grand nombre pour qui elle n'est qu'un fardeau pénible, insupportable; il en est un grand nombre aussi pour qui elle risque de devenir une arme dangereuse. Un gouvernement éclairé qui tient la liberté de ses sujets entre ses mains ne doit donc la rendre qu'à ceux qui auront appris à en connaître le prix et par conséquent à en faire un bon usage. C'est dans cette vue sans doute que Catherine II a formé et forme encore tous les jours tant de fondations, tant d'établissemens relatifs à l'éducation publique. Ce n'est qu'en les multipliant et en les mettant à la portée de toute sorte d'états et de conditions qu'on peut en attendre des effets sensibles. Pour donner aux hommes le désir d'être libres, il faut commencer par les éclairer sur leur véritable intérêt, il ne faut leur apprendre le secret de leurs propres forces qu'après leur avoir assuré les moyens de s'en servir utilement.

VERS *de M. de Voltaire à M. le prince de Ligne, au sujet du faux bruit de sa mort annoncée dans la gazette de Bruxelles.*

Prince dont le charmant esprit
Avec tant de grâce m'attire,
Si j'étais mort, comme on l'a dit,
N'auriez-vous pas eu le crédit
De m'arracher du sombre empire?
Car je sais très-bien qu'il suffit
De quelques sons de votre lyre.
C'est ainsi qu'Orphée en usait
Dans l'antiquité révérée,
Et c'est une chose avérée
Que plus d'un mort ressuscitait.
Croyez que dans votre gazette
Lorsqu'on parlait de mon trépas
Ce n'était pas chose indiscrète,
Ces messieurs ne se trompaient pas.
En effet, qu'est-ce que la vie?
C'est un jour, tel est son destin.
Qu'importe qu'elle soit finie
Vers le soir ou vers le matin?

Les adieux du Vieillard, par le même.

Adieu, mon cher Tibulle, autrefois si volage,
　　Mais toujours chéri d'Apollon,
Au Parnasse fêté comme au bord du Lignon,
　　Et dont l'amour a fait un sage.
Des Champs Élisiens adieu, pompeux rivage,
De palais, de jardins, de prodiges bordé,
Qu'ont encore embelli, pour l'honneur de notre âge,
Les enfans d'Henri quatre et ceux du grand Condé.
Combien vous m'enchantiez, muses, grâces nouvelles

AVRIL 1778.

Dont les talens et les écrits
Seraient de tous nos beaux esprits
Ou la censure ou les modèles!
Que Paris est changé! les Welches n'y sont plus;
Je n'entends plus siffler ces ténébreux reptiles,
Ces Tartuffes affreux, ces insolens Zoïles;
J'ai passé; de la terre ils étaient disparus.
Mes yeux après trente ans n'ont vu qu'un peuple aimable,
Instruit, mais indulgent, doux, vif et sociable.
Il est né pour aimer. L'élite des Français
Est l'exemple du monde et vaut tous les Anglais.
De la société les douceurs désirées
Dans vingt États puissans sont encore ignorées:
On les goûte à Paris; c'est le premier des arts.
Peuple heureux, il naquit, il règne en vos remparts.
Je m'arrache en pleurant à son charmant empire;
Je retourne à ces monts qui menacent les cieux,
A ces antres glacés où la nature expire.
Je vous regretterais à la table des dieux.

On a fait pour le portrait de **M.** le docteur Franklin un très-beau vers latin:

Eripuit cœlo fulmen sceptrumque tyrannis.

C'est une heureuse imitation d'un vers de *l'Anti-Lucrèce,*

Eripuitque Jovi fulmen Phœboque sagittas.

M. de Voltaire, après s'être purifié par sa confession au père Gautier, a jugé que pour achever son instruction il ne lui restait plus qu'à se faire initier dans les mystères de la franc-maçonnerie Il a été reçu en particulier par M. le comte de Strogonow. Il l'a été dans la loge des *Neuf-Sœurs*, par M. de Lalande; l'on a fait en sa présence une réception dans toutes les formes; l'on a lu beaucoup de mauvais vers; on lui a fait faire ensuite un plus mauvais dîner. M. de La Dixmerie a couronné cette grande journée par l'impromptu que voici :

> Qu'au seul nom de l'illustre frère
> Tout maçon triomphe aujourd'hui;
> S'il reçoit de nous la lumière,
> L'univers la reçoit de lui.

Le *Roland* du sieur Piccini occupe toujours le théâtre de l'Académie royale de musique avec le plus grand succès. Il n'y a point d'opéra nouveau dont les douze premières représentations aient produit une recette aussi considérable. Si mademoiselle Laguerre, qui a remplacé mademoiselle Le Vasseur dans le rôle d'Angélique, a moins de grâces dans son jeu, elle a la voix infiniment plus douce et plus flexible, elle saisit avec plus de justesse et l'expression et le goût de ce chant dont nos oreilles françaises ont dédaigné si long-temps la divine mélodie, mais qui semble enfin les trouver plus sensibles. La plupart des airs d'Angélique et de Médor, le duo qui termine le premier acte, le monologue de Roland au troisième, sa scène avec les bergers sont admirables et ont même offert au musicien des situations et

AVRIL 1778.

des motifs vraiment dramatiques. Convenons encore que le premier plaisir qu'on doit chercher au théâtre de l'Opéra est celui de l'oreille et des yeux, et non pas cet attendrissement, cette émotion soutenue que la tragédie seule peut nous donner, comme susceptible de plus grands intérêts, de développemens plus étendus et mieux gradués, en un mot une imitation plus touchante, plus naturelle et plus vraie.

Aux deux actes du *Devin du Village* et de *Myrtil et Lycoris* que l'on continue de donner le dimanche et le jeudi, on vient de joindre un petit ballet pantomime de la composition du sieur Gardel. Le sujet de ce nouveau ballet est tiré de la *Chercheuse d'esprit* du sieur Favart, ancien opéra-comique en vaudevilles, dont on a suivi la marche scène par scène et dont on a même conservé la musique le plus qu'il a été possible. Ce sujet si favorable au Vaudeville ne paraissait pas infiniment propre à la pantomime, en ce qu'il ne fournit pas des situations assez marquées, des tableaux assez riches, assez variés; mais le talent de mademoiselle Guimard a su faire oublier tous ces défauts. Elle a mis dans le rôle de Nicette une gradation de nuances si fine, si juste, si piquante, que la poésie la plus ingénieuse ne saurait rendre les mêmes caractères avec plus d'esprit, de délicatesse et de vérité.

———

Les comédiens italiens n'ont pas été fort heureux cet hiver en nouveautés. *Matroco*, *drame burlesque en quatre actes et en vers, mélés d'ariettes et de vaudevilles*, n'a pas eu plus de succès sur le théâtre de Paris qu'il n'en avait eu l'année dernière à Fontainebleau. Les paroles sont de M. Laujon, la musique de M. Grétry. Il est impossible de donner aucune idée du poëme; c'est une extravagance sans esprit, sans gaieté; c'est un amphigouri d'un bout à l'autre, où l'on ne découvre pas même l'apparence d'un but quelconque; car si l'auteur ne nous avait pas dit lui-même dans sa préface que son intention était de travestir les héros et les héroïnes des romans de chevalerie, nous ne l'aurions jamais deviné. Il y a dans la musique des choses charmantes, entre autres un duo sur la gazette, très-neuf et très-original; mais ce sont des beautés perdues, et l'on a du regret au temps que M. Grétry a daigné employer pour un ouvrage aussi peu digne de son talent.

On vient de représenter sur le même théâtre une parodie de *Roland* en trois actes et en vaudevilles, qui n'a pas eu et qui ne méritait pas un meilleur sort que *Matroco*. C'est M. Dorvigni, l'auteur de la comédie d'*Orphée*, à qui nous devons ce nouveau chef-d'œuvre de platitude, de mauvais goût et de mauvais ton. Roland s'y trouve déguisé en grenadier recruteur, Angélique en opérateur, Médor en coiffeur de femmes. On leur fait dire dans des situations analogues à celles de l'opéra les bêtises les plus dégoûtantes, les folies les plus triviales, et l'on ap-

AVRIL 1778.

pelle cela une parodie du poëme de Quinault.
Dans tout ce fatras d'inepties il n'y a qu'un trait
qu'on puisse citer, c'est le moment des fureurs
de Roland. Après avoir dit comme dans l'opéra,
qu'il voit un abîme ouvert à ses pieds, après l'a-
voir regardé en frémissant de crainte et d'horreur,
il rentre assez plaisamment en lui-même et dit :
Mais non, je m'étais trompé ; c'est le trou du
souffleur. Le jeu ridicule de quelques-uns de
nos acteurs n'a justifié que trop souvent cette
mauvaise plaisanterie.

___

Copie *de la profession de foi de M. de Voltaire*
exigée par M. l'abbé Gautier son confesseur.

« Je soussigné, déclare qu'étant attaqué depuis
« quatre jours d'un vomissement de sang, à l'âge
« de quatre-vingt-quatre ans, et n'ayant pu me
« traîner à l'église, et M. le curé de Saint-Sulpice
« ayant bien voulu ajouter à ses bonnes œuvres
« celle de m'envoyer M. l'abbé Gautier, prêtre,
« je me suis confessé à lui, et que si Dieu dis-
« pose de moi, je meurs dans la sainte religion
« catholique où je suis né, espérant de la misé-
« ricorde divine qu'elle daignera pardonner toutes
« mes fautes ; et que si j'avais jamais scandalisé
« l'église, j'en demande pardon à Dieu et à elle.

« A signé, *Voltaire*, le 2 mars 1778, dans la
« maison de M. le marquis de Villette.

« En présence de M. l'abbé Mignot, mon

« neveu, et de M. le marquis de Villevielle, mon
« ami. — Signé, l'abbé *Mignot*, *Villevielle*.

« Nous déclarons la présente copie conforme
« à l'original qui est demeuré entre les mains du
« sieur abbé Gautier, et que nous avons signé
« l'un et l'autre comme nous signons le présent
« certificat. Fait à Paris ce 27 mai 1778. — L'abbé
« *Mignot*, *Villevielle*.

« L'original ci-dessus mentionné a été pré-
« senté à M. le curé de Saint-Sulpice qui en a tiré
« copie. — L'abbé *Mignot*, *Villevielle*. »

Copie *de la Lettre de M. de Voltaire à M. le
curé de Saint-Sulpice, du 4 mars 1778.*

« M. le marquis de Villette m'a assuré que si
« j'avais pris la liberté de m'adresser à vous-
« même, Monsieur, pour la démarche néces-
« saire que j'ai faite, vous auriez eu la bonté de
« quitter vos importantes occupations pour venir
« et daigner remplir auprès de moi des fonc-
« tions que je n'ai cru convenables qu'à des su-
« balternes auprès des passagers qui se trouvent
« dans votre département.

« M. l'abbé Gautier avait commencé par m'é-
« crire sur le bruit seul de ma maladie, il était
« venu ensuite s'offrir de lui-même, et j'étais
« fondé à croire que, demeurant sur votre pa-
« roisse, il venait de votre part. Je vous regarde,
« Monsieur, comme un homme du premier
« ordre de l'état. Je sais que vous soulagez les

« pauvres en apôtre et que vous faites travailler
« en ministre. Plus je respecte votre personne et
« votre état, plus je crains d'abuser de vos ex-
« trêmes bontés. Je n'ai considéré que ce que je
« dois à votre naissance, à votre ministère et à
« votre mérite. Vous êtes un général à qui j'ai
« demandé un soldat. Je vous supplie de me
« pardonner de n'avoir pas prévu la condescen-
« dance avec laquelle vous seriez descendu jus
« qu'à moi; pardonnez aussi l'importunité de
« cette lettre, elle n'exige pas l'embarras d'une
« réponse, votre temps est trop précieux.

« J'ai l'honneur d'être, etc. »

RÉPONSE *de M. le curé de Saint-Sulpice à M. de*
Voltaire.

« Tous mes paroissiens, Monsieur, ont droit
« à mes soins, que la nécessité seule me fait
« partager avec mes coopérateurs. Mais quel-
« qu'un comme M. de Voltaire est fait pour
« attirer toute mon attention ; sa célébrité, qui
« fixe sur lui les yeux de la capitale de la France
« et même de l'Europe, est bien digne de la solli-
« citude pastorale d'un curé.

« La démarche que vous avez faite n'était né-
« cessaire qu'autant qu'elle pouvait vous être
« utile dans le danger de votre maladie. Mon
« ministère ayant pour objet le vrai bonheur de
« l'homme, en dissipant par la foi les ténèbres
« qui offusquent sa raison et le bornent dans le

« cercle étroit de cette vie, jugez avec quel
« empressement je dois l'offrir à l'homme le
« plus distingué par ses talens, dont l'exemple
« seul ferait des milliers d'heureux et peut-être
« l'époque la plus intéressante aux mœurs, à
« la religion et à tous les vrais principes, sans les-
« quels la société ne sera jamais qu'un assem-
« blage de malheureux insensés divisés par leurs
« passions et tourmentés par leurs remords. Je
« sais que vous êtes bienfaisant ; si vous me
« permettiez de vous entretenir quelquefois,
« j'espère que vous conviendriez qu'en adoptant
« parfaitement la sublime philosophie de l'évan-
« gile vous pourriez faire le plus grand bien, et
« ajouter à la gloire d'avoir porté l'esprit humain
« au plus haut degré de ses connaissances, le
« mérite de la vertu la plus sincère, dont la
« sagesse divine, revêtue de notre nature, nous
« a donné la juste idée et fourni le parfait mo-
« dèle que nous ne pouvons trouver ailleurs.

« Vous me comblez de choses obligeantes
« que vous voulez bien me dire et que je ne
« mérite pas. Il serait au-dessus de mes forces
« d'y répondre en me mettant au nombre des
« savans et des gens d'esprit qui vous portent
« avec tant d'empressement leur tribut et leurs
« hommages. Pour moi, je n'ai à vous offrir
« que les vœux de votre solide bonheur et la
« sincérité des sentimens avec lesquels j'ai l'hon-
« neur d'être, etc. »

Entre autres prétentions, M. le marquis de

AVRIL 1778.

Villette a celle d'être le fils de M. de Voltaire, et de toutes ses prétentions ce n'est pas la moins courageuse sans doute. Nous ignorons jusqu'à l'ombre de vraisemblance qu'elle pourrait avoir.... Qu'est venu faire ici M. de Villette ? disait quelqu'un à M. de Voltaire à Ferney. — *Il dit qu'il est venu se purifier chez moi, mais je crains bien qu'il n'ait fait comme Gribouille, qui se mettait dans l'eau de peur de la pluie.*

M. de Saint-Ange, le traducteur des *Métamorphoses d'Ovide*, a dans son maintien cet air langoureux et niais qu'on a remarqué quelquefois dans la tournure de ses vers. Ayant été, comme les autres gens de lettres, présenter ses hommages à M. de Voltaire, il voulut finir sa visite par un coup de génie, et lui dit en tournant doucement son chapeau entre ses doigts : *Aujourd'hui, Monsieur, je ne suis venu voir qu'Homère; je viendrai voir un autre jour Euripide et Sophocle, et puis Tacite, et puis Lucien*, etc. — *Monsieur, je suis bien vieux, si vous pouviez faire toutes ces visites en une fois !*

Vous avez, lui disait M. Mercier, *vous avez si fort surpassé tous vos confrères en tout genre, vous surpasserez encore Fontenelle dans l'art de vivre long-temps. — Ah ! Monsieur, Fontenelle était un Normand : il a trompé la nature.*

———

Le petit théâtre de madame de Montesson n'a

206 CORRESPONDANCE LITTÉRAIRE,

pas été moins brillant cet hiver que les années précédentes. On a distingué surtout parmi les nouveautés qui y ont été représentées deux comédies de madame de Montesson, la *Femme sincère*, l'*Amant romanesque*, et un opéra comique que l'on va donner incessamment au théâtre de la comédie italienne, intitulé le *Jugement de Midas*. Les paroles de l'opéra sont d'un Anglais, M. d'Hele, la musique du sieur Grétry. La *Femme sincère* est un tableau plein de grâces et de sensibilité. Il y a dans l'*Amant romanesque* le même intérêt, avec un caractère plus original et des scènes plus gaies. Le principal héros de la pièce est un homme de quarante ans fort respectable par ses vertus, mais qui n'a jamais pu se résoudre à se marier, parce qu'il n'a point trouvé de femme qui sût l'aimer à son gré avec assez de délicatesse. Il est transporté d'admiration pour une jeune personne que sa famille lui destine, mais qui aime ailleurs, et qui le supplie en conséquence de vouloir bien différer lui-même le temps fixé pour leur union. Ce qu'elle lui propose dans l'espérance de pouvoir l'éloigner un jour entièrement, il le regarde comme une preuve décisive du sentiment le plus pur, le plus délicat. Il craint que sa passion ne l'égare en lui demandant la permission d'espérer l'accomplissement de son bonheur, dans.... il n'ose achever, dans trois..... la jeune personne frémit déjà, mais elle est bientôt rassurée, ce n'est que dans trois ans qu'il songe à renouveler ses instances. Il y a dans cette comédie un rôle d'intendant, de vieux domestique d'une sensibilité brusque, mais en même temps douce et comme accoutumée à plier sous le joug de ses maîtres, qui nous a paru d'une invention très-heureuse et très-piquante. M. le comte Donésan l'a rendu avec un naturel, avec une vérité dont nos meilleurs auteurs ont rarement approché. La figure et la voix de madame de Montesson ont toute la grâce, toute la fraîcheur de son esprit. Elle a rempli les premiers rôles, non seulement dans ses propres pièces, mais aussi dans les opéras de *Zémire et Azor*, de la *Belle Arsène*, d'*Aline* et de la *Servante Maîtresse*. Ce spectacle a toujours attiré l'assemblée la plus brillante. M. de Voltaire, qui l'a vu deux fois, y a reçu presque autant d'hommages et d'applaudissemens qu'à la comédie française. Madame de Montesson a été le recevoir dans sa loge avec M. le duc d'Orléans. L'illustre vieillard s'est mis à genoux; elle l'a relevé en l'embrassant, l'a comblé de caresses et lui a dit avec beaucoup d'attendrissement : *Voilà le plus beau jour de mon heureuse vie....*

LETTRE *de M. de Voltaire à mademoiselle Dionis, qui lui avait envoyé son ouvrage intitulé :* l'Origine des grâces.

« Mademoiselle, vous avez eu la bonté de
« m'envoyer un livre qui contient, à ce que je
« présume, l'origine de votre maison. Mais en

CORRESPONDANCE LITTÉRAIRE.

« ajoutant à ce bienfait la bonté de m'écrire,
« vous ne m'avez point instruit de votre demeure.
« Je n'ai pu, même après avoir lu votre origine
« avec tant de plaisir, trouver le nom du libraire
« qui la débite ; ainsi il m'a été impossible d'avoir
« un moyen de vous écrire et de vous remer-
« cier. M. de La Harpe qui se connaît en grâces
« et en style, vient de me dire qu'il était assez
« heureux pour vous connaître, et qu'il se char-
« gerait de mettre à vos pieds la reconnaissance
« de votre très-humble et très-obéissant servi-
« teur, — *Voltaire.* »

MAI 1778.

Le Cheval et son Maître, chanson allégorique.

Sur l'air : *Il était une fille*, etc.

Bien loin de cette ville
Un seigneur déloyal
Eut autrefois un bon cheval
Soumis autant qu'utile ;
Sur ce point capital
Il n'avait point d'égal.

Au lieu de reconnaître
Le service constant
Qu'il en tirait à chaque instant,
Voilà qu'un jour le maître,
Parfois un peu brutal,
Maltraita son cheval.

Piqué de l'injustice,
Le cheval se cabra,
Comme aisément on le croira.
Un matin il se glisse,
Dans les champs s'en alla,
Laissant son maître là.

Celui-ci, plein de rage,
Avec ses gens courait
Pour voir s'il le rattraperait ;
Mais l'autre en son langage
Lui dit : Il n'est plus temps ;
J'ai pris le mors aux dents.

IV.

Le maître dans la suite
Eut beau le menacer
Et puis après le caresser;
Pour toute réussite
Il n'eut qu'un coup de pied
Dont il fut estropié.

Cela nous apprend comme
C'est en le traitant mal
Qu'on perd souvent un bon cheval.
Ce trait du gentilhomme,
Qu'on a mis en français,
Est tiré de l'anglais.

Ancienne ÉPIGRAMME *sur la chute de la tragédie de* Tibère, *donnée sous le nom du président Dupuy, et qui l'avait payée, dit-on, cent écus.*

Pourquoi du malheur de *Tibère*
Blâmer le président Dupuy?
Si sous son nom il n'a pu plaire,
Aurait-il plus plu sous celui
De celui qui pour la lui faire
A reçu cent écus de lui?

On a donné le samedi 9, sur le théâtre de la Comédie italienne, la première représentation de *Zulima*. Ce poëme est tiré d'une ancienne comédie de La Noue, intitulée *l'Art et la Nature, ou Zuliska;* pour mieux dire, c'est la comédie même de La Noue dont on a seulement resserré le dialogue, et à laquelle on a ajouté plusieurs morceaux de chant pour lui donner la forme

MAI 1778.

accoutumée de l'opéra comique. Ce travail a été fait, dit-on, dans la société de madame de Belcour, qui joue avec tant de naturel les rôles de soubrette à la Comédie française, et l'on croit qu'elle-même a eu la plus grande part à cet ouvrage. La musique est de son ami M. Dezèdes, l'auteur des *trois Fermiers*, de *Julie*, etc.

Cette pièce a eu peu de succès. C'est un sujet de féerie qui prête au plus grand spectacle, dont l'idée principale est assez ingénieuse, dont les détails ne manquent ni de finesse ni d'esprit, mais dont l'ensemble est froid et sans effet. Zulima est aimée de deux princes protégés chacun par une fée; l'un a dans son pouvoir tous les enchantemens du monde, l'autre, aux simples charmes de la nature et d'un cœur sensible, réunit encore l'heureux secret de faire disparaître à sa volonté tous les prestiges de son rival. On ne demande point lequel des deux doit l'emporter sur l'autre, on le sait d'avance, et cette certitude ôte à la marche du drame tout le mouvement, tout l'intérêt dont il aurait pu être susceptible.

Quant à la musique, elle est en général d'un genre auquel le talent de M. Dezèdes ne paraît nullement propre. Il a fait des romances charmantes, des chansons pleines de grâce et de naïveté; il a peint avec beaucoup de naturel et de fraîcheur la douce gaieté des mœurs villageoises; mais dans cet opéra-ci il a eu la prétention d'un style plus élevé, et cette prétention ne lui a point réussi. L'ariette qui a été le plus applaudie est

14.

celle qui commence le troisième acte; c'est la seule où il se soit laissé aller à la pente naturelle de son génie.

———

Ce n'est point pour la forme que M. de Voltaire s'est chargé de remplir les fonctions de directeur à l'Académie française. Il ne néglige rien pour ranimer le zèle et l'activité de ses confrères, et c'est encore au génie de cet illustre vieillard que paraît réservé le pouvoir de réchauffer et de rajeunir ce corps si faible et si languissant malgré ses quarante têtes. Il arrive toujours le premier à l'assemblée; il y discute les questions de grammaire les plus intéressantes; il propose, sur la nécessité de faire revivre d'anciennes expressions et d'en créer même de nouvelles, les observations les plus fines et les plus ingénieuses. *Notre langue*, disait-il l'autre jour, *est une gueuse fière; plus elle est dans l'indigence, plus elle semble dédaigner les secours dont elle a besoin....* La mémoire et la présence d'esprit de notre patriarche sont au-dessus de tout ce qu'on peut imaginer à son âge. L'abbé Delille lui ayant lu sa satire sur *le luxe*, imitée de l'épître de Pope au docteur Arbutnot, il se rappela presque tous les vers du poëte anglais, et fit sentir avec une délicatesse extrême et les endroits où le traducteur s'était écarté de son modèle, et ceux où il l'avait surpassé.

Dans la dernière séance de l'Académie, il parla fort long-temps et avec la plus grande chaleur sur

MAI 1778.

l'utilité d'un nouveau Dictionnaire conçu à peu près sur le même plan que celui *della Crusca* ou celui de *Johnson*. Il pressa si vivement ces messieurs, que, malgré la résistance du plus grand nombre, il fut enfin arrêté d'entreprendre ce grand ouvrage. Ce fut lui-même qui consigna sur-le-champ, de sa propre main, dans les registres de l'Académie, et la résolution qu'on venait de prendre, et les motifs qui l'avaient déterminée. Il fit plus, il ne permit point que l'assemblée se séparât sans s'être partagée toutes les lettres de l'alphabet. Il prit pour lui-même la lettre A, comme la plus considérable. M. de Foncemagne, qui voulut se dispenser de cette tâche à cause de sa vieillesse, fut querellé tout de bon ; il fallut céder. En terminant la séance, il leur dit, enchanté d'avoir réussi : *Messieurs, je vous remercie au nom de l'alphabet. — Et nous*, lui répondit le chevalier de Chastellux, *nous vous remercions au nom des lettres.*

On parlait devant M. de Voltaire de l'Angleterre. *Il est certain*, disait-il, *que dans cette île les moutons sont plus gras, les chevaux courent plus vite, les chiens chassent mieux ; cela pourrait bien faire présumer que les hommes y ont aussi quelque supériorité* (1). « Oui, lui répon-« dit quelqu'un, j'ai remarqué que l'esprit de la « constitution influait sur tout dans ce pays, et « même sur la nature physique. On y voit les

_____

(1) On s'aperçoit aisément qu'ici le patriarche parle ironiquement.

IV.

214 CORRESPONDANCE LITTÉRAIRE,

« troupeaux errer librement dans leurs pâturages
« sans chien, sans berger. » — *Sans doute,
Monsieur; c'est qu'il n'y a point de loups.*

ROMANCE (1) *de Desdémona, tirée de la tragédie
d'Othello de Schakespeare, par J. J. Rousseau.*

> Au pied d'un saule assise tous les jours,
> Main sur son cœur que navrait sa blessure,
> Tête baissée, en dolente posture,
> On l'entendait qui pleurait ses amours.
> Chantez le saule et sa douce verdure.
>
> Et cependant les limpides ruisseaux
> A ses sanglots mêlaient leur doux murmure.
> Pleurs de ses yeux s'échappaient sans mesure
> Qui les rochers affligeaient sur ses maux.
> Chantez le saule et sa douce verdure.
>
> O saule vert, saule que je chéris,
> Saule d'amour, tu seras ma parure!
> Ne l'accusez des ennuis que j'endure,
> Je lui pardonne, hélas! tous ses mépris.
> Chantez le saule et sa douce verdure.
>
> A cet ingrat, qui trahit ses sermens,
> Je reprochais tendrement mon injure.
> Imite-moi, répondit le parjure;

(1) C'est une vieille chanson qu'une jeune mauresse, attachée à la mère de Desdémona, et devenue folle d'amour, chantait toujours, et qu'elle chanta même en mourant. Desdémona, tourmentée des pressentimens du malheur qui doit lui arriver, se rappelle cette chanson. Elle s'efforce d'abord d'en écarter le triste souvenir; mais entraînée par sa mélancolie, elle y revient malgré elle, et finit par la chanter en entier.

Ouvre tes bras à de nouveaux amans.
Chantez le saule et sa douce verdure.

Le gouvernement de l'Académie royale de musique vient d'éprouver une nouvelle révolution ; ce n'est plus la ville de Paris, ce ne sont plus MM. les intendans des menus, c'est un particulier, M. de Vimes, qui se trouve chargé de la conduite de cette grande machine. L'entreprise lui en a été accordée pendant douze ans, grâce à la protection de M. Campan, valet de chambre de la reine, et aux sollicitations de M. de La Borde, son beau-frère, ancien valet de chambre du roi. Il a déposé, pour la jouissance de ce privilège, cinq cent mille livres, dont on lui paye annuellement les intérêts à raison de cinq pour cent sans retenue. Le nouvel administrateur s'est annoncé par des réformes et par des établissemens considérables. Il a commencé par se faire bâtir un fort bel hôtel rue de la Feuillade. Il a fait graver sur la porte de son bureau ces trois mots en lettres d'or : *Ordre*, *Justice* et *Sévérité* (1). Il a raccourci le théâtre, il a diminué l'orchestre, il a augmenté le nombre des loges à l'année, il a fait une économie de lumières dans la salle, pour donner plus d'effet à celles du théâtre ; il a agrandi les lucarnes des loges et les a fait garnir de glaces en faveur des corridors, etc. ; enfin il a fait venir à grands frais une troupe de bouffons d'Italie. Mais il n'a pu réformer un grand nombre

(1) Ces demoiselles ont fait rayer ce dernier mot.

216 CORRESPONDANCE LITTÉRAIRE,

d'abus sans déplaire aux plus grandes puissances, sans révolter contre lui tous les ordres de l'état confié à sa tutelle, les premiers acteurs et les premières actrices, les ballets, l'orchestre, les chœurs, et même MM. les compositeurs et MM. les poëtes, dont il a prétendu réduire aussi les honoraires, etc. Le peu d'égard qu'il a eu jusqu'à présent aux circonstances, aux principes reçus, aux anciens usages, a fait dire qu'il était le Turgot de l'Opéra, et l'on a présagé que son ministère ne serait pas de longue durée. Nous laissons au temps le soin de décider une question si intéressante.

Ce qu'il y a de très-décidé, c'est que la première nouveauté par laquelle M. de Vîmes a fait l'ouverture de son spectacle a peu réussi. C'est une espèce de prologue intitulé *les trois Ages de l'Opéra*, dont M. de Saint-Alphonse, le frère du nouveau directeur, a fait les paroles et M. Grétry la musique. On a voulu représenter dans ces trois Ages les trois époques où l'on a vu changer les formes de la composition musicale, le temps de Lulli, celui de Rameau, et enfin celui de M. le chevalier Gluck.

La musique de ce prologue n'est guère qu'un centon des airs les plus connus de Lulli, de Rameau et du chevalier Gluck. Tout le mérite dont on puisse tenir compte à M. Grétry, est celui d'avoir lié avec assez d'adresse ces différens morceaux et d'en avoir su mêler les nuances sans déplaire à l'oreille.

MAI 1778. 217

Les trois Ages n'ont pas tardé à être remplacés par *la Fête du Village*. C'est un petit intermède dont M. Desfontaines , l'auteur de *l'Aveugle de Palmyre*, a fait les paroles et M. Gossec la musique. On ne peut rien ajouter à ce que l'auteur du poëme en a dit lui-même dans un petit avertissement. Il avoue qu'on n'y trouve point d'action , point d'intrigue , ni mouvement, ni scène, ni dialogue ; ce sont des villageois qui s'assemblent pour recevoir leur seigneur , et qui chantent et qui dansent pour lui témoigner la joie qu'ils ont de le voir. Quelle heureuse simplicité ! Aussi l'auteur désire-t-il fort que ce nouveau genre sans intrigue , sans action , sans scène , sans dialogue , puisse plaire ; ce serait , dit-il un moyen sûr de multiplier nos plaisirs. Rien n'est plus lumineux , et l'on ne saurait trop regretter que le public ait paru si peu disposé à profiter d'une découverte si essentielle. Il y a pourtant dans la musique de *la Fête du Village* quelques airs où l'on a trouvé des idées assez fraîches , une grâce touchante et naïve.

Depuis que les prêtres ne font plus de miracles, ce sont les philosophes qui s'en mêlent. L'un prétend ressusciter les morts avec un peu d'alkali , et faire de l'or avec quelques pelletées de terre de potager (1). L'autre entreprend de guérir les fous et les furieux par des breuvages soporifiques (2). Un troisième promet plus encore , en

(1) M. Sage, auteur de plusieurs ouvrages de chimie et de minéralogie.
(2) M. Dufour, chirurgien aide-major de l'école royale militaire , qui

CORRESPONDANCE LITTÉRAIRE,

dirigeant sur vous le bout de son doigt, ou, si vous le préférez, en jouant devant vous de son *Harmonica*, il n'est guère de maladie qu'il ne vous donne ou qu'il ne vous ôte à votre choix. Ce dernier, M. le docteur Mesmer, qui a déjà fait beaucoup de bruit en Allemagne, avait commencé à faire ici une assez grande sensation, mais son succès ne s'est pas soutenu. Beaucoup de personnes, curieuses de connaître par elles-mêmes la vertu de ses secrets, en ont voulu faire l'expérience, et n'ont rien ressenti de tout ce qu'on leur avait annoncé. Ce qui a nui encore à la vogue du nouveau thaumaturge, c'est que dans le monde on lui a trouvé peu d'esprit, peu d'imagination ; or ce siècle est tellement corrompu, tellement dégoûté, que sans un secours si peu nécessaire autrefois, les faiseurs de miracles même ne doivent plus espérer aujourd'hui de faire fortune. Voici en peu de mots les principes sur lesquels se fonde la théorie du docteur Mesmer. Il croit qu'il y a dans la nature un principe matériel inconnu jusqu'ici, qui agit sur les nerfs ; que, moyennant ce principe, et d'après des lois mécaniques particulières, il y a une influence mutuelle entre les corps animés, la terre et les corps célestes ; qu'en conséquence il se manifeste dans les animaux, surtout dans l'homme,

a déjà fait plusieurs expériences dignes de la plus grande attention sur quelques malades de Bicêtre, dont la cure a été constatée par le procès-verbal de quatre commissaires députés de la Faculté de médecine.

MAI 1778.

des propriétés analogues à celles de l'aimant. C'est ce magnétisme animal qu'il a trouvé le secret de déployer sur les maladies, et c'est par cette méthode qu'il prétend les guérir presque tous. La vertu magnétique peut être communiquée et propagée par d'autres corps. Cette matière subtile pénètre les murailles, portes, verres, métaux, sans perdre notablement de sa force; elle peut être accumulée, concentrée et transportée dans l'eau et dans les verres, et réfléchie par les miroirs; elle est encore propagée, communiquée et augmentée par le son. Tout ceci n'est peut-être pas de la première clarté; mais ce qui prévient très-clairement toutes les expériences qu'on pourrait opposer au système de notre docteur, et ce qu'il ne manque jamais d'ajouter à l'exposition de ses principes, c'est qu'il y a des corps qui ne sont non-seulement pas susceptibles du magnétisme animal, mais qui ont même une propriété tout-à-fait opposée, par laquelle ils en détruisent toute l'efficacité dans les autres corps, cette vertu pouvant se communiquer aussi-bien que sa rivale. M. le docteur s'est plaint d'avoir trouvé beaucoup de corps de cette espèce à Paris, et cela paraît assez probable. Des corps d'une nature si peu susceptible ne sont-ils pas faits pour s'unir à ces âmes froides, personnelles, égoïstes qui abondent sans doute dans cette immense capitale plus qu'en aucun autre lieu du monde ?

JUIN 1778.

Il est tombé dans l'abîme funeste ; les derniers rayons de cette clarté divine viennent de s'éteindre, et la nuit qui va succéder à ce beau jour durera peut-être une longue suite de siècles (1).

Le plus grand, le plus illustre peut-être, hélas ! l'unique monument de cette époque glorieuse où tous les talens, tous les arts de l'es-

(1) M. de Voltaire est mort le 30 du mois dernier entre dix et onze heures du soir, âgé de quatre-vingt-quatre ans et quelques mois. Il paraît que la principale cause de sa mort est la strangurie dont il souffrait depuis plusieurs années, et dont les fatigues du séjour de Paris avaient sans doute hâté le progrès. A l'ouverture de son corps on a trouvé les parties nobles assez bien conservées, mais la vessie toute tapissée intérieurement de pus, ce qui peut faire juger des douleurs excessives qu'il a dû éprouver avant que le mal fût arrivé à ce dernier période. Des ménagemens extrêmes auraient pu en retarder peut-être le terme ; mais il en était incapable. Ayant appris qu'à une séance de l'Académie à laquelle il ne put assister, le projet qu'il avait fait adopter à ces messieurs pour une nouvelle édition de leur Dictionnaire avait essuyé des contradictions sans nombre, il craignit de le voir abandonné, et voulut composer un discours pour les faire revenir à son premier plan. Pour remonter ses nerfs affaiblis, il prit une quantité prodigieuse de café ; cet excès dans son état et un travail suivi de dix ou douze heures renouvelèrent toutes ses souffrances, et le jetèrent dans un accablement affreux. M. le maréchal de Richelieu l'étant venu voir dans la soirée, lui dit que son médecin lui avait ordonné dans des circonstances assez semblables quelques prises de laudanum qui l'avaient toujours soulagé très-promptement. M. de Voltaire en fit venir sur-le-champ ; et dans la nuit, au lieu de trois ou quatre gouttes, il en prit presque une fiole entière. Il tomba depuis ce moment dans une espèce de léthargie qui ne fut interrompue que par l'excès de la douleur, et ne reprit que par intervalle l'usage de ses sens.

JUIN 1778.

prît humain semblaient s'être élevés au plus haut degré de perfection, ce superbe monument a disparu ! Un coin de terre ignoré en dérobe à nos yeux les tristes débris.

Il n'est plus, celui qui fut à la fois l'Arioste et le Virgile de la France, qui ressuscita pour nous les chefs-d'œuvre des Sophocle et des Euripide, dont le génie atteignit tour à tour la hauteur des pensées de Corneille, le pathétique sublime de Racine, et, maître de l'empire qu'occupaient ces deux rivaux de la scène, en sut découvrir un nouveau plus digne encore de sa conquête dans les grands mouvemens de la nature, dans les excès terribles du fanatisme, dans le contraste imposant des mœurs et des opinions.

Il n'est plus, celui qui dans son immense carrière embrassa toute l'étendue de nos connaissances et laissa presque dans tous les genres des chefs-d'œuvre et des modèles; le premier qui fit connaître à la France la philosophie de Newton, les vertus du meilleur de nos rois, et le véritable prix de la liberté, du commerce et des lettres.

Il n'est plus, celui qui le premier peut-être écrivit l'histoire en philosophe, en homme d'état, en citoyen ; combattit sans relâche tous les préjugés funestes au bonheur des hommes, et couvrant l'erreur et la superstition d'opprobre et de ridicule, sut se faire entendre également de l'ignorant et du sage, des peuples et des rois.

Appuyé sur le génie du siècle qui l'a vu naître, seul il soutenait encore dans son déclin l'âge qui

CORRESPONDANCE LITTÉRAIRE,

l'a vu mourir, seul il en retardait encore la chute. Il n'est plus, et déjà l'ignorance et l'envie osent insulter sa cendre révérée. On refuse à celui qui méritait un temple et des autels ce repos de la tombe, ces simples honneurs qu'on ne refuse pas même au dernier des humains (1).

Le fanatisme, dont le génie étonné tremblait devant celui du grand homme, le voit à peine expirant, qu'il se flatte déjà de reprendre son empire, et le premier effort de sa rage impuissante est un excès de démence et de lâcheté.

(1) Ce n'est ni aux préventions de la cour, ni à celles des ministres, ni peut-être même au zèle intolérant des chefs du clergé qu'il faut attribuer les difficultés que l'on a faites pour inhumer M. de Voltaire en terre sainte ; c'est dans la conduite ridicule et pusillanime de sa famille, c'est dans les intrigues de quelques dévotes et de leurs directeurs qu'il faut chercher l'origine d'une persécution si lâche et si honteuse. En ne supposant pas même qu'on pût refuser à M. de Voltaire ce qu'on ne refuse à aucun citoyen, en suivant simplement la marche indiquée par les lois et par l'usage, il n'y a pas une voix qui eût osé s'élever publiquement pour être l'organe du fanatisme le plus odieux ou de la haine la plus barbare. Mais je ne sais quelles alarmes, quelles inquiétudes semées secrètement sous le nom spécieux du zèle et de la piété, une fois répandues, on a craint l'éclat du scandale. Les dévots ont fait montre alors de leur crédit, de leur puissance ; et l'on a cru devoir prendre toutes les mesures imaginables pour éviter une discussion dont il n'est jamais aisé de mesurer au juste les conséquences. Quoique les chroniques secrètes de la cour assurent que M. de Voltaire avait les droits les plus intimes sur les égards et sur l'amitié de M. le duc de Nivernais, on prétend que c'est madame de Gisors et madame de Nivernais qui ont excité plus que personne et l'archevêque et les curés de Paris à refuser un asile aux cendres de ce grand homme. Nous aimons encore mieux accuser de cette injustice le zèle aveugle d'une femme, qui peut-être d'ailleurs n'en est pas moins respectable, que l'esprit d'un corps entier dont les lumières nous permettaient d'attendre plus de tolérance et plus de charité.

JUIN 1778.

Qu'espérez-vous encore de tant de barbarie ? Qu'apprendrez-vous à l'univers en exerçant sur cette dépouille mortelle votre furie et votre vengeance, si ce n'est la terreur et l'épouvante qu'il sut vous inspirer jusqu'au dernier moment de sa vie ? Voilà donc quelle est aujourd'hui votre puissance ! Un seul homme sans autre appui que l'ascendant de la gloire et des talens a résisté soixante ans à vos persécutions, a bravé soixante ans vos fureurs, et ce n'est que la mort qui vous livre votre victime, ombre vaine, insensible à vos injures, mais dont le seul nom est encore l'amour de l'humanité et l'effroi de ses tyrans.

Quel était donc votre dessein en refusant un simple tombeau à celui à qui la nation venait de décerner les honneurs d'un triomphe public ? Avez-vous craint que ce tombeau ne devînt un autel, et le lieu qui le renfermerait un temple ? Avez-vous craint de voir confondu dans la foule des humains l'homme qui s'éleva au-dessus de tous les rangs par l'éclat et par la supériorité de son génie ? Avez-vous pensé qu'il fût si fort de votre intérêt d'annoncer à l'Europe entière que le plus grand homme de son siècle était mort comme il avait vécu, sans faiblesse et sans préjugé (1) ?

(1) On sait que M. de Voltaire a regretté infiniment la vie ; eh ! qui pouvait la regretter plus que lui ? mais sans craindre la mort et ses suites. Il a maudit souvent l'impuissance des secours de la médecine ; mais ce sont les douleurs dont il était tourmenté, le désir qu'il aurait eu de jouir encore plus long-temps de sa gloire et de ses travaux, non les remords d'une âme effrayée par l'incertitude de l'avenir, qui lui arra-

CORRESPONDANCE LITTÉRAIRE,

En voulant couvrir, s'il vous eût été possible, de l'obscurité la plus profonde le lieu où reposeraient les cendres de Voltaire, en cherchant à envelopper de ténèbres et de mystère le moment de sa mort, n'avez-vous pas tremblé que les plus ardens de ses disciples ne profitassent d'une circonstance si favorable pour établir les preuves de son immortalité, de sa résurrection? Ah! vous saviez trop bien que, l'eussent-ils tenté, les ouvrages qui nous restent de lui ne permettaient plus de croire aux miracles de cette espèce (1).

chèrent ces plaintes et ces murmures.... Il a vu quelques heures avant de mourir M. le curé de Saint-Sulpice et M. l'abbé Gautier. Il a paru d'abord avoir quelque peine à les reconnaître. M. de Villette les lui ayant annoncés une seconde fois, il répondit sans aucune impatience : *Assurez ces messieurs de mes respects.* A la prière de M. de Villette, M. de Saint-Sulpice s'étant approché du chevet de son lit, le mourant étendit son bras autour de sa tête comme pour l'embrasser. Dans cette attitude, M. de Saint-Sulpice lui adressa quelques exhortations, et finit par le conjurer de rendre encore témoignage à la vérité dans ces derniers instans, et de prouver au moins par quelque signe qu'il reconnaissait la divinité de Jésus-Christ..... A ce mot les yeux du mourant parurent se ranimer un peu; il repoussa doucement M. le curé, et dit d'une voix encore intelligible : *Hélas! laissez-moi mourir tranquille!* M. de Saint-Sulpice se tourna du côté de M. l'abbé Gautier, et lui dit avec beaucoup de modération et de présence d'esprit : *Vous voyez que la tête n'y est plus.* Ces messieurs s'étant retirés, il serra la main du domestique qui l'avait servi avec le plus de zèle pendant sa maladie, nomma encore quelquefois madame Denis, et rendit peu de momens après les derniers soupirs.

(1) Il est certain qu'on a ignoré quelque temps dans le public et l'heure et le jour de la mort de M. de Voltaire. Tout Paris était encore à sa porte pour demander de ses nouvelles, lorsque son corps avait déjà été enlevé pour être transporté à l'abbaye de Sellières. Les ordres donnés pour sa sépulture ont été enveloppés de tout le mystère que pourrait exiger l'affaire d'état la plus importante, et l'on doit avouer que ces précautions n'étaient peut-être pas absolument inu-

JUIN 1778. 225

Faibles et lâches ennemis de l'ombre d'un grand homme! en tourmentant toutes les puissances du ciel et de la terre pour lui ravir les hommages qui lui sont dus, quel fruit attendez-vous de tant de vains efforts? Effacerez-vous son souvenir de la mémoire des hommes? Anéantirez-vous cette multitude de chefs-d'œuvre, éternels monumens de son génie, consacrés dans toutes les parties du monde à l'instruction et à l'admiration des races futures? Est-ce par quelques défenses puériles, par quelques anathèmes impuissans que vous pensez enchaîner ces torrens de lumières répandus d'un bout de l'univers à l'autre (1)?

Non, sa gloire est au-dessus de toute atteinte; ses ouvrages en sont les garants immortels. Mais votre triomphe est encore assez beau : le vengeur des victimes opprimées par le fanatisme et la superstition n'est plus; ce grand ascendant sur l'esprit de son siècle, cet ascendant prodigieux qui tenait à sa personne, au caractère particulier de son esprit, à soixante ans de gloire et de succès, cet ascendant qui vous fit frémir tant de fois n'est plus à craindre. L'opinion publique, l'hommage de tous les talens, celui des hommes les plus distingués chez toutes les nations; la confiance et

tiles; on croit qu'il aurait été fort aisé d'échauffer pour un parti quelconque la foule qui assiégeait encore la demeure de cet homme célèbre le lendemain de sa mort.

(1) Il a été défendu aux comédiens de jouer les pièces de Voltaire jusqu'à nouvel ordre, aux journalistes de parler de sa mort ni en bien ni en mal, aux régens de collége de faire apprendre de ses vers à leurs écoliers!

IV. 15

CORRESPONDANCE LITTÉRAIRE,

l'amitié de plusieurs souverains avaient érigé pour lui une sorte de tribunal supérieur en quelque manière à tous les tribunaux du monde, puisque la raison et l'humanité seules en avaient dicté le code, puisque le génie en prononçait tous les arrêts. C'est à ce tribunal respectable que l'on a vu s'évanouir plus d'une fois les foudres de l'injustice, de la calomnie et de la superstition; c'est là que fut vengée l'innocence des Calas, des Sirven, des La Barre. L'espoir prochain du rétablissement de la mémoire de l'infortuné comte de Lally fut le fruit de ses derniers soins, le dernier succès pour lequel sa vie presque éteinte parut se rallumer encore; peu de jours avant sa fin, plongé dans une espèce de léthargie, il en sortit quelques momens lorsqu'on lui apprit la nouvelle du jugement de cette affaire, et les dernières lignes qu'il dicta furent adressées au fils de cet illustre infortuné; les voici : « *Le mourant ressucite en apprenant cette grande nouvelle. Il embrasse bien tendrement M. de Lally. Il voit que le roi est le défenseur de la justice; il mourra content.* » Ce sont, pour ainsi dire, les derniers soupirs de cet homme célèbre (1). »

(1) M. le marquis de Villevieille, l'ami de M. de Voltaire depuis plusieurs années, et qui ne l'a presque point quitté pendant tout son séjour à Paris, nous a promis de nous communiquer un journal détaillé de toutes les circonstances de sa maladie et de sa mort. Nous attendons l'accomplissement de cette promesse pour donner aux mémoires que nous avons recueillis sur cet objet toute l'exactitude et toute la précision que mérite le récit d'un événement si intéressant.

JUIN 1778.

LETTRE *de M. l'évéque de Troyes à M. le prieur de l'abbaye de Sellières. De Paris le 2 juin* 1778 (1).

« Je viens d'apprendre, monsieur, que la famille de M. de Voltaire, qui est mort depuis quelques jours, s'était décidée à faire transporter son corps à votre abbaye pour y être enterré, et cela parce que M. le curé de Saint-Sulpice leur avait déclaré qu'il ne voulait pas l'enterrer en terre sainte. Je désire fort que vous n'ayez pas encore procédé à cet enterrement, ce qui pourrait avoir des suites fâcheuses pour vous ; et si l'inhumation n'est pas faite, comme je l'espère, vous n'avez qu'à déclarer que vous ne pouvez y procéder sans avoir des ordres exprès de ma part.

« J'ai l'honneur d'être bien sincèrement, monsieur, votre, etc. »

———

RÉPONSE *de M. le prieur de l'abbaye de Sellières à M. l'évéque de Troyes. Du 3 juin* 1778.

« Monseigneur,

« Je reçois dans l'instant, à trois heures après midi, avec la plus grande surprise, la lettre que vous m'avez fait l'honneur de m'ecrire en date du jour d'hier 2 juin. Il y a maintenant plus de vingt-

(1) Cette lettre et la suivante sont imprimées dans les Mémoires de Bachaumont et peut-être ailleurs encore. Nous les réimprimons ici pour justifier de nouveau leur authenticité. (*Note de l'éditeur.*)

quatre heures que l'inhumation du corps de M. de
Voltaire est faite dans notre église, en présence
d'un peuple très-nombreux. Permettez-moi,
monseigneur, de vous faire le récit de cet événement, avant que j'ose vous présenter mes réflexions.

« Dimanche au soir, 31 mai, M. l'abbé Mignot,
conseiller au grand conseil, notre abbé commandataire, qui tient à loyer un appartement dans
l'intérieur de notre monastère, parce que son
abbatiale n'est pas habitable, arriva en poste pour
occuper cet appartement, et me dit, après les premiers complimens, qu'il avait eu le malheur de
perdre M. de Voltaire, son oncle ; que ce monsieur avait désiré, dans ses derniers momens,
d'être porté après sa mort à sa terre de Ferney,
mais que le corps qui n'avait pas été enseveli,
quoique embaumé, ne serait pas en état de faire
un voyage aussi long ; qu'il désirait, ainsi que sa
famille, que nous voulussions bien recevoir le
corps en dépôt dans le caveau de notre église ;
que ce corps était en marche, accompagné de
trois parens qui arriveraient bientôt. Aussitôt
M. l'abbé Mignot m'exhiba un consentement de
M. le curé de Saint-Sulpice, signé de ce pasteur,
pour que le corps de M. de Voltaire pût être transporté sans cérémonie ; il m'exhiba en outre une
copie collationnée par ce même curé de Saint-
Sulpice, d'une profession de la foi catholique,
apostolique et romaine que M. de Voltaire a faite
entre les mains d'un prêtre approuvé, en présence

JUIN 1778.

de deux témoins, dont l'un est M. Mignot, notre abbé, neveu du pénitent, et l'autre M. le marquis de Villevielle. Il me montra en outre une lettre du ministre de Paris, M. Amelot, adressée à lui et à M. de Dompierre d'Hornoy, neveu de M. l'abbé Mignot, et petit-neveu du défunt, par laquelle ces messieurs étaient autorisés à transporter leur oncle à Ferney ou ailleurs. D'après ces pièces, qui m'ont paru et qui me paraissent encore authentiques, j'aurais cru manquer au devoir de pasteur si j'avais refusé les secours spirituels à tout chrétien, et surtout à l'oncle d'un magistrat qui est depuis vingt-trois ans abbé de cette abbaye, et que nous avons beaucoup de raisons de considérer. Il ne m'est pas venu dans la pensée que M. le curé de Saint-Sulpice ait pu refuser la sépulture à un homme dont il avait légalisé la profession de foi, faite tout au plus six semaines avant son décès, et dont il avait permis le transport tout récemment au moment de sa mort. D'ailleurs je ne savais pas qu'il pût refuser la sépulture à un homme quelconque mort dans le corps de l'église, et j'avoue que selon mes faibles lumières je ne crois pas encore que cela soit possible.

« J'ai préparé en hâte tout ce qui était nécessaire. Le lendemain matin sont arrivés dans la cour de l'abbaye deux carrosses, dont l'un contenait le corps du défunt, et l'autre était occupé par M. d'Hornoy, conseiller au parlement de Paris, petit-neveu; par M. Marchant de Varennes, maître d'hôtel du roi, et par M. de La Houlière, brigadier

CORRESPONDANCE LITTÉRAIRE,

des armées, tous deux cousins du défunt. Après midi M. l'abbé Mignot a fait à l'église la présentation solennelle du corps de son oncle qu'on avait enseveli. Nous avons chanté les vêpres des morts; le corps a été gardé toute la nuit dans l'église, environné de flambeaux. Le matin, depuis cinq heures, tous les ecclésiastiques des environs, dont plusieurs sont amis de M. l'abbé Mignot, ayant été autrefois avec lui séminaristes à Troyes, ont dit la messe en présence du corps, et j'ai célébré une messe solennelle à onze heures avant l'inhumation, qui fut faite devant une nombreuse assemblée. La famille de M. de Voltaire est repartie ce matin, contente des honneurs rendus à sa mémoire, et des prières que nous avons faites à Dieu pour le repos de son âme.

« Voilà les faits, Monseigneur, dans la plus exacte vérité. Permettez-moi, quoique nos maisons ne soient point soumises à la juridiction de l'ordinaire, de justifier ma conduite aux yeux de votre grandeur. Quels que soient les priviléges d'un ordre, ses membres doivent toujours faire gloire de respecter l'épiscopat, et se font honneur de soumettre leurs démarches ainsi que leurs mœurs à l'examen de nosseigneurs les évêques. Comment pouvais-je supposer qu'on refusait ou qu'on pouvait refuser à M. de Voltaire la sépulture qui m'était demandée par son neveu, notre abbé commandataire depuis vingt-trois ans, magistrat depuis trente ans; ecclésiastique qui a beaucoup vécu dans cette abbaye et qui jouit de beaucoup

JUIN 1778.

de considération dans notre ordre; par un conseiller au parlement de Paris, autre neveu du défunt; par des officiers d'un grade supérieur, tous parens et tous gens respectables? Sous quel prétexte aurais-je pu croire que M. le curé de Saint-Sulpice refusait la sépulture à M. de Voltaire, tandis que ce pasteur a légalisé de sa propre main une profession de foi faite par le défunt il n'y a que deux mois; tandis qu'il a écrit et signé de sa propre main un consentement que ce corps fût transporté sans cérémonie? Je ne sais ce qu'on impute à M. de Voltaire; je connais plus ses ouvrages par la réputation qu'autrement; je ne les ai pas lus tous. J'ai ouï dire à M. son neveu, notre abbé, qu'on lui en imputait plusieurs très-répréhensibles qu'il avait toujours désavoués; mais je sais, d'après les canons, qu'on ne refuse la sépulture qu'aux excommuniés *latâ sententiâ*, et je crois être sûr que M. de Voltaire n'est pas dans le cas. Je crois avoir fait mon devoir en l'inhumant sur la réquisition d'une famille respectable, et je ne puis m'en repentir. J'espère, Monseigneur, que cette action n'aura point pour moi des suites fâcheuses. La plus fâcheuse sans doute serait de perdre votre estime; mais après l'explication que j'ai l'honneur de faire à votre grandeur, elle est trop juste pour me la refuser.

« Je suis, avec un profond respect, etc. »

CORRESPONDANCE LITTÉRAIRE,

Vers *de madame la marquise de Boufflers.*

Dieu fait bien ce qu'il fait; La Fontaine l'a dit.
Si j'étais cependant l'auteur d'un si grand œuvre,
Voltaire eût conservé ses sens et son esprit;
Je me serais gardé de briser mon chef-d'œuvre.

Celui que dans Athènes eût adoré la Grèce,
Que dans Rome à sa table Auguste eût fait asseoir,
Nos Césars d'aujourd'hui n'ont pas voulu le voir,
Et monsieur de Beaumont lui refuse une messe.

Oui, vous avez raison, monsieur de Saint-Sulpice;
Eh! pourquoi l'enterrer? N'est-il pas immortel?
A ce divin génie on peut sans injustice
Refuser un tombeau, mais non pas un autel.

Impromptu *de M. de Rhulière à madame la duchesse de Luynes qui se plaignait beaucoup du mal que lui avait fait le trot excessivement dur de son cheval.*

Consolez-vous, jeune et belle de Luynes,
C'est au talon qu'Achille fut blessé.
Vous avez sa valeur, son air, son origine;
Mais votre endroit faible est placé
D'une façon bien plus divine.

Ce fut un grand jour pour nous que le jeudi, onze. La nouvelle administration de l'Opéra fit le premier essai de l'opéra bouffon sur le théâtre de l'Académie royale de musique, sur le théâtre consacré depuis si long-temps à l'ennui pompeux

JUIN 1778.

des chefs-d'œuvre de la psalmodie française. On donna les *Finte Gemelle* du sieur Piccini. Jamais spectacle n'avait attiré un concours plus nombreux ; les corridors étaient aussi remplis que le parterre et les loges. Il y eut quelques mouvemens d'impatience au long récitatif de la troisième scène, mais le bon goût de la musique, la voix enchanteresse de Caribaldi, l'aisance et le naturel de son chant, les grâces et la légèreté de la signora Baglioni, les beaux yeux de la signora Chiavacci, l'emportèrent enfin sur tous les efforts de la cabale gluckiste et ramiste, sur l'insipidité du poëme, où les trois quarts et demi des spectateurs ne comprenaient rien, et sur la singularité du costume des acteurs, dont le jeu, très-étranger à nos convenances accoutumées, dut nous paraître nécessairement ou d'une froideur extrême ou d'une caricature assez ridicule. Il serait fort difficile de décider sur ce premier essai si ce nouveau genre de spectacle aura de grands succès parmi nous, mais la sensation qu'il a produite prouve du moins que notre goût en musique a fait quelques progrès. Soutenue par l'intérêt du poëme, par l'illusion de la scène, la douce mélodie des Piccini, des Sacchini, des Paësiello, nous trouvera sans doute désormais aussi sensibles à ses charmes qu'aucune autre nation de l'Europe.

La représentation des *Finte Gemelle* a été suivie d'un nouveau *ballet pantomime* de la composition du sieur Noverre, les *Petits riens* ; ce sont des scènes épisodiques qui n'ont presque aucune liaison entre elles, mais qui présentent une suite de tableaux que la muse d'Anacréon, que le pinceau des Boucher et des Watteau ne désavoueraient pas. L'Amour pris au filet et mis en cage par mademoiselle Guimard, le jeu de Colin Maillard, où le sieur d'Auberval joue le principal rôle, l'espièglerie de l'Amour qui présente à deux bergères (Guimard et Allard), une autre bergère (Asselin) déguisée en berger, sont trois scènes de la composition la plus spirituelle et la plus agréable. Il faut pourtant observer qu'il y a dans cette dernière scène un moment qui n'a jamais manqué d'exciter un léger murmure au milieu des plus vifs applaudissemens, tant il est vrai que la décence exerce toujours sur nos théâtres l'empire le plus sévère! c'est celui où le berger supposé, pour détromper les deux bergères qui se disputent sa conquête, finit par leur laisser entrevoir son sein. Avec quelque grâce, avec quelque modestie que la demoiselle Asselin désabuse ses compagnes, cette pantomime a toujours partagé les spectateurs, et les voix qui ont crié *bis* n'ont pas étouffé la critique des autres.

Le bruit s'est répandu depuis quelques semaines que les *Mémoires* ou les *Confessions de Jean-Jacques Rousseau* allaient paraître, que l'ouvrage avait été imprimé en Hollande, qu'il en existait deux exemplaires à Paris. Plusieurs personnes ont prétendu les avoir vus. Tous ces bruits cependant ne se sont point confirmés, il n'a même jamais été possible de remonter à leur véritable source. Ce que nous savons de bonne part, ce que Rousseau lui-même a dit, il y a quelque temps, à des personnes de notre connaissance, c'est qu'il en avait égaré le manuscrit et qu'il en était peu surpris, rien de ce qu'il possédait ne pouvant être en sûreté chez lui. Ce que nous savons plus sûrement encore, c'est ce qu'il a dit depuis à un de nos amis communs que l'ouvrage n'était pas perdu, soit qu'il eût retrouvé la copie qu'il avait égarée, soit qu'il en eût deux, et qu'il l'avait déposé entre les mains d'un académicien dont la probité ne pouvait lui laisser aucun doute. On nous a assuré depuis que cet académicien était M. de Malesherbes.

C'est une charmante petite comédie que le *Jugement de Midas*, et il y a bien long-temps que nous n'avons vu au théâtre italien une nouveauté aussi agréable et aussi bien accueillie. Le fonds du sujet est tiré d'un opéra burlesque du Vadé de l'Angleterre. Il n'y a d'ailleurs aucun rapport entre la conduite de la pièce française, qui est en trois actes, et de celle de la pièce anglaise qui n'en a que deux. Le développement de l'intrigue, le dialogue, l'esprit, le ton et le mouvement de la scène, tout appartient à M. d'Hele. Nous n'avons pu nous empêcher

236 CORRESPONDANCE LITTERAIRE,

d'être fort étonnés à Paris qu'un étranger eût si bien saisi et les convenances de notre théâtre et le génie de notre langue, même dans un genre d'ouvrage où les nuances du style échappent plus aisément peut-être que dans aucun autre. La pièce a été donnée pour la première fois sur le théâtre de la Comédie italienne, le samedi vingt-sept, et quelques jours après à Versailles avec le même succès.

La conduite de cette jolie pièce est simple et ingénieuse, le dialogue plein de mouvement, de naturel et de vérité; l'intrigue attache par elle-même indépendamment du sens allégorique qu'elle renferme, et la fable se trouve combinée avec tant d'adresse, que les deux intérêts, celui de l'intrigue et celui de l'allégorie, se suivent et se développent sans se nuire jamais, sans embarrasser un moment le spectateur. Il ne fallait pas moins d'art sans doute pour vaincre les difficultés du sujet et la hardiesse du dénouement qui pouvait révolter une bonne partie des loges et du parterre. Si la dernière scène fait un peu moins de plaisir que les autres, c'est qu'après avoir pris tant d'intérêt aux amours de Lise et Chloë, on est presque fâché à la fin de voir que tout ce qu'on vient d'entendre n'est qu'un jeu de l'imagination, une simple allégorie. C'est le seul défaut qu'on soit tenté de reprocher à l'auteur, et ce défaut était inévitable, il tient essentiellement à la nature du genre et du sujet.

JUIN 1778.

La musique du *Jugement de Midas* est remplie de choses agréables. Si le rôle d'Apollon paraît un peu faible, il ne faut pas oublier que, s'il eût été d'une composition plus forte et plus savante, le seul acteur capable de le bien jouer, le sieur Clairval, n'aurait pas eu assez de voix pour le chanter ; et comment faire chanter Apollon, et surtout en France ! Il y a infiniment d'esprit et de gaieté dans les différens accompagnemens qui parodient les airs de Pan et de Marsias ; tous les morceaux d'ensemble sont du plus grand effet. La pièce a été en général parfaitement bien jouée, mais madame Dugazon s'est surpassée dans le rôle de Chloë ; il est permis de douter si madame Laruette y eût mis autant de grâce, autant de finesse, un naturel plus naïf et plus piquant. On a obligé l'auteur de la musique et celui des paroles de paraître sur le théâtre, l'un et l'autre y ont été reçus avec les plus grands applaudissemens, surtout l'auteur du poëme, qui est Anglais, et qui a servi même autrefois dans la marine. Nous avons trouvé qu'il était fort doux d'applaudir ces messieurs à l'Opéra-comique, et de les siffler, s'il est possible, dans la Manche.

On n'a jamais laissé échapper à Paris l'occasion de faire une pointe. Comme Apollon tombe des nues au commencement de la pièce, on n'a pas manqué de dire à l'auteur, en le félicitant de son ouvrage : *Votre pièce, Monsieur, tombe des nues, il faut bien qu'elle y*

238   CORRESPONDANCE LITTÉRAIRE.

remonte...... Il est certain que depuis long-
temps on n'avait vu à ce théâtre un succès plus
éclatant.

———

Madame Denis a permis à M. de Villette de
conserver le cœur de M. de Voltaire, qu'il a
fait embaumer, et pour lequel il se propose de
faire élever un petit monument dont M. Houdon
a déjà fait l'esquisse ; c'est une urne cinéraire de
la forme la plus simple et la plus noble, sous
laquelle on gravera l'inscription que voici.

Son esprit est partout, et son cœur n'est qu'ici.

———

ÉPITAPHE *de M. de Voltaire faite il y a plusieurs
années par J. J. Rousseau* (1).

Plus bel esprit que beau génie,
Sans foi, sans honneur, sans vertu,
Il mourut comme il a vécu
Couvert de gloire et d'infamie.

———

Il y a dans le jardin de mademoiselle Dionis,
l'auteur du poëme sur l'*Origine des Grâces*, un
petit bosquet élevé sur un monticule qu'elle appelle son Parnasse. L'ayant montré ces jours
passés à M. Le Mierre, on le pressa d'en faire
l'inscription, sans lui laisser une minute pour

(1) Quoique ces vers soient connus nous avons cru devoir les im-
primer. (*Note de l'éditeur.*)

JUIN 1778.

y rêver. Il fit sur-le-champ les deux vers que
voici.

Les grâces, les talens habitent cet enclos,
Et le Parnasse ici relève de Paphos.

Que la chaîne qui lie les événemens de la vie
est singulière et bizarre ! Pourquoi les cendres
de Voltaire ont elles été livrées à la persécution la
plus odieuse ? Pourquoi le patriarche de Ferney
est-il mort sur la paroisse de Saint-Sulpice ?
Pourquoi est-il venu à Paris à quatre-vingt-quatre
ans faire jouer une tragédie nouvelle, se confesser au chapelain des Incurables, essuyer les
dédains de la cour, et recevoir les honneurs
d'un triomphe public, ceux de l'apothéose la
plus juste et la plus éclatante?.... Parce que
M. de Villette a été plus hardi que M. le duc
de Choiseul et les plus puissans amis que M. de
Voltaire ait jamais eus; parce que M. de Villette
s'est avisé tout à coup de devenir un sage et
d'épouser la pupille de madame Denis ; parce
qu'il avait été passer six mois à Ferney pour
oublier une petite aventure dont les suites pouvaient être désagréables ; parce qu'il avait donné,
l'automne passée, un coup de fouet sur la joue
droite de mademoiselle Thevenin, qui lui dit
en plein colysée qu'il ne convenait point à une
fille comme elle d'aller souper chez un .....
comme lui (1). C'est donc le coup de fouet

(1) Mademoiselle Thévenin, à des talens assez médiocres, à une

CORRESPONDANCE LITTÉRAIRE.

donné il y a six mois sur la joue droite d'une danseuse d'opéra qui a produit cette suite d'évé-nemens mémorables, la conversion d'un roué, le mariage d'un hérétique en amour, l'arrivée de Voltaire à Paris, son triomphe et sa mort, le plus beau jour dont puisse se vanter la gloire des lettres, et la persécution la plus humiliante pour les lumières de notre siècle.

figure assez fade, ne joignait point d'autre mérite connu que de réunir deux ornemens contradictoires; c'est-à-dire des cheveux blonds de la plus grande beauté sur la tête, et.....

JUILLET 1778.

M. DE VOLTAIRE, étant déjà fort malade des suites de son hémorragie, pressa beaucoup M. de La Harpe de lui faire la lecture de ses *Barmécides*. Celui-ci s'en défendit long-temps : « *une* « *lecture de ce genre pourrait vous attrister* « *l'imagination, vous causer des émotions trop* « *vives. — Non, non, le plaisir d'entendre de* « *beaux vers sera le dernier charme de ma vie.* » — Il fallut céder. Le visage du patriarche, à mesure que la lecture avançait, devenait bien plus triste, mais il n'y eut point d'émotion trop vive à craindre, et la pièce finie, il lui dit avec une franchise à laquelle l'auteur de *Mélanie* ne s'attendait guère : « *Mon ami, cela ne vaut rien ;* « *c'est un conte déplorable où l'on trouve par-ci* « *par-là quelques beaux vers, mais qu'il faut* « *ôter, parce qu'ils sont déplacés, parce qu'ils* « *détruisent tout le reste. Jamais la tragédie ne* « *passera par ce chemin-là*, etc. » Un pareil jugement *manet alta mente repostum*, et voilà ce que M. de La Harpe n'a pu pardonner aux mânes même de son maître et de son bienfaiteur. L'illustre vieillard avait à peine fermé les yeux, que notre jeune académicien se consolait déjà d'une perte si cruelle. « Hélas ! il y a long-temps qu'il « ne vivait plus pour nous. Il était plus tourmenté « qu'un jeune homme de l'ambition des succès

IV. 16

CORRESPONDANCE LITTÉRAIRE,

« littéraires, et cependant il n'avait plus qu'à « déchoir. Son humeur était devenue intolé- « rable. Les plus belles choses le laissaient abso- « lument insensible. Son goût s'était perdu. Il « aurait voulu nous persuader qu'*Irène* était « au-dessus de *Zaïre*... » Ces propos répétés partout sans respect, sans ménagement pour la mémoire d'un grand homme et d'un homme à qui M. de La Harpe doit toute son existence, ont commencé par exciter l'indignation de tous les vrais amis de M. de Voltaire ; ce qui a mis le comble à leur ressentiment, c'est l'indiscrétion, la bassesse avec laquelle il s'est permis de faire dans son *Mercure* une critique fort impertinente du plus faible ouvrage de M. de Voltaire, *Zulime*, de la faire sur le prétexte le plus frivole et dans un moment où M. le garde des sceaux venait de défendre très-expressément à tous nos journalistes de rendre aucun hommage à la cendre de cet homme célèbre. Le procédé de M. de La Harpe méritait sans doute une correction, M. le marquis de Villevieille s'est chargé de la lui faire dans une lettre fort spirituelle, fort polie et fort piquante, adressée au sieur Pankouke, propriétaire du privilége du *Mercure de France*.

Cette lettre a produit une longue apologie de M. de La Harpe dans le *Mercure* du 15 juillet ; quant au fond, elle se réduit à ceci, à reconnaître assez humblement sa faute, mais à soutenir que s'il a manqué de respect et de sensibi-

JUILLET 1778.

lité pour la mémoire de M. de Voltaire, c'est une imprudence et non pas un crime ; ce qui pourrait faire soupçonner assez naturellement que, puisque M. de La Harpe ne manque de sensibilité que par imprudence, ce n'est aussi que par un excès de prudence qu'il en montre quelquefois ; et cette confession est sans doute assez naïve. Quant à la forme de la défense de M. de La Harpe, elle est si peu nouvelle que c'est de son adversaire même qu'il a trouvé bon de l'emprunter. Il s'attache à prouver que la lettre signée *le marquis de Villevieille* ne peut pas être de lui, et laisse entrevoir, sans les nommer, qu'il soupçonne messieurs Suard, Arnaud, Condorcet, d'en être les véritables auteurs ; il les désigne par les couleurs les plus odieuses comme des hommes qui, ne pouvant apporter dans la littérature aucun talent, y apportent l'esprit d'intrigue, la haine de tout ce qui a le caractère de la franchise et de la droiture, comme des hommes que l'on ne rencontre point dans le chemin de la gloire, mais qui parviennent aux grâces, aux récompenses par des routes obliques et des sentiers ténébreux, etc. La diatribe finit par une péroraison extrêmement pathétique, où M. de La Harpe en appelle à son innocence et se compare d'une manière fort touchante à Hippolyte. Lui, de l'ingratitude ! une âme intéressée !

> Je ne veux point me peindre avec trop d'avantage ;
> Mais si quelque vertu m'est tombée en partage,
> Je crois, je crois surtout avoir fait éclater

16.

La haine des forfaits qu'on ose m'imputer.
C'est par-là qu'Hippolyte est connu dans la Grèce.
J'ai poussé la vertu jusques à la rudesse.

Cette citation a paru d'autant moins heureuse que tout le monde sait ici que le premier essai de la muse de M. de La Harpe au collége fut une satire contre son régent, qui l'avait comblé de biens. Voilà comme l'enthousiasme en passant le but nous trahit nous-mêmes; voilà comme on rappelle sans s'en douter ce qu'il faudrait faire oublier. Ce n'est pas un crime, à la bonne heure; mais c'est encore une grande imprudence.

Les Barmécides, représentés pour la première fois sur le théâtre de la Comédie française le 11 juillet, n'ont eu qu'un succès fort douteux. On y a applaudi de beaux vers et la plus grande partie du cinquième acte. On y a trouvé quelques efforts heureusement combinés, mais aucun effet vivement senti, et l'on s'est accordé à dire qu'il manquait à cette pièce ce qui pouvait faire réussir des ouvrages infiniment médiocres, de la sensibilité et de l'intérêt. Il y avait le jour de la première représentation deux cabales très-marquées, mais celle qui favorisait l'auteur était sûrement la plus nombreuse ou du moins la plus bruyante. Dans ce dernier parti personne ne s'est distingué avec plus d'éclat que M. le comte de Schowalof, l'auteur de l'*Épître de Ninon*. Il occupait avec quelques personnes de sa suite le premier rang

JUILLET 1778.

du balcon du côté de la reine. Plus l'ouvrage paraissait chanceler, plus il redoublait d'applaudissemens. Quand la fatigue l'obligeait à se donner un peu de repos, il excitait son voisin à le remplacer, s'essuyait bien vite le visage et reprenait aussitôt lui-même avec plus de force et de chaleur. Un si beau zèle l'a rendu l'objet des regards et de l'admiration de toutes les dames qui l'entouraient. Le feu de M. Schowalof a été vivement soutenu par le parti de la musique italienne, dont M. de La Harpe a si innocemment plaidé la cause, et pour laquelle il a déjà essuyé tant de mauvaises plaisanteries, tant de persécutions de toute espèce. Aussi n'y a-t-il point de bon picciniste qui dans cette occasion ne se soit cru obligé en conscience d'applaudir, quelque opinion qu'il eût d'ailleurs de l'ouvrage; ce qui a fait dire assez plaisamment que si les *Barmécides* pouvaient se soutenir, ce serait la première tragédie dont la musique aurait fait le succès à la Comédie française.

En attendant que nous puissions faire un extrait plus sérieux de cette pièce, nous nous empressons de faire usage de celui qui se trouve tout fait dans la *Complainte des Barmécides*. Quoique M. Boutet de Monvel, comédien du roi, auteur de l'*Amant Bourru*, des *Trois Fermiers*, etc. désavoue aujourd'hui cette facétie, on s'obstine encore à la croire de lui.

CORRESPONDANCE LITTÉRAIRE.

Les Barmécides, complainte.

Sur l'air *des Pendus.*

Or écoutez, petits et grands,
Les tragiques événemens
Qu'un philosophe-journaliste
(Qui suit nos défauts à la piste)
Fit jouer hier aux Français,
En s'arrangeant pour le succès.

Son héros est Aron-le-Grand,
Qu'il ne peint ni bon ni méchant;
Mais, quoiqu'il ait de la mémoire,
Il en altère fort l'histoire,
Car dans le fond monsieur Aron
N'était rien moins qu'un bon garçon.

Le vrai fait est que pour sa sœur
Il eut un amour plein d'horreur;
Mais, craignant de faire un inceste
Qui deviendrait trop manifeste,
Un jour il conçut le projet
De la donner à son sujet.

Or ce fut sous condition
Qu'après la célébration
Ils vivraient chastement ensemble
Sans qu'un même lit les rassemble,
Sans pouvoir se prouver leurs feux
Qu'avec la parole et les yeux.

Comme en ce pays il fait chaud,
La nature parla plus haut
Que la rigoureuse promesse
Qu'avait exigé Sa Hautesse;

JUILLET 1778.

Et Giafar, malgré Aron,
Fit à sa femme un gros poupon.

De quoi ce prince furieux
Dit : « Mon grand-visir est un gueux.
« Malgré sa parole sacrée,
« Ma sœur il a donc déflorée !
« Sus, dépêchez-lui mes bourreaux,
« Et qu'on me le hache en morceaux. »

Le voilà mort, et cependant
Hier nous l'avons vu vivant ;
Ressuscité par Melpomène,
Il a reparu sur la scène ;
La Harpe, en ayant grand besoin,
L'a fait revenir de bien loin.

Voici donc comme il a traité
Cette historique vérité.
Saed, Amides, Barmécides,
Quoiqu'aux gages des Abassides,
Trompent la vengeance du roi,
Sans que l'auteur dise pourquoi.

C'est ainsi que Saed s'y prit,
Un pauvre esclave lui servit.
Lui-même il lui trancha la tête.
Le moyen n'est pas trop honnête,
Mais il faut croire que l'auteur
N'en a pas trouvé de meilleur.

Par sang et mort défiguré,
Le chef au calife est montré ;
Et pour capter notre croyance
On suppose une ressemblance
Entre l'innocent qui périt
Et le grand-visir qui s'enfuit.

248 CORRESPONDANCE LITTÉRAIRE,

Saed, et par bonne raison,
Escamote aussi le poupon,
Pour qu'un jour, malgré sa jeunesse,
Il soit visir, héros de pièce,
Et venge le tragique sort
De son papa qui n'est pas mort.

Tombe deçà, tombe delà,
Trois lampes éclairant cela;
C'est ce qu'aux yeux offre la scène.
Vient un monsieur qui s'y promène,
Et qui dit à son confident :
J'ai bien du chagrin, mon enfant.

Il fait une exposition
Qui n'expose point l'action;
Car Saed, qui vient sur la brune,
Croit devoir en faire encore une;
Mais après un fort long récit,
C'est comme s'il n'avait rien dit.

Dans tout ce galimatias
Saed crie en levant les bras :
« Punissez la race abasside,
« Vous êtes fils de Barmécide. »
Amorassan répond à ça :
Est-il possible?... Ah! dieux! ha! ha!

Saed, toujours fin et subtil,
« Attendez-moi là, lui dit-il;
« Je m'en vais chercher la princesse,
« Quoiqu'inutile dans la pièce;
« Il ne faudra pas la prier,
« Car elle attend sur l'escalier. »

Aussitôt fait qu'aussitôt dit,
Elle arrive, et fait un récit

JUILLET 1778.

Qu'on n'entend pas plus que le reste ;
Ce que l'on comprend par le geste,
C'est qu'ils font tous un grand serment
Sur le tombeau du mort vivant.

Au second acte arrive Aron,
Fier comme un pan, droit comme un jonc.
On lui dit mille choses dures,
De gros mots, de grosses injures,
Qu'il souffre comme un hébété,
Quoiqu'il ait un sabre au côté.

Il nous parle d'un Aménor,
Son fils aîné, son cher trésor,
Qui reste, comme un Jocrisse,
Caché derrière la coulisse ;
Et qui, tranquille jusqu'au bout,
Sert à la rime, et puis c'est tout.

Arrive enfin, comme Narbas,
Un bon vieillard criant tout bas :
Me voilà, je suis Barmécide ;
On ne sait pas ce qui me guide....
Mettons le spectateur au fait
Pour mieux détruire l'intérêt.

Amorassan vient sans retard
Savoir ce que veut le vieillard.
« Contre Aron, dit-il, on conspire ;
« Je viens exprès pour vous le dire.
« Monsieur, ne me refusez pas ;
« Dépêchons-nous, car je suis las. »

Le grand-visir, un peu trop chaud,
Dégaîne.... et rengaîne aussitôt.
La nature, je ne sais comme,
Lui parle en faveur de cet homme.

CORRESPONDANCE LITTÉRAIRE,

Saed survient : « Ah! tout est su,
« Dit le visir ; je suis perdu!... »

Vous tenez ce vieux roquentin,
Et vous épargnez le coquin!
Faites-le pendre tout de suite,
Car s'il vient à prendre la fuite
Il ira dire nos secrets,
Au diable alors tous nos projets!

« Saed, vous raisonnez fort bien,
« Car s'il meurt il ne dira rien ;
« Lui mort, je lui prendrai la lettre
« Qu'au seul calife il veut remettre.
« Mais, pour filer le dénouement,
« Avec lui causez un moment. »

Comme il y va de bonne foi,
Barmécide lui dit : C'est moi,
Cher Saed, je suis Barmécide. —
« Quoi! tu veux sauver l'Abasside!
« Il faut, ami, que tu sois fou ;
« Tu veux donc nous casser le cou?

« Tu viens de voir ton pauvre fils,
« Celui que j'ai tiré d'un puits,
« Il est le chef de l'entreprise.
« S'il fait sottise sur sottise,
« S'il a l'air d'avoir mauvais cœur,
« C'est bien la faute de l'auteur. »

Mon fils est Cinna..... Mais *motus*.
Je suis le cadet de Brutus ;
Sémire est l'informe copie
De Pulchérie et d'Emilie ;
Il faut bien qu'au calife Aron
Auguste serve de patron.

JUILLET 1778.

Notre style est du meilleur goût,
Nous disons ce qu'on lit partout.
Montaigne a fourni les maximes,
Voltaire a brillanté nos rimes.
Nous aurons pour nous les journaux
Et les philosophes nouveaux. —

Le quatrième acte tout entier
Est l'ouvrage d'un écolier ;
Et malgré trois reconnaissances,
Force portraits, maintes sentences,
Barmécide, en dépit du nom,
Est frère de Timoléon.

Au cinq, on baisse le rideau ;
On le relève de nouveau
Pour nous montrer dans les ténèbres
Des tombeaux, des torches funèbres,
Et le calife hors de sens
Qui pleure et croit aux revenans.

Comme il fallait qu'Amorassan
Tuât quelqu'un selon le plan,
Sur Aménor, prince inutile,
Il vient de décharger sa bile ;
Mais à peine il l'a massacré
Que le jeune homme est enterré.

Aron crie : « Ah ! tuons quelqu'un ;
« Allez, mettez-vous dix contre un ;
« Sur le tombeau perçons le traître
« Que j'aurais dû *plus tôt connaître*,
« Qui vient d'envoyer *ad patres*
« Un fils l'objet de mes regrets. »

Resté seul, le calife en pleurs
Dit des vers de toutes couleurs,

CORRESPONDANCE LITTÉRAIRE,

Et puis s'écrie ainsi qu'Auguste :
« Tout ce qu'on me fait est bien juste ;
« J'ai tué quarante sujets,
« Et l'on me veut tuer après. »

Arrive enfin Amorassan,
Sémire et tout le bataclan ;
Le vieux Saed qui pour ses peines
A les deux bras chargés de chaînes,
Et Barmécide qui vient là
Pour voir comment çà finira.

Le calife dit de gros mots ;
Barmécide jure à huis clos ;
Il se nomme, chacun s'étonne ;
Le calife pleure et pardonne,
Et la pièce finit enfin
Par une antithèse en quatrain.

Apprenez, messieurs les auteurs,
Qu'il ne faut plus ni plan, ni mœurs,
Ni conduite, ni caractères ;
C'était bon du temps de nos pères.
Point de sentiment, peu d'esprit,
Du clinquant, et l'on réussit.

Vers *sur la mort de M. de Voltaire, par* M. Le Brun.

O Parnasse ! frémis de douleur et d'effroi ;
Muses, abandonnez vos lyres immortelles ;
Toi, dont il fatigua les cent voix et les ailes,
Dis que Voltaire est mort, pleure et repose-toi.

L'opinion généralement établie sur la nature

JUILLET 1778.

de la mort de J. J. Rousseau n'a pas été détruite par une lettre que nous aurons l'honneur de vous envoyer sur cet événement , et qui est d'un médecin de Paris , M. Le Begue de Presle, son ami (1). On persiste à croire que notre philosophe s'est empoisonné lui-même. Ce que nous savons de très-bonne part, c'est qu'il avait eu pendant son séjour en Angleterre , et depuis, des accès de mélancolie très-fréquens et accompagnés de convulsions extraordinaires ; que dans cet état il fut plusieurs fois sur le point de se tuer. L'embarras de sa position , devenue plus fâcheuse qu'elle ne l'avait jamais été , l'inquiétude que lui causait la publication prétendue de ses Mémoires, soit qu'ils lui eussent été dérobés, soit qu'il les eût livrés lui-même , soit qu'il ne fût qu'effrayé des bruits répandus à ce sujet, l'abandon où l'avait réduit son humeur sauvage , tout cela avait altéré sensiblement sa tête. Cette âme naturellement susceptible et défiante, victime d'une persécution plus cruelle, à la vérité, mais du moins fort étrange, aigrie par des malheurs qui furent peut-être son propre ouvrage, mais qui n'en étaient pas moins réels, tourmentée par une imagination qui exagérait toutes ses affections comme tous ses principes, plus tourmentée peut-être encore

(1) M. Le Bègue de Presle était médecin et censeur royal. Il était véritablement l'ami de J.-J. Rousseau , et prenait un grand intérêt à sa santé. Quelque temps avant sa mort, étant allé le voir à Ermenonville , il le trouva remontant péniblement de sa cave, et lui demanda pourquoi à son âge il ne confiait pas ce soin à madame Rousseau ? — *Que voulez-vous*, répondit-il , *quand elle y va, elle y reste.* (Note de l'édit.)

par les tracasseries d'une femme qui, pour de-
meurer seule maîtresse de son esprit, avait éloigné de lui ses meilleurs amis en les lui rendant
suspects, cette âme, à la fois trop forte et trop
faible pour porter tranquillement le fardeau de
la vie, voyait sans cesse autour d'elle des abîmes
et des fantômes attachés à lui nuire. Il n'y a pas
loin sans doute de cette disposition d'esprit à la
folie, et l'on ne peut guère appeler autrement la
persuasion où il était depuis long-temps, et dont
il était plus frappé encore depuis quelques mois,
que toutes les puissances de l'Europe avaient les
yeux sur lui et lui faisaient l'honneur de le regarder
comme un monstre fort dangereux et qu'il fallait
tâcher d'étouffer. Il s'était mis dans la tête qu'il
y avait une ligue très-puissante formée contre
lui, et les chefs de cette ligue à Paris étaient,
selon lui, par un assez bizarre assemblage, M. le
duc de Choiseul, M. le docteur Tronchin, M. de
Grimm et M. d'Alembert. Il ne pouvait pardonner à M. de Choiseul la conquête de l'île de
Corse; c'était pour lui faire une niche pour l'empêcher de donner des lois à ce peuple, comme
il en avait été requis par le général Paoli, que la
France s'en était emparée. Ce n'était aussi que
pour le chagriner que l'Empire, la Russie et le
roi de Prusse avaient formé le projet de démem-
brer la Pologne au moment où il s'occupait à réformer l'ancienne constitution de ce royaume.
S'il croyait avoir à se plaindre de tous les souverains et de tous les ministres de l'Europe, il

JUILLET 1778.

était encore plus mal avec les philosophes, et les prêtres étaient peut-être en dernier lieu ceux dont il attendait le moins de haine. Il était fermement convaincu qu'on avait cherché à soulever la populace de Paris contre lui. Il ne sortait guère de sa maison sans croire rencontrer des gens apostés pour épier ses démarches et pour saisir le moment de le faire lapider. Il soupçonnait l'univers entier et jusqu'aux Savoyards du coin, prétendant que pour l'humilier ils lui refusaient les services qu'ils offrent à tout le monde. Tous ces traits nous ont été rapportés par un homme tendrement attaché à M. Rousseau, et pénétré de l'état où il le voyait sans aucune espérance de le guérir. Sur tout objet étranger à la manie dont nous venons de parler, son esprit conserva jusqu'à la fin toute sa force et toute son énergie. La romance de *Desdémona* est un de ses derniers ouvrages. Il était fort occupé depuis quelques années d'un *Dictionnaire de Botanique*, mais on ignore jusqu'à présent en quoi consistent précisément les manuscrits laissés dans son portefeuille (1). Il l'avait confié autrefois à M. du Peyrou, de Neufchâtel. Ce portefeuille contenait un poëme, dans le goût de *la Mort d'Abel*, sur le massacre des Sichémites, un commencement de la continuation d'*Emile*, la traduction de quelques livres de *Tacite*, un *Plan de réforme pour la Pologne*, quelques opéras, entre autres celui des *Muses*, et un recueil de romans. On assure qu'il existe trois

(1) Cet ouvrage a depuis été imprimé. (*Note de l'éditeur.*)

ou quatre copies manuscrites de ses *Mémoires* ou Confessions, le plus considérable de ses ouvrages; qu'il y en a une en Angleterre et deux au moins à Paris. Il paraît constant que M. de Malesherbes en possède une.

N'est-ce pas une fatalité digne d'être remarquée que, dans l'espace de quelques mois, la France ait perdu le seul rival de Garrick, un de ses plus célèbres sculpteurs (1), Voltaire et Rousseau; la Suisse, le baron de Haller, le plus savant homme de l'Europe et le premier poëte allemand à qui les étrangers aient rendu justice, M. Heidegguer (2), le plus illustre et le plus

(1) Le Moine, ancien directeur et recteur de l'Académie royale de peinture et de sculpture, auteur de la statue équestre de Louis XV à Bordeaux, de la statue pédestre de Rennes, du tombeau du cardinal de Fleury, du maître autel de Saint-Jean en Grève, de la chapelle de Saint-Sauveur, et d'un grand nombre de bustes. Ses figures laissent désirer quelquefois plus de pureté, plus de correction; mais on y remarque presque toujours un caractère très-spirituel, beaucoup de feu et d'imagination. On lui reproche d'avoir cherché à reculer les limites de la sculpture sur le terrein de la peinture, sa sœur et son émule, et de n'avoir pas assez senti qu'un de ces arts, en voulant usurper les ressources de l'autre, perd nécessairement de celles qui lui sont propres, et manque d'effet par la nature même des efforts qu'il ose tenter pour en produire davantage.

(2) M. Heidegguer, bourgmestre de Zurich. Il ne lui manquait qu'un plus grand théâtre pour voir consacrer son nom au même rang que celui des Périclès et des Aristide. La Suisse entière fut gouvernée long-temps par l'influence de son génie, et personne n'a eu plus de part que lui au dernier traité fait avec la France, le seul où l'on n'ait eu en vue que les intérêts communs aux deux nations, le seul peut-être dont les négociations aient été conduites avec la décence et la dignité convenable à un État qui, pour être resserré dans des limites étroites, n'en est pas moins une puissance indépendante et souveraine.

JUILLET 1778.

vertueux de ses magistrats ; la Suède , le premier
botaniste de l'univers , le chevalier Linnæus ; l'Angleterre , ce citoyen vénérable dont le patriotisme
éleva son pays au plus haut degré de splendeur , et
qui ne put survivre aux revers que sa sagesse
n'avait que trop prévus ? Tant de rares talens ,
tant de vertus , tant de lumières portées à la fois
au séjour des ombres , pourront bien donner
quelques alarmes au ministère du ténébreux empire , si ce ministère-là ressemble à beaucoup
d'autres.

M. le docteur Franklin parle peu ; et au commencement de son séjour à Paris , lorsque la
France refusait encore de se déclarer ouvertement en faveur des colonies , il parlait encore
moins. A un dîner de beaux esprits , un de
ces messieurs , pour engager la conversation ,
s'avisa de lui dire : « Il faut avouer , Monsieur ,
« que c'est un grand et superbe spectacle que
« l'Amérique nous offre aujourd'hui. » — *Oui* ,
répondit modestement le docteur de Philadel-
phie, *mais les spectateurs ne paient point*.....—
Ils ont payé depuis.

On a cité plusieurs mots de Louis XIV pleins
de noblesse et de grandeur. En voici un qui est
moins connu et qui mérite de l'être. M. d'Harcourt , en rendant compte de l'emploi des sommes
dont il avait eu à disposer pour gagner les Espagnols , déclara à M. de Torcy qu'il lui res-

IV.

tait cent mille écus. Le ministre lui répondit qu'il ne doutait point de l'usage qu'en ferait le roi, et qu'il ne manquerait pas de l'instruire d'un désintéressement si rare. Louis XIV en parut fort touché, et dit à M. de Torcy : *Je veux que ces cent mille écus soient portés au trésor royal pour l'honneur de mon règne.* Il combla ensuite M. d'Harcourt de dignités et de bienfaits. L'esprit qui règne aujourd'hui dans notre ministère est bien propre à faire revivre des traits de ce genre.

Code des Lois des Gentoux, ou Règlement des Brames, traduit de l'anglais d'après les versions faites de l'original écrit en langue samskrète. A Paris, 1 vol. in-4°.

C'est le plus singulier monument de jurisprudence qu'on ait jamais publié. On y trouve les lois d'un peuple qui semble avoir instruit tous les autres, et qui, depuis sa réunion, n'a jamais changé ni de mœurs ni de préjugés. Il a fallu toute l'adresse et toute la fermeté de M. Warren Hastings, gouverneur général des établissemens anglais, pour obliger les brames à révéler ces grands secrets. Le traducteur anglais est M. Halhed. Ce Code annonce un peuple corrompu dès l'enfance, et les distinctions odieuses des différentes castes en souillent presque toutes les pages.

Sur les successions et le partage des propriétés, les dispositions générales de la loi des brames

JUILLET 1778.

sont celles des lois romaines, et la conformité dans les détails est encore si extraordinaire, qu'on serait tenté de croire que Rome tira de l'Inde cette partie de sa jurisprudence.

Les peines contre l'adultère sont aussi indécentes que cruelles. Il est ordonné de graver sur le front d'un brame adultère les formes du sexe féminin, de raser les cheveux d'une femme adultère avec de l'urine d'âne, et de lui faire une honteuse et cruelle mutilation avant de la faire mourir. Rien de plus dur, de plus barbare que tout ce détail des obligations imposées à la femme, dont les philosophes indiens en général paraissent avoir beaucoup plus mauvaise opinion que M. Thomas. Il est dit dans ce triste Code qu'une femme n'est jamais satisfaite d'un homme, ainsi que le feu n'est jamais satisfait du bois qu'on lui donne à dévorer, ou le grand océan, des fleuves qu'il reçoit dans son sein, ou l'empire de la mort, des hommes et des animaux qui s'y précipitent à chaque instant ; qu'il ne faut donc jamais compter sur la chasteté des femmes, etc.; et ce beau chapitre finit par cette honnête conclusion : Il est convenable qu'une femme se brûle avec le cadavre de son mari. Toute femme qui se brûle ainsi accompagnera son mari en paradis (la belle consolation !), et elle y restera *trois crores et cinquante lacks d'années* (1).

(1) Le crore équivaut à 10,000,000 roupies ; le lack à 100,000. Ainsi l'étendue de temps qu'on a voulu exprimer est de 35 millions d'années. (*Note de l'éditeur.*)

17.

260　CORRESPONDANCE LITTÉRAIRE,

Un renversement d'idées plus bizarre, plus inconcevable encore, est la proportion que le législateur des brames établit entre les peines de différens délits. Dans une cause concernant un homme, si quelqu'un rend un faux témoignage, son crime est aussi grand que s'il assassinait mille personnes. Dans une cause où il est question d'or, si quelqu'un rend un faux témoignage, on le traitera comme un coupable qui aurait assassiné tous les hommes nés et à naître dans le monde.... Un homme qui de la main porte atteinte à la pudeur d'une jeune fille est, sans pouvoir s'en rédimer, condamné à la castration, quelquefois même, selon les circonstances, il encourt la peine de mort. Voilà donc ce superbe Code qu'on nous avait vanté si long-temps comme un des plus respectables monumens de la sagesse humaine! et j'aurais bien d'autres réflexions à faire, si je ne craignais d'offenser les oreilles délicates.

———

L'Académie royale de musique vient de remettre *Ernelinde*, *Orphée* et les *Fragmens* composés des actes de *Vertumne et Pomone* et du *Devin du Village*, suivis du ballet d'*Annette et Lubin*, de la composition du sieur Noverre. Ce nouveau ballet, comme celui de la *Chercheuse d'esprit*, n'est que le poëme mis en pantomine et suivi pour ainsi dire scène par scène, mais le choix du sujet nous a paru plus heureux; il prête à une marche plus rapide, à une succes-

JUILLET 1778.

sion de tableaux plus riche, plus variée, et le motif de chaque situation y est exprimé de la manière la plus sensible, la plus simple et la plus pittoresque; c'est l'ouvrage d'un homme qui connaît toutes les ressources de son art, qui n'en néglige aucune, mais qui s'arrête aux limites que le goût ne se permet pas de franchir.

Le petit voyage que M. le duc de Chartres vient de faire à Paris pour rendre compte au roi du combat d'Ouessant a été célébré au Palais royal par les plus grandes réjouissances. Le jour même de son arrivée, ayant assisté à une représentation d'*Orphée*, il y fut reçu avec des applaudissemens répétés tant de fois, que l'on eut à peine le temps d'entendre l'opéra. Le soir pendant le souper de L. A S., les musiciens de l'orchestre exécutèrent un concert où les sieurs Larrivée, Gelin, Moreau et toutes les demoiselles des chœurs chantèrent ce beau morceau de *Pyrame et Thisbé*.

> Honorez un héros digne sang de vos rois,
> Honorez un héros que la gloire couronne;
> Chantez, célébrez ses exploits;
> Ninus le veut, Ninus l'ordonne.

M. Moline, auteur des paroles d'*Orphée*, fit sur-le-champ, sur l'air du chœur de *Vertumne et Pomone*, les vers suivans qui furent chantés par les mêmes acteurs :

> Grand héros que la gloire guide,
> La France te revoit vainqueur;

Le doux plaisir sur les pas d'un Alcide
Vole et ramène le bonheur,
Nos plus beaux jours sont dus à ta valeur,
Sous les lois de l'hymen l'amour est ton égide.

S. A. S. reçut tous ces hommages avec beaucoup de sensibilité et voulut bien se laisser embrasser par toutes ces demoiselles. Les cafés du Palais royal et les Suisses de la porte avaient envoyé le matin une lettre circulaire dans toutes les maisons qui donnent sur le jardin pour les inviter à illuminer de concert avec eux en l'honneur de M. le duc de Chartres. L'illumination fut des plus brillantes, et la promenade, toujours fort fréquentée dans cette saison, attira ce soir-là plus de monde encore que de coutume. Monseigneur ne dédaigna point d'y paraître. Mademoiselle Arnoud fit tirer un petit feu d'artifice devant ses fenêtres, et chanta sur son balcon des couplets du chevalier de Langeac, du capitaine d'Aubonne et d'autres, qu'il serait peut-être trop long de transcrire ici.

Le lendemain de son arrivée et la veille de son départ M. le duc de Chartres ayant été voir *Ernelinde*, le spectacle fut encore interrompu par des applaudissemens qui redoublèrent avec un nouvel enthousiasme, lorsque le sieur Larrivée, jouant le rôle de Ricimer, se tourna vers ce prince en lui adressant ces quatre vers :

Jeune et brave guerrier, c'est à votre valeur
Que nous devons cet avantage.

JUILLET 1778.

Recevez le laurier, il est votre partage ;
Ce fut toujours le prix qu'on accorde au vainqueur.

Tant d'hommages, tant de marques de reconnaissance et de sensibilité n'ont pas été à l'abri des insultes, de l'envie et de la malignité. On sait qu'en suivant le char de triomphe de leur général, les soldats romains chantaient souvent contre lui des couplets satiriques que la populace était ravie d'entendre, même en criant *Vive le triomphateur ;* c'est ainsi qu'en louant le courage de M. le duc de Chartres on n'en a pas été moins empressé à répéter dans tous les soupers de Paris la chanson suivante. Telle fut et telle sera toujours la légèreté de cette opinion populaire dont il est pourtant si doux de mériter et d'obtenir les faveurs.

Sur l'air : *Chansons, chansons.*

Vous faites rentrer notre armée,
L'Angleterre très-alarmée
    Vous en louera ;
Et vous joindrez à ce suffrage
Les lauriers et le digne hommage
    De l'Opéra.

Quoi! vous avez vu la fumée!
Quel prodige! la renommée
    Le publiera.
Revenez vite ; il est bien juste
D'offrir votre personne auguste
    A l'Opéra.

Tel, cherchant la toison fameuse,

Jason sur la mer orageuse
  Se hasarda.
Il n'en eut qu'une ; et pour vos peines
Je vous en promets deux douzaines
  A l'Opéra.

Chers badauds, courez à la fête,
Pâmez-vous, criez à tue-tête :
  Bravo ! brava !
Cette grande action de guerre
Est telle que l'on n'en voit guère
  Qu'à l'Opéra.

Grand prince, poursuis ta carrière,
Franchis noblement la barrière
  De l'Opéra.
Par de si rares entreprises
A jamais tu t'immortalises
  A l'Opéra.

EXTRAIT *du Journal de Paris, du lundi* 6 *juillet* 1778, *article* Variété.

Jean-Jacques Rousseau, citoyen de Genève, dont nous avons annoncé la mort dans la feuille d'hier, avait dessein depuis quelque temps de quitter Paris. Il a cédé aux instances de l'amitié, et s'est établi sur la fin de mai dernier dans une petite maison qui appartient à M. le marquis de Girardin, seigneur d'Ermenonville, et située très-près du château. Il eut jeudi dernier, 2 de ce mois, à neuf heures du matin, en revenant de la promenade, une attaque d'apoplexie qui dura deux heures et demie, et dont il mourut.

JUILLET 1778.

Les honneurs funèbres lui furent rendus par M. le marquis de Girardin; son corps, après avoir été embaumé et renfermé dans un cercueil de plomb, fut inhumé le samedi suivant, 4 du présent mois, dans l'enceinte du parc d'Ermenonville, sur l'île dite *des Peupliers*, au milieu de la pièce d'eau appelée *le petit Lac*, et située au midi du château, sur une tombe décorée et élevée d'environ six pieds. Il était né le 28 juin 1712.

Lettre *sur la mort de Jean-Jacques Rousseau, écrite par un de ses amis aux Auteurs du* Journal de Paris (1).

A Paris, le 12 juillet 1778.

Vous avez annoncé, Messieurs, dans votre Journal du dimanche 5 de ce mois, la mort de Jean-Jacques Rousseau sous le titre de *Variété*. Permettez-moi de vous représenter, Messieurs, que jamais rien ne mérita plus le titre d'*Événement* que la mort d'un écrivain le plus pur et le plus exact de son siècle, d'un philosophe dont l'amour pour la sagesse ne se démentit jamais, d'un homme enfin qui consacra tous ses talens à reculer les bornes morales de l'âme, et à rendre les hommes meilleurs et plus heureux.

On a beaucoup parlé de Jean-Jacques Rousseau sans le connaître, et comme on parle de sa mort sans en savoir les circonstances, je vous en

(1) Elle n'y a point été insérée.

266 CORRESPONDANCE LITTÉRAIRE,

envoie le récit et vous prie, Messieurs, de le rendre public. Il est d'autant plus intéressant, qu'il peut, je crois, servir de réponse à presque tout ce qui a été et qui sera peut-être encore dit contre ce grand homme.

Jean-Jacques Rousseau avait cédé depuis un mois aux prières instantes de M. le marquis et de madame la marquise de Girardin (1); il s'était retiré à Ermenonville et demeurait avec sa femme dans une petite maison voisine, mais séparée du château par des arbres, et tenant à un bosquet dans lequel il allait chaque jour promener et cueillir des plantes qu'il arrangeait ensuite dans un h erbier. Il faisait quelquefois de la musique avec la famille de M. de Girardin, et il s'était déjà attaché de telle sorte à l'un de ses enfans, âgé de dix ans, qu'il paraissait, aux soins continus qu'il lui donnait, vouloir en faire son élève. Il se leva le jeudi 2 juillet à cinq heures du matin (c'était l'heure ordinaire de son lever en été), jouissant en apparence de la meilleure santé, et

(1) M. et madame de Girardin sont deux époux unis par l'amitié la plus parfaite. Qui les voit ne peut s'empêcher de concevoir pour eux l'estime la plus respectueuse et la plus profonde. Il n'existe peut-être pas ailleurs des jardins plus intéressans et plus ingénieux que ceux qu'ils ont fait arranger à Ermenonville, distant de Paris de dix lieues. Ces jardins ont été faits sur les dessins de M. Morel, auteur du livre intitulé *Théorie des Jardins*. La maison qu'occupait Jean-Jacques dans ce beau lieu s'appelait *l'Hermitage de Rousseau* avant qu'elle fût habitée par lui. Le bosquet qui l'entoure est rempli d'inscriptions tirées de la *nouvelle Héloïse*, et la petite île des Peupliers, où reposent aujourd'hui les cendres de Rousseau, renfermait déjà un monument très-intéressant consacré à la mémoire de Julie.

JUILLET 1778.

fut promener avec son élève, qu'il pria plusieurs
fois de s'asseoir dans le cours de cette promenade, lui disant qu'il se sentait incommodé. Il
revint seul à sa maison vers les sept heures, et
demanda à sa femme si le déjeuner était préparé. — Non, mon bon ami, répondit madame
Rousseau, il ne l'est pas encore. — Eh bien, je
vais dans le bosquet, je ne m'éloignerai pas;
appelez-moi quand il faudra déjeuner..... Madame Rousseau l'appela; il revint, prit une tasse
de café au lait et sortit. Il rentra peu de momens
après; huit heures sonnaient. Il dit à sa femme:
pourquoi n'avez-vous pas payé le compte du
serrurier? — C'est, répondit-elle, parce que j'ai
voulu vous le faire voir et savoir s'il n'en faut
rien rabattre. — Non, dit M. Rousseau, je crois
ce serrurier honnête homme, son compte doit
être juste; prenez de l'argent et payez-le. —
Madame Rousseau prit aussitôt de l'argent et
descendit. A peine était-elle au bas de l'escalier
qu'elle entendit son mari se plaindre. Elle remonte en hâte et le trouve assis sur une chaise de
paille, le visage défait et le coude appuyé sur
une commode.... Qu'avez-vous, mon bon ami,
lui dit-elle, vous trouvez-vous incommodé? —
Je sens, répondit-il, une grande anxiété et des
douleurs de colique. — Alors madame Rousseau,
feignant de chercher quelque chose, fut prier le
concierge d'aller dire au château que M. Rousseau se trouvait mal. Madame de Girardin ac-
courut elle-même, et prenant un prétexte pour

ne pas l'effrayer, elle vint lui demander, ainsi qu'à sa femme, s'ils n'avaient pas été éveillés par la musique qu'on avait faite pendant la nuit devant le château. — M. Rousseau lui répondit avec un visage tranquille : Madame, vous ne venez pas pour la musique ; je suis très-sensible à vos bontés, mais je me trouve incommodé, et je vous supplie de m'accorder la grâce de rester seul avec ma femme à qui j'ai beaucoup de choses à dire.... Madame de Girardin se retira aussitôt. Alors M. Rousseau dit à sa femme de fermer la porte de la chambre à clef et de venir s'asseoir à côté de lui sur le même siége. — Vous êtes obéi, mon bon ami, lui dit madame Rousseau, me voilà : comment vous trouvez-vous ? — Je sens un frisson dans tout mon corps.... Donnez-moi vos mains et tâchez de me réchauffer..... Ah ! comme cette chaleur m'est agréable ! — Eh bien, mon bon ami ? — Vous me réchauffez.... Mais je sens augmenter mes douleurs de colique.... elles sont bien vives !... Voulez-vous prendre quelque remède ? — Ma chère femme, rendez-moi le service d'ouvrir les fenêtres.... que j'aie le bonheur de voir encore une fois la verdure.... Comme elle est belle ! Que ce jour est pur et serein !.... O que la nature est grande ! — Mais, mon bon ami, lui dit madame Rousseau en pleurant, pourquoi dites-vous tout cela ? — Ma chère femme, répondit-il tranquillement, j'avais toujours demandé à Dieu de me faire mourir avant vous, mes vœux vont être exaucés.

Voyez ce soleil dont il semble que l'aspect riant m'appelle; voyez vous-même cette lumière immense : voilà Dieu, oui, Dieu lui-même qui m'ouvre son sein et qui m'invite enfin à aller goûter cette paix éternelle et inaltérable que j'avais tant désirée!... Ma chère femme, ne pleurez pas, vous avez toujours souhaité de me voir heureux et je vais l'être.... Ne me quittez pas un seul instant, je veux que seule vous restiez avec moi et que seule vous me fermiez les yeux. — Mon ami, mon bon ami, calmez vos craintes et permettez-moi de vous donner quelque chose, j'espère que ceci ne sera qu'une indisposition. — Je sens dans ma poitrine des épingles aiguës qui me causent des douleurs très-violentes. Ma chère femme, si je vous donnai jamais des peines, si en vous attachant à mon sort je vous exposai à des malheurs que vous n'auriez jamais connus pour vous-même, je vous en demande pardon. — C'est moi, mon bon ami, dit madame Rousseau, c'est moi qui dois au contraire vous demander pardon des momens d'inquiétude dont j'ai été la cause pour vous. — Ah! ma femme, qu'il est heureux de mourir quand on n'a rien à se reprocher!... Être éternel! l'âme que je vais te rendre est aussi pure en ce moment qu'elle l'était quand elle sortit de ton sein; fais-la jouir de toute ta félicité.... Ma femme, j'avais trouvé en M. et madame de Girardin un père et une mère des plus tendres : dites-leur que j'honorais leurs vertus et que je les remercie de toutes leurs bontés. Je vous charge de faire, après ma mort, ouvrir mon corps par des gens de l'art et de faire dresser un procès-verbal de l'état dans lequel on en trouvera toutes les parties. Dites à M. et à madame de Girardin que je les prie de permettre que l'on m'enterre dans leur jardin et que je n'ai pas de choix pour la place. — Je suis désolée, dit madame Rousseau. Mon bon ami, je vous supplie, au nom de l'attachement que vous avez pour moi, de prendre quelque remède. — Eh bien, répondit-il, je le prendrai, puisque cela peut vous faire plaisir.... Ah! je sens dans ma tête un coup affreux.... des tenailles qui me déchirent.... Être des êtres! Dieu!.... (Il resta long-temps les yeux fixés vers le ciel.) Ma chère femme, embrassons-nous... Aidez-moi à marcher... (Il voulut se lever de son siège, mais sa faiblesse était extrême); menez-moi vers mon lit.... Sa femme le soutenant avec beaucoup de peine, il se traîna jusqu'au lit où il avait couché; il y resta quelques instans en silence, et puis il voulut en descendre. Sa femme l'aidait, il tomba au milieu de la chambre entraînant sa femme avec lui. Elle veut le relever, elle le trouve sans parole et sans mouvement. Elle jette des cris, on accourt, on enfonce la porte, on relève M. Rousseau; sa femme lui prend la main, il la lui serre, exhale un soupir et meurt. (Onze heures du matin sonnaient.)

Vingt-quatre heures après on ouvrit le corps. Le procès-verbal qui en a été fait atteste que

JUILLET 1778.

toutes les parties étaient saines et qu'on n'a trouvé
d'autre cause de mort qu'un épanchement de sé-
rosité sanguinolente dans le cerveau.

M. le marquis de Girardin a fait embaumer le
corps, l'a fait renfermer dans une double caisse
de plomb et dans une forte caisse de bois de
chêne. En cet état, accompagné de plusieurs amis
et de deux Génevois, il a été porté samedi 4 juillet, à minuit, dans l'île que l'on appelait l'île des
Peupliers et que l'on appelle à présent l'Élysée.
M. de Girardin y est resté jusqu'à trois heures du
matin pour faire bâtir lui-même à chaux et à
sable autour de ce dépôt un fort massif sur lequel on élève un mausolée qui aura six pieds de
haut et qui sera d'une décoration simple, mais
belle.

Cette île qu'on appelle l'Élysée est un lieu enchanté. Sa forme et son étendue sont un ovale
ayant environ cinquante pieds sur trente-cinq.
L'eau qui l'entoure coule sans bruit, et le vent
semble toujours craindre d'en augmenter le mouvement presque insensible. Le petit lac qu'elle
forme est environné de coteaux qui le dérobent
au reste de la nature, et répandent sur cet asile
un mystère qui entraîne à la mélancolie. Ces coteaux sont chargés de bois et terminés au bord
de l'eau par des routes solitaires dans lesquelles
on trouve depuis quelques jours, comme l'on
trouvera long-temps, des hommes sensibles regardant l'Élysée. Le sol de l'île est un sable fin
couvert de gazon. Il n'y a pour arbres que des

peupliers et pour fleurs dans cette saison que quelques roses simples. C'est là que repose Jean-Jacques Rousseau, la face tournée vers le lever du soleil.

Vous pouvez, Messieurs, regarder toutes les circonstances de ce récit comme bien certaines. Je les ai apprises et m'en suis pénétré dans la chambre, devant le lit, sur la place même où Rousseau est tombé et mort. J'étais seul avec sa veuve ; elle est bonne et honnête femme, et ne pourrait pas inventer sur ce sujet. J'ai eu le bonheur d'aborder à l'Élysée ; j'ai baisé la tombe de ce philosophe célèbre, dont la vie rare et la mort sublime ont exalté mes sens et m'ont inspiré la vénération la plus profonde. C'est là que j'ai dit de lui, en répandant bien des larmes, ce qu'il disait lui-même de sa chère Julie :

Non lo conobbe il mundo mentre che l'ebbe.

J'ai l'honneur d'être, Messieurs, votre très-humble, etc.

AOUT 1778.

COMPLAINTE *sur la mort de madame la marquise du Châtelet, morte en couches ; ou Dialogue entre son mari, M. de Voltaire et M. de Saint-Lambert.*

Le mari : *Ah ! ce n'est pas ma faute !* — M. de Voltaire : *Je l'avais prédit !* — M. de Saint-Lambert : *Elle l'a voulu !* —

IDÉE *des liaisons de Paris.*

Qu'on se représente madame la marquise du Deffant aveugle, assise au fond de son cabinet, dans ce fauteuil qui ressemble au tonneau de Diogène, et son vieux ami Pont-de-Vesle couché dans une bergère près de la cheminée. C'est le lieu de la scène. Voici un de leurs derniers entretiens.

Pont - de - Vesle ? — Madame ? — Où êtes-vous ? — Au coin de votre cheminée. — Couché les pieds sur les chenets, comme on est chez ses amis ? — Oui, Madame. — Il faut convenir qu'il est peu de liaisons aussi anciennes que la nôtre. — Cela est vrai. — Il y a cinquante ans. — Oui, cinquante ans passés. — Et dans ce long intervalle aucun nuage, pas même l'apparence d'une brouillerie. — C'est ce que j'ai toujours admiré. —

Mais, Pont-de-Vesle, cela ne viendrait-il point de ce qu'au fond nous avons toujours été fort indifférens l'un à l'autre? — Cela se pourrait bien, Madame.—

La morale de notre histoire n'a pas besoin de commentaire.

Une des meilleures réponses à faire aux paradoxes de J.-J. Rousseau sur l'abus des sciences, ce serait peut-être l'exemple touchant de ces hommes de bien qui ont cultivé leur esprit et leur raison avec beaucoup de soins, sans altérer en aucune manière la simplicité de leur vie et de leurs mœurs. Il est malheureux que ces exemples aient toujours été infiniment rares. Nous avons vu peu de phénomènes dans ce genre aussi intéressans que celui qui vient de paraître un moment sur notre horizon littéraire; c'est un vigneron de Montereau, près de Fontainebleau, dont le hasard a procuré la connaissance à M. Senac-de-Meilhan, intendant de Valenciennes, lequel l'a recommandé à M. le maréchal de Noailles, qui l'a renvoyé avec la lettre suivante à M. Marmontel.

« M. le maréchal de Noailles a l'honneur de « faire bien des complimens à M. de Marmon- « tel, et le prie d'accueillir favorablement celui « qui lui remettra cette lettre. C'est un simple « vigneron qui est né avec beaucoup d'esprit et « qui l'a cultivé par la lecture des meilleurs au- « teurs. C'est l'homme de la nature, et il sera

AOUT 1778.

« intéressant pour M. de Marmontel de voir jus-
« qu'où peut s'élever l'esprit naturel sans aucune
« éducation, en consultant seulement ses be-
« soins. Le bonhomme, arrivé à Paris par ha-
« sard, désire ardemment de voir et d'entretenir
« l'auteur de *Bélisaire* ; cet ouvrage lui a fait la
« plus grande impression, et il dit que M. de
« Marmontel n'a fait que développer ses idées.
« M. le maréchal de Noailles sera très-aise de
« savoir le jugement qu'il en aura porté. Il le
« prévient que Pope est sa lecture favorite, et
« qu'il est fort instruit de l'Histoire Romaine
« et de l'Histoire de France. »

Le nouveau Socrate rustique est un vieillard
d'une petite taille, mais dont le maintien ferme
et modeste annonce encore beaucoup de force et
de vigueur. L'âge a blanchi sa tête, mais n'a
point éteint le feu de ses yeux. Tous ses traits
expriment la candeur, la paix et la sérénité de
son âme. Voici le récit simple et fidèle des deux
conversations qu'on eut avec lui chez M. Marmontel. Le sieur Linguet les a parodiées dans le
dernier numéro de ses *Annales* avec une fausseté
qui ne fait pas moins d'honneur à la sagesse de
son goût qu'à la bonté de son cœur, et qui prouve
encore mieux combien l'on peut compter sur
l'exactitude et sur le choix des correspondances
qu'il entretient à Paris.

Dans la première visite du vigneron on lui
demanda quelles avaient été ses lectures ? —Plutarque, Montaigne, Pope et quelques livres d'his-

18.

276 CORRESPONDANCE LITTÉRAIRE,

toire, parmi lesquels il fait un cas particulier de Salluste. Il nomma aussi Bélisaire, et dit que ce livre était selon son cœur. — S'il avait lu Voltaire ? — Oui, j'en ai lu le bon ; mais, Monsieur, dites-moi comment on abuse d'un si grand talent ? — S'il avait des livres ? — Je n'en ai point, mais on m'en prête quelquefois... Il tira de sa poche l'*Essai sur l'Homme :* ce livre était usé à force d'avoir été lu. Voilà, dit-il, où j'ai pris le peu d'esprit que j'ai.

Invité à dîner pour le lendemain, il se rendit à l'invitation. A table il fut sobre et gai, très-réservé, mais à son aise, ne parlant jamais qu'à propos. On lui demanda quel âge il avait ? — Soixante-dix neuf ans. — S'il avait des enfans ?— J'en ai sept. — S'il les avait instruits ? — Qu'il avait essayé de les instruire, mais qu'ils n'avaient pas répondu à ses soins, qu'un seul avait un peu mieux réussi. — S'il était à son aise ? — Qu'il vivait du travail de ses mains. (Ses mains en effet portaient l'empreinte d'un travail assidu et pénible.) — Si sa femme avait pris le même goût que lui pour la lecture ? — Non, ma femme n'est instruite que des choses du ménage, et j'en suis bien aise. Les femmes ne sont pas faites pour être savantes à moins qu'elles n'aient un esprit supérieur, ce qui est fort rare. La science les accable et leur ôte le bon sens. — Comment il avait été connu de M. le maréchal de Noailles ? — Qu'il n'avait pas l'honneur d'en être connu personnellement, mais que M. Senac-de-Meilhan avait eu

AOUT 1778.

la bonté de le recommander à lui. — Comment
il était connu de M. Senac? — Qu'il était allé à sa
maison de campagne parler à un paysan ; que le
hasard lui avait fait rencontrer le maître de la
maison, et qu'ayant eu l'honneur de causer avec
lui, M. Senac l'avait engagé à dîner à l'office, et
lui avait fait donner après dîner un bon habit et
du linge. Quand je me vis dépouillé par ses gens,
me voilà, dis-je, au milieu de corsaires d'une
nouvelle espèce. — Et vous avez accepté sans
peine les habits que M. de Meilhan vous faisait
donner? — Oui, monsieur. L'orgueil est supportable dans les riches, mais dans un pauvre il
serait monstrueux. J'ai reçu avec plaisir le bienfait de M. de Meilhan. Il y avait une noce dans
le château, et l'on me fit ouvrir le bal avec Madame. — Ce qui l'avait amené à Paris? — J'y suis
venu vendre quelques effets de la succession d'un
homme qui m'a nommé en mourant son exécuteur testamentaire. — S'il y ferait quelque séjour? — Qu'il s'en retournerait dès que cela serait
fini. — Où il logeait? — Chez M. de Meilhan. —
Si on lui avait fait voir le spectacle? — Qu'on
l'avait envoyé une fois à la comédie; qu'il avait
vu l'*Amphitryon*. — S'il y avait eu du plaisir? —
Qu'un roi fait c... par un Dieu n'était pas quelque
chose de fort intéressant. — (Comme il s'était un
peu assoupi à table, on le mena dans un cabinet où
il y avait une chaise longue, et on l'invita à faire
la méridienne. Il se coucha, mais un quart d'heure

278   CORRESPONDANCE LITTÉRAIRE,

après il vint rejoindre la compagnie.) On lui demanda lequel des grands hommes de l'antiquité il estimait le plus ? — Scipion. — Et Pompée ? — Il ne sut jamais se décider. S'il y avait beaucoup de gens indécis à ce point, ils feraient le malheur du genre humain.—Et d'Auguste, qu'en pensez-vous ? Il répondit sur-le-champ par cette strophe de J.-B. Rousseau :

> En vain le destructeur rapide
> De Marc–Antoine et de Lépide
> Remplissait l'univers d'horreurs ;
> Il n'eût point eu le nom d'Auguste
> Sans cet empire heureux et juste
> Qui fit oublier ses fureurs.

Et de nos rois lequel préférez-vous ?—Louis XII, car il était bon, et ce n'est pas sans raison qu'on l'a nommé le *Père du peuple.* — Et Henri IV ? — Henri IV fut un grand guerrier ; si on ne l'avait pas tué, il aurait peut-être fait un grand homme. — Et Louis XIV ? — Vous connaissez les paroles mémorables qu'il adressa en mourant à son successeur encore enfant. — Et Louis XV ? — Ah! ne parlons plus de cela. — Vous aimez beaucoup *Bélisaire ?* — Oui, beaucoup. — Est-ce que vous pensez comme lui ? — Il a développé mes idées. — Vous croyez donc que Titus, Trajan, les Antonins sont dans le ciel ? — Où voulez-vous qu'ils soient ? Ils ont fait tant de bien au monde! — Quoi! Marc – Aurèle n'est pas en enfer? — Le bon Marc-Aurèle en enfer ! il convertirait tous les diables. — Mais la religion vous ordonne de croire que tous ces gens-là sont damnés. — Non, Monsieur, la religion ne l'ordonne pas. — Ne savez-vous pas qu'on a condamné les sentimens de *Bélisaire?* — On a eu tort. Qu'a-t-on besoin de damner tant de monde? Si on met en enfer si bonne compagnie, on donnera envie d'y aller. — Vous croyez donc aussi que les Turcs, les Chinois, s'ils font le bien, seront sauvés? — Eh! pourquoi non? J'aime mieux les honnêtes gens de ces pays que les fripons du nôtre. — Et vous, avec ces sentimens, croyez-vous aller en paradis? — Ah! Monsieur (en levant au ciel ses mains et ses yeux mouillés de larmes), vous auriez bien de la peine à me persuader que je n'irai pas en paradis; c'est là mon héritage. — Vous pensez donc que Dieu ne demande qu'à vous sauver? — C'est pour cela qu'il m'a mis au monde. — Vous le croyez bien bon? — S'il n'était pas bon, il n'existerait pas; il est la bonté par essence : regardez ses ouvrages! — Vous n'avez donc pas peur de la mort? — Non, Monsieur, je l'attends sans trouble et sans crainte. — Avez-vous de la dévotion à la sainte Vierge, et l'invoquez-vous dans vos prières? — Oui, Monsieur; les femmes sont si puissantes, dans le ciel comme sur la terre, surtout lorsqu'elles sont belles! — Vous la croyez donc mère de Dieu? — Je ne me permets jamais d'examiner ces questions. — Il me paraît que vous aimez les

280   CORRESPONDANCE LITTÉRAIRE,

femmes? — Elles sont le chef-d'œuvre de la main
de Dieu : il aurait fait inutilement tout le reste ;
s'il n'avait pas créé la femme, son ouvrage serait
imparfait. — Que pensez-vous des athées? — Ce
sont des fous. — Cependant Plutarque et Montaigne que vous aimez tant.... — Ils n'ont pas été jusque-là. — Vous distingue-t-on dans votre petite
ville? — Fort peu, Monsieur. — Et comment vi-
vez-vous avec les autres vignerons? — Assez bien.
— Instruit comme vous l'êtes, vous ne devez pas
vous plaire à causer avec eux, qui ne vous entendent pas? — Pardonnez-moi; je ne leur parle point
de mes lectures, je leur parle bon sens et raison;
ils entendent fort bien cela. — Et votre curé,
qu'en pensez-vous? — C'est un homme de bien,
ce n'est pas un génie.

Un de nos bons poëtes, M. Roucher (1), était
présent, et on l'engagea à lui dire des vers. Ceux
qu'il récita faisaient la peinture de la condition des laboureurs. Le vigneron les écouta avec
une grande admiration, et deux ruisseaux de larmes coulaient de ses yeux pendant cette lecture.

Quand elle fut finie, on lui dit : Voilà de beaux
vers. Il répondit : Monsieur, vous les appelez
beaux, moi je les appelle sublimes.

Comme cette conversation fut répétée par ceux
qui l'avaient entendue, on voulait voir le vigne-

(1) L'auteur du poëme des *douze Mois* annoncé l'hiver dernier
par souscription, et qui doit paraître au commencement de l'année
prochaine.

AOUT 1778. 281

ron; on le désirait dans le monde. M. de Meilhan a prévenu les suites de cet empressement : il lui a donné un contrat, sur la ville, de 150 livres de rente, et l'a renvoyé à Montereau cultiver sa vigne et finir en paix ses vieux ans.

Supplément *aux anecdotes de madame Geoffrin.*

On montrait à madame Geoffrin la superbe maison du fermier général Bouret. Avez-vous rien vu de plus magnifique, de meilleur goût? — *Je n'y trouverais rien à redire, si Bouret en étoit le frotteur.* —

Soit malice, soit inattention, un homme qui prêtait ses livres au mari de madame Geoffrin, lui redonna plusieurs fois de suite le premier volume des *Voyages du père Labbat.* M. Geoffrin, dans la meilleure foi du monde, le relisait toujours sans s'apercevoir de la méprise. —Comment trouvez-vous, Monsieur, ces voyages? — *Fort intéressans... Mais il me semble que l'auteur se répète un peu.* — Il lisait avec beaucoup d'attention le dictionnaire de Bayle en suivant la ligne des deux colonnes. *Quel excellent ouvrage s'il était un peu moins abstrait!* — Vous avez été ce soir à la comédie, M. Geoffrin? que donnait-on? — *Je ne vous le dirai pas; je me suis empressé d'entrer, et je n'ai pas eu le temps de regarder l'affiche.* —Quelque inepte que fût le bonhomme, on lui permettait de se mettre au bout de la table, mais à condition qu'il ne se mêlerait jamais de la conversation. Un étranger fort assidu aux dîners de madame Geoffrin, ne le voyant plus paraître, s'avisa de lui en demander des nouvelles. Et qu'avez-vous fait, Madame, de ce pauvre bonhomme que je voyais toujours ici, et qui ne disait jamais rien ? — *C'étoit mon mari, il est mort.* —

Madame Geoffrin avait fait à M. de Rhulière des offres assez considérables pour l'engager à jeter au feu son manuscrit sur la Russie. Il lui prouva très-éloquemment que ce serait de sa part l'action du monde la plus indigne et la plus lâche. A tout ce grand étalage d'honneur, de vertu, de sensibilité qu'elle avait paru écouter avec beaucoup de patience, elle ne lui répondit que ces deux mots : *En voulez-vous davantage ?* — M. de Rhulière racontait lui-même l'autre jour ce trait devant M. le comte de Schomberg, qui, saisi d'admiration pour le grand sens de madame Geoffrin, et oubliant tout-à-fait la présence du conteur, ne put s'empêcher de s'écrier : *Ah ! c'est sublime.*

M. de Montfort, ancien officier des deux corps de l'académie et de l'artillerie de Sa Majesté Sicilienne, aujourd'hui ingénieur de M. le duc d'Orléans, adjoint et directeur des plans du roi à l'hôtel royal des Invalides où il demeure, vient de renouveler une construction de voiture que la nécessité lui fit entreprendre il y a quelques années en Afrique, où il voyageait pour son amusement et pour son instruction. La difficulté des chemins lui suggéra d'essayer d'exécuter une voi-

AOUT 1778. 283

ture en carton, que ses domestiques pussent facilement enlever et transporter dans les passages les plus difficiles. L'exécution de ce projet eut un plein succès. M. de Montfort en racontait, il y a quelques mois, les détails à M. le duc de Chartres, qui avait l'air d'en douter; il n'en fallut pas davantage pour déterminer l'auteur à tenter de nouveau la même entreprise, qui lui a tout aussi bien réussi que ci-devant.

Ce carton n'est pas plus flexible que le bois, et il en a toute la solidité; son épaisseur n'est que de deux lignes dans les plus grandes voitures, qui sont huit fois plus légères que les voitures ordinaires de la même grandeur. C'est à cette même légèreté qu'elles doivent la plus grande partie de leur solidité. Sont-elles dans le cas d'éprouver quelque rude coup de timon ou autre chose semblable, elles reculent, et le vernis dont elles sont recouvertes en est seul endommagé. Il règne la plus forte antipathie entre l'eau et ce vernis. Les voitures de M. de Montfort sont à l'épreuve de l'humidité, et supportent indistinctement le froid et le chaud; elles doivent toute leur force et cette espèce d'insensibilité à la préparation de la colle dont on se sert pour les construire.

Ce carton est susceptible, comme le bois, d'être ferré; il prend toutes les formes qu'on doit lui donner. On en peut faire des cabinets, des salons portatifs, des meubles pour les plus riches appartemens, des vases, des bateaux, des gondoles, des baignoires. Nous avons vu surtout un grand nombre de ces derniers objets chez M. de Montfort.

Nous n'oublierons point de parler des brancards et des trains qu'il fait construire ; étant absolument dégagés de fer, ils sont d'une légèreté presque effrayante pour ceux à qui l'on n'en a pas démontré la solidité. M. de Montfort a trouvé le secret d'amalgamer le nerf de bœuf avec le carton, de n'en faire pour ainsi dire qu'un seul et même corps ; et il résulte de cette union une élasticité, un liant dans les mouvemens qui en font l'agrément et la solidité.

La séance publique de l'Académie française, le jour de la fête de Saint-Louis, pour être peu variée n'en a pas été moins intéressante, et c'est M. d'Alembert qui en a fait tous les frais. Le prix de cette année, dont le sujet était la *Traduction du commencement du seizième livre de l'Iliade*, n'a point été donné ; mais dans le nombre des pièces qui ont concouru, l'Académie a distingué d'abord celle de M. Lœuillard, jeune Américain de dix-neuf ans ; une autre de M. de Murville, qui partagea la couronne académique, il y a deux ans, avec M. Gruet ; une troisième de M. le chevalier de Langeac. Outre ces trois pièces on a cru devoir faire une mention honorable de celles de M. l'abbé Guerout, d'un anonyme, et enfin de M. le marquis de Villette, nom que le public a paru beaucoup remarquer, quoiqu'il fût nommé le dernier. On n'a lu que quelques morceaux de

AOUT 1778.

la première pièce. L'Académie a proposé ensuite
pour le prix de poësie de l'année 1779 une pièce
de vers *à la louange de M. de Voltaire*, et cette
annonce a été reçue avec des acclamations multipliées. Le buste du grand homme, fait par
M. Houdon, et dont M. d'Alembert venait de
faire hommage à l'Académie, était exposé aux
yeux de l'assemblée. La médaille du prix de poésie
n'est, selon l'usage, que de 500 livres. Un ami
de M. de Voltaire (et c'est encore M. d'Alembert)
voulant encourager les concurrens et rendre le
prix plus digne du sujet, a demandé à l'Académie la permission d'ajouter au prix une somme
de 600 livres, ce qui fera une médaille de la valeur de 1100 francs. La forme de l'ouvrage et
la mesure des vers seront au choix des auteurs;
seulement l'Académie désire que les pièces de
concours n'excèdent pas le nombre de deux cents
vers. Le prix d'éloquence pour la même année
1779, qu'on avait déjà annoncé l'année dernière,
est l'*Éloge de l'abbé Suger*. M. d'Alembert a
occupé la séance par la lecture de deux éloges,
celui de Crébillon et celui du président de Rose.
Ce dernier ne pouvait offrir que quelques anecdotes de société; mais l'on sait avec quelle grâce,
avec quelle finesse M. d'Alembert saisit et relève
des traits qui échapperaient à tout autre. Le premier, en représentant l'analyse la plus judicieuse
et la plus impartiale des tragédies de Crébillon,
en donnant la plus grande idée de son art, en
rendant à son génie toute la justice qui lui est

CORRESPONDANCE LITTÉRAIRE.

due, rappelait sans cesse et la pensée de l'orateur et la pensée de ceux qui l'écoutaient à l'objet éternel de notre admiration et de nos regrets, au grand homme qu'une cabale assez puissante osa mettre long-temps au-dessus de Crébillon, mais qui ne fut pas obligé d'attendre le jugement de la postérité pour se voir vengé de cette injustice.

Les gens du monde ont trouvé dans la conduite de M. d'Alembert un peu de faste encyclopédique et peut-être même un peu de maladresse; nos dévots l'ont regardée comme un acte public d'idolâtrie et d'impiété. Les curés de Paris se sont même assemblés pour délibérer à ce sujet, et sont convenus de présenter à Sa Majesté une espèce de mandement pastoral pour la supplier de vouloir bien interdire à l'Académie française le choix d'un sujet aussi profane, aussi scandaleux que l'éloge de M. de Voltaire. La lettre était faite, signée et prête à être envoyée au roi, lorsque des considérations supérieures l'ont arrêtée. On assure que M. le curé de Saint-Eustache, le confesseur du roi et de la reine, est le seul qui ait refusé constamment de la signer, et c'est probablement la modération de ce vertueux pasteur qui a le plus contribué à nous épargner au moins l'éclat honteux de cette nouvelle persécution.

SEPTEMBRE 1778.

C'EST M. Suard, de l'Académie française, qui a été chargé par la maison de La Rochefoucauld de présider à la nouvelle édition du livre des *Maximes*. Cette nouvelle édition, de l'Imprimerie royale, est infiniment soignée, sur du très-beau papier, avec des caractères d'une grande netteté, mais sans aucun ornement superflu, et l'on peut la citer comme un modèle en typographie de simplicité et de bon goût. Ce n'est pas son seul mérite; elle a été faite sur le manuscrit original de M. de La Rochefoucauld et sur des exemplaires des premières éditions corrigés de sa propre main. On a restitué un grand nombre de pensées omises ou ignorées par les éditeurs précédens; on a rétabli l'ordre que l'auteur avait jugé à propos de leur donner, et l'on a suppléé au défaut de liaison qui s'y trouve par une table courte et commode. Ce qui rendra cette édition sans doute encore plus rare et plus précieuse, c'est qu'on n'en a tiré qu'un certain nombre d'exemplaires qui ont tous été distribués dans la famille; il ne s'en est vendu aucun.

Les Maximes sont précédées d'une Notice sur le caractère et les écrits du duc de La Rochefoucauld, qui nous a paru trop bien faite pour ne pas en citer au moins un passage :

« Le moment où le duc de La Rochefoucauld

entra dans le monde était un temps de crise pour les mœurs nationales ; la puissance des grands, abaissée et contenue par l'administration despotique et vigoureuse du cardinal de Richelieu, cherchait encore à lutter contre l'autorité ; mais à l'esprit de faction ils avaient substitué l'esprit d'intrigue.

« L'intrigue n'était pas alors ce qu'elle est aujourd'hui, elle tenait à des mœurs plus fortes, et s'exerçait sur des objets plus importans. On l'employait à se rendre nécessaire ou redoutable ; aujourd'hui, elle se borne à flatter et à plaire. Elle donnait de l'activité à l'esprit, au courage, aux talens, aux vertus même ; elle n'exige aujourd'hui que de la souplesse et de la patience. Son but avait quelque chose de noble et d'imposant, c'était la domination et la puissance ; aujourd'hui petite dans ses vues comme dans ses moyens, la vanité et la fortune en sont le mobile et le terme. Elle tendait à unir les hommes ; aujourd'hui elle les isole. Plus dangereuse alors elle embarrassait l'administration et arrêtait les progrès d'un bon gouvernement ; aujourd'hui favorable à l'autorité, elle ne fait que rapetisser les âmes et avilir les mœurs. Alors comme aujourd'hui les femmes en étaient les principaux instrumens ; mais l'amour, ou ce qu'on honorait de ce nom, avait une sorte d'éclat qui en impose encore, et s'ennoblissait un peu en se mêlant aux grands intérêts de l'ambition ; au lieu que la galanterie de nos jours, dégradée elle-même par les petits in-

SEPTEMBRE 1778. 289

térèts auxquels elle s'associe, dégrade l'ambition et les ambitieux.

Le livre des Pensées a préparé la voie aux Helvétius, aux Hume, au profond auteur du *Système Social*. Le livre de La Rochefoucauld n'est pas, comme on l'a dit, un recueil de maximes, mais un recueil d'observations sur le cœur humain. Ce sont des remarques particulières saisies avec une grande pénétration, exprimées quelquefois d'une manière trop générale, trop précise, mais dont le premier aperçu est presque toujours aussi juste qu'il est fin et piquant. C'est une lecture, j'en conviens, assez triste, assez sèche : elle fait évanouir des illusions bien douces, mais elle peut garantir aussi des piéges les plus funestes, et j'en connais peu qui soit aussi propre à former l'esprit observateur et l'esprit de conduite. Cet ouvrage est à la morale ce que serait à la médecine un excellent recueil de dissertations anatomiques. Cela n'est pas fort gai sans doute, mais cela n'en est pas moins utile.

———

Pendant que M. Necker fait des arrêts qui le couvrent de gloire et qui rendront son administration éternellement chère à la France ; pendant que madame Necker renonce à toutes les douceurs de la société pour consacrer ses soins à l'établissement d'un nouvel hospice de charité (1);

(1) Dans la paroisse de Saint-Sulpice. M. le curé, qui vient d'en faire la dédicace, n'a pas manqué de donner à la fondatrice de cette maison tous les éloges que méritait son zèle; mais pour expier l'hom-

IV. 19

290 CORRESPONDANCE LITTÉRAIRE,

leur fille, un enfant de douze ans, mais qui annonce déjà des talens au-dessus de son âge, s'amuse à composer de petites comédies dans le goût des demi-drames de M. de Saint-Marc. Elle vient d'en faire une en deux actes, intitulée *les Inconvéniens de la vie de Paris*, qui n'est pas seulement fort étonnante pour son âge, mais qui a paru même fort supérieure à tous ses modèles. C'est une mère qui a deux filles, l'une élevée dans la simplicité de la vie champêtre, l'autre dans tous les grands airs de la capitale. Cette dernière est sa favorite, grâce à son esprit et à sa gentillesse ; mais le malheur où cette mère se voit réduite par la perte d'un procès considérable lui fait voir bientôt laquelle des deux méritait le mieux son estime et sa tendresse. Les scènes de ce petit drame sont bien liées, les caractères soutenus et le développement de l'intrigue plein de naturel et d'intérêt. M. Marmontel qui l'a vu représenter dans le salon de Saint-Ouen (1) par l'auteur et sa petite société, en a été touché jusqu'aux larmes.

———

Malgré le zèle reconnaissant des piccinistes, malgré les efforts de l'auteur et la complaisance des comédiens, la tragédie des *Barmécides* n'a

mage rendu au pied des autels à la vertu d'une hérétique, il a terminé son discours par les vœux les plus ardens pour sa conversion ; et cela est bien juste.

(1) Maison de campagne de M. Necker.

SEPTEMBRE 1778.

pu se traîner que jusqu'à la onzième représentation, et les recettes ont été si modiques, que
tout le bénéfice de l'auteur s'est borné à six cents
et quelques livres, sur lesquelles il redevait plus
de moitié à la comédie pour des billets donnés
à ses amis. M. de La Harpe a fait en pareille
occasion le compte de messieurs Dorat, Champfort et autres avec une exactitude si scrupuleuse,
qu'on s'est empressé à lui rendre le même service dans la circonstance présente, et après lui
avoir démontré que sa pièce ne devait point réussir, on n'a pas pris moins de peine à lui prouver
d'une manière encore plus évidente qu'en effet
elle n'avait point réussi. Et voilà ce que c'est que
d'avoir des amis; et voilà le prix du courage avec
lequel on se sacrifie pour déclarer la guerre à
l'univers en l'honneur du bon goût. Les admirateurs de M. de La Harpe reparaissant à chaque
représentation des *Barmécides* au parterre et s'y
trouvant toujours également à leur aise, on les
a nommés assez plaisamment les *Pères du désert*. Quelque incommode que soit la petite persécution à laquelle notre jeune académicien ne
cesse d'être en butte, il faut convenir qu'elle
sert merveilleusement à augmenter sa célébrité.
Il n'est rien dont la malignité ne se soit avisée
pour prolonger la mémoire du succès des *Barmécides*. Il y avait long-temps que cette tragédie
était abandonnée au théâtre des Tuileries, qu'on
courait encore au théâtre de Nicolet pour en voir
la parodie, intitulée *la Complainte des Barmé-*

cides, pantomime-farce. Cette facétie finit comme la tragédie, par le spectacle de la tombe d'Aménor, où après beaucoup d'autres lazzis on jette tout ce qu'il y a sur le théâtre et enfin une harpe. Ce dernier lazzi ayant paru trop peu respectueux pour le nom et pour la personne d'un membre de l'Académie des Quarante, a été supprimé à la quatrième représentation par l'ordre exprès de M. le lieutenant de police; mais le public des boulevards, ignorant sans doute le motif de ce changement, en a su fort mauvais gré aux acteurs et s'est mis à crier avec beaucoup de huées : *et la harpe? qu'on jette la harpe?...* Il a fallu céder au vœu de l'assemblée. L'autre jour M. et madame de La Harpe se promenaient ensemble à la foire. On leur cria de plusieurs boutiques : Monsieur, Madame, des cannes *à la Barmécide...* Voyez, dit madame de La Harpe à son mari, malgré les clameurs de vos ennemis, l'industrie emprunte le nom de vos ouvrages pour débiter ses nouveautés. Il faut pourtant voir ce que c'est. — Combien ces cannes nouvelles ? — Ah! très-bon marché, douze sous. — Et qu'ont-elles de particulier ? — Voyez, Madame, appuyez légèrement sur la pomme. — Quelle noirceur! c'est un coup de sifflet. — Pour consoler un peu M. de La Harpe de tant de mauvaises plaisanteries, en attendant que l'Europe et la postérité le vengent, M. le comte de Schowalof vient de payer la dédicace des *Barmécides* d'un très-beau diamant de trois ou quatre mille livres. Nos seigneurs de

SEPTEMBRE 1778.

France ne donnent guère dans cette espèce de luxe, et j'en sais bien la raison.

Pour ne pas revenir trop souvent à l'histoire de M. de La Harpe, il faut bien dire encore ici qu'il a manqué avoir un procès criminel avec les auteurs du *Journal de Paris*, et particulièrement avec M. d'Ussieux, à qui il a jugé à propos d'écrire une lettre fulminante et pleine de menaces au sujet de l'extrait qu'on s'était permis de faire dans ce Journal et de la tragédie des *Barmécides* et de ses autres ouvrages. Cette lettre finissait par ces mots : « Il vous sied bien à vous « de juger ainsi les productions du génie, à vous « qui n'êtes connu qu'au *carcan*. » Ce mot de *carcan* a paru plutôt du ressort du Châtelet que de celui de l'Académie. On a donc porté plainte au lieutenant criminel, et l'affaire aurait pu avoir des suites fort gaies pour les spectateurs, si M. de La Harpe ne s'était pas pressé de déclarer juridiquement que le mot de *carcan* n'était qu'une méprise de son copiste, qui avait lu *carcan* pour *caveau*. Cette explication, justifiée par le sens de la phrase et accompagnée d'excuses convenables, a terminé paisiblement cette grande querelle, dont M. de La Croix, avocat au parlement, a bien voulu être le principal médiateur. Ce qui peut rassurer les personnes qui s'intéressent au bonheur de M. de La Harpe, c'est que toutes ces tracasseries, toutes ces petites mortifications n'ont point altéré la juste confiance que lui inspire la fierté de ses talens. « Ils croient « m'avoir abattu, disait-il l'autre jour à un de « ses amis qui n'en a point gardé le secret, ils « croient m'avoir abattu; je ne leur ai montré « que le tiers de ma hauteur.... »

On a donné le jeudi 5 la première représentation de l'*Impatient, comédie en un acte et en vers libres*. Cette pièce , qui est le coup d'essai d'un jeune homme , a eu si peu de succès qu'on l'a retirée après la seconde représentation. On y avait cependant applaudi quelques détails agréables , mais trop peu saillans pour faire supporter au spectateur l'ennui d'un dialogue pénible, lâche et diffus.

C'est le mardi 23 que l'Académie royale de musique a donné la première représentation d'*Armide, drame héroïque en cinq actes , de Quinault*, remis en musique par M. le chevalier Gluck. Ce grand événement était attendu depuis long-temps avec impatience par les deux partis ; on le croyait décisif, et il n'a rien décidé. Les gluckistes et les piccinistes conservent toujours les mêmes haines, les mêmes prétentions, la même faveur. Il faut convenir pourtant que l'effet de cette première représentation aurait eu de quoi effrayer des partisans moins zélés, moins enthousiastes, ou, si l'on veut, moins sûrs de leur doctrine que ne le sont les partisans de M. le chevalier Gluck. Presque tout l'opéra fut écouté avec une grande indifférence; il n'y eut que la fin du premier acte et quelques airs du quatrième qu'on applaudit assez vivement. Le plus grand nombre des spectateurs se permettait d'avouer que de tous les ouvrages de M. Gluck c'était celui qui leur avait fait le moins de plaisir. Il a voulu travailler, disait-on, dans un genre qui n'est pas le sien. Il a mis de la force et de l'énergie où il ne fallait que de la grâce et de la mollesse. Excepté les chœurs et quelques grands effets d'orchestre, il y a peu de scènes où l'on ne soit tenté de regretter le chant facile et naturel du bon Lulli, etc.

M. de La Harpe jusque-là n'avait pas encore osé prendre parti dans cette fameuse querelle, du moins il n'avait dit que quelques mots dans son Journal en faveur de la brochure de M. Marmontel, quelques mots qu'il désavoua modestement deux jours après dans la Feuille du soir, pour apaiser plusieurs dames de sa connaissance dont cette indiscrétion lui avait fait fermer la porte. Malgré une si dure leçon, j'ignore par quel motif, soit que le moment lui ait paru plus favorable, soit que l'intérêt du bon goût l'ait emporté enfin sur toute autre considération, M. de La Harpe s'est avisé de faire à propos d'*Armide* une critique fort étendue et fort amère de tout le système musical de M. le chevalier

Gluck. Il y disserte à perte de vue sur l'harmonie et sur la mélodie, sur le chant et sur les accompagnemens, sur le récitatif et sur la mélopée. Pouvait-on laisser une si grande audace impunie? M. le chevalier n'a pas manqué de crier à l'injustice. Il a commencé par persifler assez lestement son nouvel Aristarque. Ensuite il a invoqué le secours de tous les gens de lettres capables de sentir et de développer les secrets de son art. Il a fait entendre qu'il s'agissait de venger la gloire de la nation, d'apprendre aux étrangers que tous nos littérateurs n'étaient pas aussi ignorans que M. de La Harpe..... Il s'est adressé plus particulièrement à l'anonyme de Vaugirard. Cet anonyme est, comme tout le monde sait, M. Suard, lequel ne s'est point refusé au plaisir de rompre une lance avec M. de La Harpe en l'honneur de la musique allemande. Nous ne sommes point assez hardis pour juger du fonds de la querelle, mais ce qui nous a paru d'une vérité sensible, c'est que l'anonyme de Vaugirard a mis dans sa défense tout l'esprit, toute l'adresse imaginable. Qu'il ait tort, qu'il ait raison, qu'il soit de bonne foi, qu'il ne le soit pas, on ne peut s'empêcher de le trouver profond et lumineux lorsqu'il prouve que M. de La Harpe ne sait ni la musique, ni le grec; il est impossible encore de se fâcher contre lui lorsqu'il apprend simplement à ce rude adversaire qu'un peu de politesse ne gâterait rien à la dispute et ne ferait même aucun

SEPTEMBRE 1778.

tort au progrès du bon goût. Ces choses-là sont à la portée de tout monde.

Les comédiens français ont donné le mercredi 24 la première représentation des *Cinq Soubrettes*, *ou l'Inconséquent*, *comédie en cinq actes*, *en prose*, *de M. Laujon*, secrétaire des commandemens de M. le prince de Condé; auteur de l'*Amoureux de quinze ans*, *d'Églé*, *de Sylvie*, etc. et d'un grand nombre de fêtes et de chansons recueillies en trois volumes sous le titre d'*A propos de société*.

Cette comédie, qui avait été faite pour plaire à une société où cinq femmes désiraient toutes également le rôle de soubrette, méritait sans doute le succès qu'elle eut sur le théâtre de Chantilly; mais l'auteur devait-il s'attendre à la même indulgence de la part du public? Des spectateurs qui n'étaient point dans le secret pouvaient-ils lui savoir quelque gré de sa complaisance? Imaginez le sort d'un enfant gâté par sa famille et qui tombe tout à coup dans un monde inconnu où il ne laisse apercevoir aucun défaut, aucun ridicule qui ne soit vivement remarqué, vivement repris; c'est le sort de ce malheureux ouvrage. J'ai vu peu de pièces jugées avec autant de sévérité et que le parterre ait plus cruellement rudoyées.

Il y aurait presque autant de difficulté que

298 CORRESPONDANCE LITTÉRAIRE,

d'ennui à donner l'analyse des *Cinq Soubrettes.*
C'est l'intrigue d'antichambre la plus embrouillée
qu'il soit possible de concevoir, et cette intrigue
est noyée dans une multitude de détails qui ne
laissent aucune trace dans l'esprit. Le person-
nage principal est un homme inconséquent,
gouverné par ses valets et nommément par une
demoiselle du Tour, ancienne domestique, qui a
trois ou quatre femmes de chambre sous ses ordres. Il est question de vendre une terre, de
la racheter, de renvoyer un intendant, d'en
prendre un autre, de defaire un mariage, de le
renouer. Une des cinq soubrettes est une demoiselle déguisée qui finit par épouser le neveu
de la maison, etc., et toute cette conduite est en-
veloppée d'un cailletage éternel. A travers tout
ce fatras il y a quelques traits de caractère et de
vérité, mais qui, dans l'ensemble où ils se trouvent jetés, ne font que peu d'effet.

Quoiqu'on ait dit avec assez de raison que le
temps des bonnes parodies était passé, il y aurait
de l'humeur à n'apercevoir aucun talent pour ce
genre dans *Gabrielle de Passy, parodie de
Gabrielle de Vergy, en un acte, en prose et en
vaudeville,* par MM. d'Ussieux et Imbert.
Cette pièce fut représentée pour la première
fois en deux actes sur le théâtre de la Comédie
italienne le 3o août. Le premier acte eut un
grand succès; on trouva beaucoup de longueurs

SEPTEMBRE 1778.

dans le second, et le dénouement plus triste et plus dégoûtant que celui qu'on avait eu le projet de parodier. On éviterait une partie de ces défauts en réduisant la pièce en un seul acte. Il s'en faut bien cependant que la seconde partie de l'ouvrage soit aussi heureuse que la première.

Le calembour qui forme le refrein du dernier vaudeville est assez fou.

> Ah! il n'est point de fête
> Quand le cœur n'en est pas, etc.

OCTOBRE 1778.

LETTRE *de l'impératrice de Russie à madame Denis. De Pétersbourg, le 15 octobre 1778. Sur l'enveloppe pour adresse, qui est de la propre main de Sa Majesté impériale, comme le reste de la lettre, il est écrit :* Pour madame Denis, nièce d'un grand homme qui m'aimait beaucoup.

« JE viens d'apprendre, Madame, que vous
« consentez à remettre entre mes mains ce
« dépôt précieux que monsieur votre oncle
« vous a laissé, cette bibliothèque que les âmes
« sensibles ne verront jamais sans se souvenir que
« ce grand homme sut inspirer aux humains cette
« bienveillance universelle que tous ses écrits,
« même ceux de pur agrément, respirent, parce
« que son âme en était profondément pénétrée.
« Personne avant lui n'écrivit comme lui ; à la
« race future il servira d'exemple et d'écueil. Il
« faudrait unir le génie et la philosophie aux
« connaissances et à l'agrément, en un mot être
« M. de Voltaire pour l'égaler. Si j'ai partagé
« avec toute l'Europe vos regrets, Madame,
« sur la perte de cet homme incomparable, vous
« vous êtes mise en droit de participer à la recon-
« naissance que je dois à ses écrits. Je suis sans
« doute très-sensible à l'estime et à la confiance

OCTOBRE 1778.

« que vous me marquez ; il m'est bien flatteur
« de voir qu'elles sont héréditaires dans votre fa-
« mille. La noblesse de vos procédés vous est
« caution de mes sentimens à votre égard. J'ai
« chargé M. de Grimm de vous en remettre quel-
« ques faibles témoignages dont je vous prie de
« faire usage.

« Signé CATHERINE. »

On a donné le 12 de ce mois, sur le théâtre
de la Comédie italienne, la première représentation de *la Chasse*, comédie en trois actes, en
prose, mêlée d'ariettes, paroles de M. Desfontaines, l'auteur de *l'Aveugle de Palmyre*, de *la
Cinquantaine, etc.*, musique de M. de Saint-
Georges.

Le trait qui a donné l'idée de ce petit ouvrage est une anecdote connue de notre jeune
reine, un trait d'humanité qui, pour être infiniment simple, n'en est que plus sensible et plus
touchant. Mais ce qui, dans la bouche d'une
grande souveraine, est d'un prix inestimable,
peut devenir sans doute une chose assez ordinaire dans la bouche d'une dame de château ; et
ce qui doit faire adorer les grâces sur le trône
n'est pas toujours ce qui réussit le mieux au
théâtre.

Si le fonds de ce petit drame est minutieux,
l'exécution l'est encore davantage, et l'effet des
scènes les plus plaisantes est toujours affaibli par
la longueur et l'ennui des détails. On sent par-

CORRESPONDANCE LITTÉRAIRE,

faitement, surtout quand on se rappelle les drames de M. Sedaine, combien les détails les plus minces en apparence peuvent ajouter à la vérité d'un tableau dramatique ; mais du moins faut-il que ces détails tiennent essentiellement au caractère, à la situation, et qu'il en résulte quelque effet, et un effet qui ne puisse être préparé par un moyen plus sûr et plus vrai. Il est aussi dangereux d'affecter la manière de M. Sedaine que d'affecter le naturel même..... La musique de ce drame est assez analogue au poëme. Le public a trouvé dans la composition du musicien, comme dans celle du poète, de la gaieté, des détails agréables, des traits heureux, mais il y a trouvé aussi des longueurs, des choses communes, et surtout un grand nombre d'imitations et de réminiscences. Un des morceaux qui a paru faire le plus de plaisir est l'air où Rosette raconte à son père les amours de sa sœur. En voici les paroles :

Si Mathurin dessus l'herbette
Cueille la rose du matin,
Il vient l'apporter à Colette,
Puis il la place sur son sein.
Moi, qui ne suis que la cadette,
Je ne sais si c'est de l'amour;
Mais je voudrais dessus l'herbette
Recevoir la rose à mon tour.

A l'ombrage de la coudrette
Si Colette va sommeiller,
Par un baiser pris en cachette

OCTOBRE 1778.

Mathurin court la réveiller.
Moi, qui ne suis que la cadette,
Je ne sais si c'est de l'amour;
Mais je voudrais sur la coudrette
Être réveillée à mon tour.

Quand Mathurin parle à Colette,
Si vous venez pour nous chercher,
Ma sœur, qui sans cesse vous guette,
Vous attrape, et le fait cacher.
Moi, qui ne suis que la cadette,
Je ne sais si c'est de l'amour;
Mais je voudrais être Colette,
Et vous attraper à mon tour.

ANECDOTE *intéressante, oubliée dans l'Histoire philosophique et politique de M. l'abbé Raynal.*

En 1761 la richesse de plusieurs nègres et mulâtres à la Jamaïque attira les regards du Gouvernement. Cette richesse provenait des legs que des hommes blancs avaient faits à leurs enfans ou à leurs maîtresses de différente couleur (1). Pour remédier à ce prétendu abus, on proposa dans l'assemblée de *Sant-Jago de la Vega*, capitale de l'île, une loi par laquelle il serait défendu à tout nègre, négresse ou personne de couleur mêlée, de recueillir aucune succession excédant la somme de mille livres sterling. Cette loi fut vivement combattue par plusieurs membres de l'assemblée; on la trouva dure et cruelle, même

(1) Cette anecdote nous a été communiquée par M. d'Ilele, qui se trouvait alors à la Jamaïque, et qui fut témoin du fait.

envers les blancs, puisqu'elle ne leur permettait pas de laisser leur bien à ceux qui leur étaient attachés par les liens du sang et de l'amour ; on allégua enfin toutes les raisons que la nature et l'humanité devaient inspirer. Le sieur Burke, l'orateur le plus éloquent de la chambre, entreprit la défense du bill. Pour prouver combien l'espèce des nègres était inférieure à la nôtre, il cita l'exemple des colons espagnols. « Quel peu- « ple plus brave et plus généreux, dit-il, que les « Espagnols de l'ancien monde ? Quel peuple plus « vil et plus lâche que les Espagnols de l'Amé- « rique ? D'où vient cette différence ? Faut-il vous « le dire, Messieurs ? de l'influence du caractère « des nègres et des alliances qu'ils forment avec « eux.... » M. Burke enfin, après avoir employé toute son adresse à persuader ses auditeurs que la vertu et l'esprit des hommes tenaient essentiellement à la couleur de leur peau, termina ainsi son discours : « Mon opinion, Messieurs, n'est « pas nouvelle, elle est celle des plus grands phi- « losophes de tous les pays et de tous les siècles : « il en est un surtout que je ne crains point de « citer dans cette auguste assemblée ; il est connu « de vous tous, et je me flatte que son sentiment « décidera le vôtre, c'est le fameux président « Montesquieu. Voici ce qu'il dit des nègres. » Alors notre orateur ouvrit une traduction de l'*Esprit des Lois*, et lut d'un air très-sérieux le chapitre ironique de l'esclavage. Cette lecture fit un tel effet sur toute l'assemblée, que le bill passa

OCTOBRE 1778. 305

sans opposition, et les nègres furent condamnés
sur l'autorité de M. de Montesquieu. On voulut
même comprendre dans le nombre des proscrits
les Indiens originaires du pays, mais le président
de l'assemblée observa qu'il n'en restait plus que
cinq ou six familles, et que ce n'était pas la peine
d'y faire attention.

_____

On est inondé tous les jours de nouvelles estampes relatives à nos traités avec l'Amérique et
à nos brouilleries avec l'Angleterre. Puisqu'on
se permet ces libertés avec les puissances de la
terre, faut-il s'étonner qu'on les prenne avec les
chefs prétendus de la littérature? L'estampe qu'on
vient de faire graver en mémoire de la déclaration
de guerre, envoyée par M. de La Harpe, de
l'Académie française, au *Courrier de l'Europe*, et
de la réplique dudit Courrier au sieur de La Harpe,
n'est qu'un mauvais calembour dont la malignité
a fait tout le succès. Le jeune académicien y est
représenté dans une posture fort ridicule, entouré
de quatre estafiers qui l'assomment de coups de
bâton, et au bas de l'estampe on lit ces mots :
Accompagnement pour la Harpe.

_____

On a donné sur le théâtre de la Comédie italienne cinq ou six représentations du *Savetier et
le Financier*, *opéra comique en deux actes et en
prose, mêlé d'ariettes*, paroles de M. Lourdet de
Santerre, conseiller de la chambre des comptes,
musique de M. Rigel, maître de clavecin.

C'e t le sujet de la jolie fable de La Fontaine,

IV.   20

dont M. Lourdet a fait deux actes d'une longueur mortelle, sans en employer tous les traits heureux et sans y ajouter autre chose qu'une petite intrigue d'amour, qui ressemble à tout, entre la fille du savetier et le neveu de madame Babille, concierge du financier. Le premier acte a paru supportable, le second a été complètement hué. La révolution qui se fait dans le caractère de Grégoire, enrichi tout à coup par les bienfaits de son voisin, n'est point assez préparée, et les moyens qu'il imagine pour cacher son trésor sont d'une bêtise dégoûtante. En général l'ouvrage manque de vraisemblance et de mouvement. L'espèce de vérité qu'exige une fable ne suffit point au drame, où l'imagination se trouve plus rapprochée des objets qu'on lui présente, et où l'espace donné à l'action est essentiellement plus déterminé.

L'Académie royale de musique n'a jamais été plus florissante que sous l'administration du sieur de Vîmes; ce spectacle aussi n'a jamais été plus varié. On y voit tour à tour, dans la même semaine, des opéras buffas de Sacchini, d'Anfossi, de Paësiello et de grands opéras français du Gluck, du Piccini, du Rameau, du Jean-Jacques, du Floquet, etc., le tout entremêlé de ballets pantomimes de la composition de Noverre, Gardel et autres. Il n'y a point de genre qui ne soit bien accueilli du directeur; tenant la balance égale entre tous les partis, c'est à ses yeux

La recette qui fait la seule différence.

OCTOBRE 1778.

Il ne reste donc d'autre ressource à l'esprit de parti que de se rendre cette recette la plus favorable possible, et grâce à ce puissant intérêt, il n'y a aucun genre de spectacle qui n'attire beaucoup plus de monde que de coutume. La musique italienne est celle qu'on applaudit sans doute avec le plus d'éclat ; mais on ne saurait se dissimuler que notre antique psalmodie ne soit toujours ce qui charme le plus grand nombre. En voyant le succès prodigieux d'*Alceste* et d'*Iphigénie*, les transports qu'excitaient les accens mélodieux de la signora Chiavacci, de la signora Baglioni, du signor Gherardi et du signor Caribaldi, nos glukistes, nos bouffonnistes triomphaient déjà d'avoir enfin réussi à former le goût de la nation. On vient de remettre *Castor*, et *Castor* a tout fait oublier ; on n'y applaudit presque pas, mais on y court en foule, et la seizième représentation est aussi suivie que la première. Intrépides amateurs du plain chant ! vénérables soutiens du goût de nos aïeux ! voyez après cela s'il y a lieu de craindre que la bonne musique nous gâte jamais !

NOVEMBRE 1778.

L'OPINION que M. Bailly nous avait présentée d'abord dans son *Histoire de l'Astronomie ancienne* comme une lueur assez faible, assez incertaine, avait acquis déjà une plus grande clarté dans ses *Lettres sur l'origine des sciences*; la suite de ces *Lettres sur l'Atlantide de Platon* achève d'écarter presque tous les nuages qui couvraient encore cette ingénieuse découverte. Les plus anciens monumens des sciences en Égypte, en Perse, aux Indes, à la Chine, n'offrant que des vestiges d'une tradition devenue presque étrangère à ceux qui en avaient conservé les débris, notre historien philosophe a soupçonné que ces peuples, que nous avions regardés jusqu'à présent comme les premiers instituteurs du genre humain, pourraient bien avoir emprunté eux-mêmes toutes leurs lumières d'un peuple antérieur. De nouvelles recherches l'ont porté à croire que ce premier peuple, auquel nous devions rapporter l'origine de nos connaissances, pouvait avoir existé autrefois dans le nord de l'Asie. Cette conjecture se trouve justifiée aujourd'hui par le témoignage même des anciens, par l'explication la plus naturelle de leur théogonie et de leurs fables, par l'étymologie même des noms consacrés dans les traditions les plus respectables de leur histoire et du culte de leurs ancét

NOVEMBRE 1778.

Les *Lettres sur l'Atlantide* sont adressées à M. de Voltaire, elles ont été écrites avant la mort de ce grand homme, elles ne lui avaient point encore été communiquées. « Destinées, dit l'auteur, à développer, à apprécier une opinion qui a une grande vraisemblance, et qui peut-être sous l'apparence du paradoxe renferme un grand fonds de vérité, elles n'avaient point pour objet de convaincre M. de Voltaire ; ce n'est pas à quatre-vingt-cinq ans qu'on change ses opinions pour des opinions opposées... La mort de M. de Voltaire n'a pas dû faire changer la forme de discussion employée dans les premières lettres ; l'auteur a encore l'honneur de parler à M. de Voltaire. On n'est suspect de flatterie qu'en louant les vivans. Il s'applaudit de rendre un hommage désintéressé à la cendre de ce grand homme.... On est fort éloigné de blâmer un sentiment si juste ; mais on peut craindre que les lecteurs de M. Bailly ne trouvent ces hommages à la cendre du grand homme trop répétés, parce qu'ils le sont d'une manière trop précieuse, trop recherchée, et avec une profusion qui les rend insipides, quelque fine et quelque spirituelle qu'en soit souvent l'expression. »

M. Bailly fait faire à ses lecteurs le tour du globe, il leur fait parcourir, pour me servir d'une de ses expressions, tous les déserts de l'espace et du temps dans l'espérance d'y découvrir quelques restes, quelque souvenir de la race et

CORRESPONDANCE LITTERAIRE,

du pays des Atlantides ; mais il sème cette longue route de tant de recherches intéressantes, de tant d'observations ingénieuses, qu'on se plaît à suivre, et qu'on arrive au terme, sans se plaindre ni de la fatigue, ni de l'ennui du voyage.

VERS *adressés à madame la comtesse de Boufflers, par M. de Voltaire, en réponse à des vers que cette dame lui avait envoyés sur le bruit qui courut à Paris, il y a environ dix ans, que ce grand homme était mort.* (Nous ne les avons jamais vus imprimés.)

> Aimable fille d'une mère
> Qui vous transmit ses agrémens,
> Jeune héritière des talens
> De la sensible Déshoulière,
> Avec deux beaux yeux et vingt ans,
> Quoi ! vous daignez, bonne Glycère,
> Vous occuper des vieilles gens,
> Et des fleurs de votre printemps
> Parer ma tête octogénaire ?
> Oui, grâce aux dieux, je suis, ma chère.
> Encore au nombre des vivans.
> Vous l'ignorez, je vous entends,
> C'est qu'on l'ignore aux lieux charmans
> Où les belles et les amans
> Font leur résidence ordinaire ;
> Vous tenez le sceptre à Cythère,
> Et je sais que depuis long-temps
> On n'y dit plus que *feu Voltaire.*

Le Panégyrique de saint Côme et saint Da-

NOVEMBRE 1778.

mien, prononcé en l'église paroissiale de Saint-Côme, le 27 septembre 1778, par le curé de Saint-Etienne-du-Mont, Génovéfain, n'a point été imprimé, mais c'est un modèle d'éloquence trop curieux et qui a fait trop de bruit pour ne pas en donner quelque idée. Voici une des tirades les plus brillantes de ce savant discours. Après un éloge pompeux de la médecine et de la chirurgie l'orateur s'écrie :

« Et à qui devons-nous tout cela, Messieurs ?
« A qui! cela se demande-t-il ? A la bénédic-
« tion, à l'invocation, à la protection de nos
« saints jumeaux, de nos astres étincelans d'une
« lumière incorruptible. Mais avançons. Mettrai-
« je du profane dans un discours si saint ? Et
« pourquoi pas ? Dieu, la vérité, la justice,
« l'équité et nos deux saints me l'ordonnent.
« Vous connaissez cette opération terrible, abo-
« minable, où il faut creuser, tailler dans la
« chair, la pierre, que ce pieux solitaire, de
« mémoire immémorable, portant le nom d'un
« de nos saints, a inventée, perfectionnée,
« exaltée à son comble ; cet instrument délicat,
« ingénieux, dont sa main adroite soulage le genre
« humain de douleurs incroyables, qu'inventa
« enfin le frère Côme, Feuillant, à qui le de-
« vons-nous ? A nos deux jumeaux, Messieurs.
« Et cette autre, voisine de celle-ci, la fistule,
« cette opération affreuse, qu'a subie plusieurs
« fois notre saint archevêque, cet homme illustre
« qui.... qui.... (là est l'éloge de M. l'arche-

IV.

« vêque.) Et à propos de ce grand homme,
« puis-je m'empêcher de vous parler d'un autre
« du même nom ? Vous connaissez un art cé-
« lèbre, la marine.... (là, une description de
« l'art de la marine.) Eh bien, Messieurs, un
« Beaumont, parent de M. l'archevêque, c'est à
« lui que nous sommes redevables, c'est lui qui
« nous a procuré la relique de nos saints ju-
« meaux. Et à qui croyez-vous que nous de-
« vons tous ces miracles ? Je le répète, à nos
« saints jumeaux.

   « Et vous parlerai-je encore d'une autre opé-
« ration aussi sublime, inventée par deux intré-
« pides héritiers du talent et du zèle de nos
« saints jumeaux, messieurs Sigaud et Le Roi ?
« Je veux dire cette opération qui favorise et
« facilite aux femmes mal conformées, tortuées,
« leurs accouchemens. Je sais, Mesdames, que
« depuis le péché du premier des humains vous
« devez les rendre avec douleur, et que le pas-
« sage à la lumière doit être laborieux, mais au-
« paravant que l'art, les efforts et l'opération
« de messieurs Sigaud et Le Roi vous les eussent
« facilités, les fruits mouraient ou étaient tués
« par des mains maladroites, et souvent la mère
« aussi. A présent, grâce à cette opération gé-
« néreuse qu'on ne peut trop louer, trop exal-
« ter, vos enfantemens seront plus faciles et
« moins douloureux, moyennant les écartemens
« que procurent messieurs Sigaud et Le Roi,
« suppôts de Côme et de Damien, que je ne puis

« cesser de louer, tant leur charité est grande et
« secourable, ni la femme forte non plus, qui
« la première s'est prêtée à leur zèle pour faire
« sur elle l'essai d'une expérience et d'une opé-
« ration qu'elle a soutenue, malgré l'envie et la
« cabale, avec une fermeté héroïque.... »

On imagine sans peine les éclats de rire et le
scandale qu'a dû causer un pareil galimatias;
mais bien persuadé que le ridicule de cette sainte
oraison était de la meilleure foi du monde, on
s'est contenté d'interdire à l'avenir au Génové-
fin la faculté de prêcher, et le pauvre homme,
qui se croyait un don tout particulier pour l'éloquence de la chaire, se trouve suffisamment puni.

On vient de traduire du hollandais un ouvrage
de M. le baron de Haren, intitulé : *Recherches
historiques sur l'état de la religion chrétienne
au Japon relativement à la nation hollandaise.*

Le premier objet de cet ouvrage est de justifier les Hollandais accusés d'avoir été les insti-
gateurs de la persécution et la proscription du
christianisme au Japon. M. le baron de Haren
prouve d'une manière qui a paru satisfaisante
que la religion n'a été que le prétexte de la
révolte d'Arima; qu'elle fut excitée par des pay-
sans vexés par leurs seigneurs et mécontens du
Gouvernement, auxquels se joignirent des ban-
dits et des vagabonds; que le capitaine de vais-
seau hollandais n'avait point le pouvoir de refuser

le service qu'on lui demandait, et que ce ne fut pas l'effet de son artillerie qui fit prendre les rebelles dans le fort de Ximera. Il justifie encore plus solidement ses compatriotes sur le reproche qu'on leur fait d'avoir abjuré la religion chrétienne et de s'être soumis à cracher et à marcher sur le crucifix pour conserver leur commerce. Cette discussion assez importante déjà par elle-même est semée de réflexions très-judicieuses sur les rapports des mœurs et des institutions des Japonais avec l'introduction du christianisme, et sur la ressemblance de leur ancien gouvernement avec le système féodal, système que l'on retrouve à peu près sous les mêmes formes partout où les mêmes circonstances se sont réunies, au Mexique, au Japon, dans la Tartarie, dans les Gaules et chez presque tous les peuples du nord.

ÉPIGRAMME *par M. Pidou.*

Il n'est point cru, l'auteur de ce pamphlet,
Lorsqu'il nous dit qu'en mourant Arouet
S'en est allé chez la gent diabolique.
Devrait pourtant le beau sire être cru ;
A son langage atroce et fanatique,
Il en paraît tout fraîchement venu.

On a donné ce samedi 21, sur le théâtre de la Comédie française, la première représentation du *Chevalier français à Turin* et du *Chevalier français à Londres,* deux comédies de M. Dorat,

NOVEMBRE 1778. 315

l'une en quatre actes et l'autre en trois. Ces deux
pièces ont eu fort peu de succès; on a retranché
un acte entier de la première, un rôle entier de la
seconde, et le public les a revues avec plus d'indulgence. C'est le comte de Grammont, si connu
par les Mémoires du comte Hamilton, qui est le
héros des deux pièces. Le sujet de la première
est son histoire avec madame de Senantes; le
sujet de la seconde, son mariage avec mademoiselle Hamilton; mais cette dernière pièce a beaucoup plus de rapport avec *la Feinte par amour* (1)
qu'avec aucun trait de l'Histoire du comte de
Grammont. On sait pourtant que le mariage de cet
illustre chevalier tel qu'il se fit en effet fut assez
un mariage de comédie. Après avoir fait très-
long-temps et très-sérieusement sa cour à mademoiselle Hamilton, il trouva bon de quitter un
jour fort précipitamment l'Angleterre. Les frères
de mademoiselle Hamilton le suivirent, et l'ayant
rejoint à Calais, lui demandèrent avec beaucoup
de sang-froid s'il ne se rappelait point d'avoir oublié quelque chose avant son départ. — Et oui,
c'est d'épouser votre sœur...... Il revint avec
eux et répara cet oubli. S'il avait été question de
cette anecdote, la famille de Grammont n'aurait
point permis que la pièce fût jouée. Pour éviter
tout reproche, M. Dorat a fait un portrait qui
ressemble à tout le monde ou qui ne ressemble
à personne; c'est un chevalier semillant, léger
comme M. Dorat, qui subjugue toutes les belles

(1) Première comédie de M. Dorat.

et qui se trouve enfin fixé par les charmes de l'esprit et de la vertu, par l'ascendant d'un objet unique, tel que l'imagination peut se représenter ou mademoiselle Fannier ou madame de B.....

Il serait fort difficile de donner une analyse exacte de ces deux comédies. On y trouve encore moins de suite, moins de liaison que dans les autres ouvrages dramatiques du même auteur; on y remarque aussi comme dans tous les autres des talens heureux, de jolis vers, de la grâce et de la facilité; mais le coloris le plus brillant pourrait-il suppléer dans une comédie aux défauts multipliés de conduite, de caractère, de convenances et d'intérêt ?

Les mots les plus plaisans du *Chevalier français à Turin* sont ceux que l'auteur a empruntés des Mémoires, mais il en a usé à sa fantaisie; ce que dit Matta il le fait dire au comte de Grammont, ce qu'a dit le comte de Grammont il le met dans la bouche de Matta.

On vient de donner à la Comédie italienne deux nouveautés qui ont eu encore moins de succès que les deux fantaisies de M. Dorat, le *Départ des Matelots*, paroles de M. le chevalier de Rutlige, musique de M. Rigel, et le *Porteur de chaise*, paroles de M. Monvel, musique de M. Dezèdes. Dans la première, un bailli, après avoir refusé de donner sa fille au fils d'un matelot, consent à ce mariage en voyant une lettre adres-

NOVEMBRE 1778.

sée au père du jeune homme, semblable à celle que M. Necker écrivit au nom du roi au pilote Boussard. Dans la seconde, un porteur de chaise se laisse persuader, parce qu'il est ivre, qu'il gagnera le quine à la loterie; il le persuade à sa femme, à sa fille. Il sort pour chercher son argent; s'il revient dans sa chaise ce sera une preuve qu'il n'a pas été trompé dans son attente, et dans ce cas il ordonne qu'on jette tous ses meubles par la fenêtre. On est assez fou pour l'en croire, mais au lieu de rapporter les millions sur lesquels on comptait, il arrive en fort piteux état, ayant manqué d'être étouffé par la foule. Tout cela n'empêche pas qu'il ne marie sa fille à son fiancé, le fils d'un maître d'école, qui vient d'obtenir un bon emploi, grâce aux bontés de son parrain. Le *Départ des Matelots* est un chef-d'œuvre de platitude et de mauvais goût; le *Porteur de chaise*, l'invraisemblance la plus absurde qu'il soit possible d'imaginer, avec quelques traits de critique assez plaisans, mais perdus dans un fatras de remplissage et de trivialités. La musique de M. Rigel, avec beaucoup de prétention, n'a rien de neuf, rien de piquant. Il y a dans celle du *Porteur de chaise* des détails plus heureux, plus fins, mais qui n'ont pu faire supporter l'insipidité du poëme. On prépare au même spectacle une nouvelle pièce de messieurs d'Hele et Grétry, les *Fausses Apparences* ou l'*Amant jaloux*, qui nous dédommagera sans doute de la langueur où s'est trouvé ce théâtre depuis le succès du *Jugement de Midas*, pièce des mêmes auteurs.

Le théâtre français vient de faire une nouvelle perte qui, sans être comparable à celles qui l'ont précédée, laisse encore beaucoup de regrets, vu le peu de ressources qui restent aujourd'hui à ce spectacle, c'est Bellecourt, qui avait débuté en même temps que Le Kain. Il joua pendant dix ans le second emploi dans le tragique; mais depuis la retraite de Granval il s'était renfermé dans le premier emploi comique. Cet acteur avait une figure assez avantageuse; il ne manquait ni d'intelligence, ni de noblesse; mais il avait un organe ingrat, de la sécheresse dans la voix et des inflexions fort monotones. Ces défauts étaient rachetés par une grande connaissance et par une grande habitude du théâtre, qui donnait à son jeu de la mesure, de la facilité et une sorte d'assurance très-précieuse pour l'effet de certains rôles; c'est surtout ce ton de raillerie et de persiflage qu'un sang-froid bien décidé rend encore plus vif et plus sensible, qui était le triomphe de son talent. Les rôles du Somnambule, de l'Aveugle clairvoyant, du Marquis ivre dans *Turcaret*; dans le *Retour imprévu*, celui de Valsain dans les *Fausses Infidélités* ne seront peut-être jamais si bien joués qu'ils l'ont été par lui. Il s'était essayé comme auteur dans une petite pièce intitulée *les Fausses Apparences*, qui n'a jamais été reprise

NOVEMBRE 1778.

depuis, mais qui se soutint pourtant dans sa nouveauté pendant quelques représentations. Il est mort la même année et de la même manière à peu près que Le Kain, victime d'une passion trop heureuse pour mademoiselle Vadé, fille du fameux poëte de ce nom; avant de lui sacrifier sa vie il lui avait prodigué toute sa fortune, et n'a pas même laissé en mourant de quoi se faire enterrer.

DÉCEMBRE 1778.

Il est donc vrai que les richesses du théâtre grec ne sont pas encore épuisées ? Il est donc vrai que ce n'est qu'en suivant les traces de ces grands maîtres que le talent saisit encore aujourd'hui les routes les plus sûres, et que depuis plus de deux mille ans dans tous les genres, dans tous les arts, ce que nous voyons de plus sublime et de plus touchant est ce qui nous rappelle le mieux l'esprit et le génie de ces antiques chefs-d'œuvre ? C'est à quelques scènes heureusement imitées de l'*Alceste* d'Euripide et de l'*OEdipe à Colonne* qu'il faut attribuer tout le succès de la nouvelle tragédie (1) de M. Ducis, pièce dont le plan est d'ailleurs essentiellement vicieux, et dont l'exécution est fort inégale, mais où l'on trouve deux ou trois situations du plus grand pathétique, et des développemens d'une sensibilité rare, où le poëte a su trouver toute la force, toute la chaleur et toute la vérité de ses modèles.

On croit pouvoir assurer que M. Ducis n'a point fait ce qu'il voulait faire, que dans l'origine c'est le sujet d'*Alceste* dont il s'était occupé, qu'en cherchant ce que Racine n'a pu trouver, un dénouement plus naturel que celui d'Euripide (2),

---

(1) Représentée pour la première fois sur le théâtre de la Comédie française ce vendredi 4.

(2) On sait que la difficulté de trouver ce dénouement fit aban-

DÉCEMBRE 1778.

il a imaginé de substituer le rôle d'Œdipe à celui d'Hercule; qu'entraîné par la beauté de ce rôle, il a perdu son objet principal de vue, et qu'au lieu d'une tragédie il en a fait deux; qu'en voulant ensuite les amalgamer ensemble il en est résulté un ouvrage monstrueux, mais étincelant de traits sublimes, des scènes dont l'effet ne tient nullement à la conduite générale de la pièce, et qui n'ajoutent rien à l'impression de l'ensemble, mais qui sont belles de leur propre beauté; tantôt terribles, tantôt touchantes, toujours remplies de mouvement, d'images et de vérité; c'est une éloquence sensible, profonde, abondante qui en fait tout le charme et toute l'illusion.

On a de la peine à concevoir que l'auteur des deux belles scènes du troisième et du cinquième acte n'ait pas senti qu'il était impossible de réunir dans une même pièce deux sujets tels que celui d'*Alceste* et celui d'*Œdipe à Colonne*; il est inconcevable que cet auteur, qui a si bien lu Sophocle puisqu'il l'a si bien imité, n'ait pas abandonné son premier plan et ne se soit pas senti la force d'imiter en tout la belle et noble simplicité du poète grec. Si l'intrigue de l'*Œdipe à Colonne* lui paraissait trop nue, n'aurait-il pas pu y suppléer en tirant parti du rôle de Créon et en donnant plus d'étendue à celui du grand-prêtre? Et qu'est-ce que l'intérêt d'Alceste ajoute

donner à Racine le sujet d'*Alceste*, dont il avait déjà ébauché quelques scènes.

IV.

à celui d'Œdipe ? Il ajoute aux scènes qui sont du sujet des scènes qui lui sont étrangères, et qui, loin de leur donner plus de mouvement, en distrairaient le spectateur si elles étaient moins faibles ou moins languissantes. Toutes ces critiques ont été faites dans un seul mot par madame la comtesse d'Houdetot. *Que pensez-vous de la tragédie nouvelle ? — J'en ai vu deux ; j'aime beaucoup l'une et fort peu l'autre. —*

ÉNIGME *de Jean-Jacques Rousseau* (1).

Enfant de l'art, enfant de la nature,
Sans prolonger les jours, j'empêche de mourir.
Plus je suis vrai, plus je fais d'imposture,
Et je deviens trop jeune à force de vieillir.

RELATION *de deux Séances de la Loge des Neuf Sœurs, en* 1778 ;

EXTRAIT de la Planche à tracer de la respectable Loge des Neuf Sœurs, à l'Orient de Paris, le septième jour du quatrième mois de l'an de la vraie lumière 5778.

Le frère abbé Cordier de Saint-Firmin a annoncé à la loge qu'il avait la faveur de présenter pour être un apprentif maçon M. de Voltaire. Il a dit qu'une assemblée aussi littéraire que maçonnique devait être flattée du désir que témoi-

(1) Le mot de cette énigme est *un portrait.*

DÉCEMBRE 1778.

gnait l'homme le plus célèbre de la France, et qu'elle aurait infailliblement égard dans cette réception au grand âge et à la faible santé de cet illustre néophite.

Le vénérable frère de Lalande a recueilli les avis du très-respectable frère Bacon de la Chevalerie, grand orateur du grand Orient, et celui de tous les frères de la loge, lesquels avis ont été conformes à la demande faite par le frère abbé Cordier. Il a choisi le très respectable frère comte de Stroganof, les frères Cailhava, le président Meslai, Mercier, Marquis de Lort, Brinon, abbé Remy, Fabrony et Dufresne pour aller recevoir et préparer le candidat. Celui-ci a été introduit par le frère Chevalier de Villars, maître des cérémonies de la loge, et l'instant où il venait de prêter l'obligation a été annoncé par les frères des colonnes d'Euterpe, de Terpsicore et d'Erato, qui ont exécuté le premier morceau de la troisième symphonie à grand orchestre de Guenin. Le frère Capperon menait l'orchestre; le frère Chic, premier violon de l'électeur de Mayence, était à la tête des seconds violons; les frères Salantin, Caravoglio, Olivet, Balza, Lurschmidt, etc. se sont empressés d'exprimer l'allégresse générale de la loge en déployant leurs talens si connus dans le public, et particulièrement dans la respectable loge des Neuf Sœurs.

Après avoir reçu les signes, paroles et attouchemens, le frère de Voltaire a été placé à l'Orient à côté du vénérable. Un des frères de la colonne

21.

de Melpomène lui a mis sur la tête une couronne de laurier qu'il s'est hâté de déposer. Le vénérable lui a ceint le tablier du frère Helvétius, que la veuve de cet illustre philosophe a fait passer à la loge des Neuf Sœurs, ainsi que les bijoux maçonniques dont il faisait usage en loge, et le frère de Voltaire a voulu baiser ce tablier avant de le recevoir. En recevant les gants de femme, il a dit au frère marquis de Villette : puisqu'ils supposent un attachement honnête, tendre et mérité, je vous prie de les présenter à Belle et Bonne.

Alors le V∴ F∴ de Lalande a pris la parole et a dit :

« Très-cher Frère, l'époque la plus flatteuse pour cette loge sera désormais marquée par le jour de votre adoption. Il fallait un Apollon à la loge des Neuf Sœurs, elle le trouve dans un ami de l'humanité, qui réunit tous les titres de gloire qu'elle pouvait désirer pour l'ornement de la maçonnerie.

« Un roi dont vous êtes l'ami depuis long-temps, et qui s'est fait connaître pour le plus illustre protecteur de notre ordre, avait dû vous inspirer le goût d'y entrer; mais c'était à votre patrie que vous réserviez la satisfaction de vous initier à nos mystères. Après avoir entendu les applaudissemens et les alarmes de la nation, après avoir vu son enthousiasme et son ivresse, vous venez recevoir dans le temple de l'amitié, de la vertu et des lettres une couronne moins brillante, mais

DÉCEMBRE 1778. 325

également flatteuse et pour le cœur et pour l'esprit.

« L'émulation que votre présence doit y répandre en donnant une nouvel éclat et une nouvelle activité à notre loge, tournera au profit des pauvres qu'elle soulage, des études qu'elle encourage, et de tout le bien qu'elle ne cesse de faire.

« Quel citoyen a mieux que vous servi la patrie en l'éclairant sur ses devoirs et sur ses véritables intérêts, en rendant le fanatisme odieux et la superstition ridicule, en rappelant le goût à ses véritables règles, l'histoire à son véritable but, les lois à leur première intégrité ? Nous promettons de venir au secours de nos frères, et vous avez été le créateur d'une peuplade entière qui vous adore et qui ne retentit que de vos bienfaits ; vous avez élevé un temple à l'Eternel, mais, ce qui valait mieux encore, on a vu près de ce temple un asile pour des hommes proscrits mais utiles, qu'un zèle aveugle aurait peut-être repoussés. Ainsi, très-cher Frère, vous étiez franc-maçon avant même que d'en recevoir le caractère, et vous en avez rempli les devoirs avant que d'en avoir contracté l'obligation entre nos mains. L'équerre que nous portons comme le symbole de la rectitude de nos actions, le tablier, qui représente la vie laborieuse et l'activité utile, les gants blancs, qui expriment la candeur, l'innocence et la pureté de nos actions, la truelle, qui sert à cacher les défauts de nos frères, tout se rapporte à la bienfaisance et à l'amour de l'humanité, et par conséquent n'exprime que les qualités qui vous distinguent ; nous ne pouvions y joindre, en vous recevant parmi nous, que le tribut de notre admiration et de notre reconnaissance. »

Les frères de La Dixmerie, Garnier, Grouvelle, Echard, etc., ont demandé la parole et ont lu des pièces de vers qu'il serait trop long de rapporter ici.

Le frère nouvellement reçu a témoigné à la R∴ loge qu'il n'avait jamais rien éprouvé qui fût plus capable de lui inspirer les sentimens de l'amour-propre, et qu'il n'avait jamais senti plus vivement celui de la reconnaissance. Le frère Court de Gebelin a présenté à la loge un nouveau volume de son grand ouvrage intitulé *le Monde primitif*, et l'on y a lu une partie de ce qui concerne les anciens mystères d'Eleusis, objet très-analogue aux mystères de l'art royal.

Pendant le cours de ces lectures le F∴ Monet, peintre du roi, a dessiné le portrait du frère de Voltaire, qui s'est trouvé plus ressemblant qu'aucun de ceux qui ont été gravés, et que toute la loge a vu avec une extrême satisfaction.

Après que les diverses lectures ont été terminées, les frères se sont transportés dans la salle du banquet, tandis que l'orchestre exécutait la suite de la symphonie dont nous avons parlé. On a tiré les premières santés. Le cher frère de Voltaire, à qui son état ne permettait pas d'assister à tout le reste de la cérémonie, a demandé la permission de se retirer. Il a été reconduit par un grand nombre de frères et ensuite par une multitude de profanes au bruit des acclamations dont la ville retentit toutes les fois qu'il paraît en public....

FÊTE *du 28 Novembre.*

L'avantage qu'avait eu la loge des Neuf Sœurs de recevoir le frère de Voltaire ne pouvait manquer de l'intéresser spécialement à sa gloire, et ayant eu le malheur de le perdre, elle résolut de rendre hommage à sa mémoire en faisant prononcer son éloge. Le F∴ de La Dixmerie, l'un de ses orateurs, se chargea de cet emploi. Le F∴ abbé Cordier de Saint-Firmin, instituteur de la loge, qui avait déjà présenté le F∴ de Voltaire, dont le zèle dévorant pour l'accroissement et la gloire de cette société se manifeste dans toutes les occasions, se chargea de préparer un local convenable à la cérémonie et de disposer toute l'ordonnance de la fête, et les frères les plus célèbres dans cette capitale par leur réputation ou leur naissance s'empressèrent à seconder le désir de la loge par le concours le plus flatteur.

Les travaux ayant été ouverts dès le matin, la loge accorda l'affiliation à plusieurs frères distingués, le F∴ prince Emmanuel de Salm-Salm, le F∴ comte de Turpin-Crissé, le F∴ comte de Milly, de l'Académie des sciences; le F∴ d'Ussieux, le F∴ Roucher, le F∴ de Chaligny, habile astronome de la principauté de Salm.

328   CORRESPONDANCE LITTÉRAIRE,

M. Greuze, peintre du roi, fut reçu maçon suivant toutes les règles. La loge ayant été fermée, on descendit dans la salle où devait être prononcé l'éloge lunèbre. Cette salle qui a trente-deux pieds de long, était tendue en noir et éclairée par des lampes sépulcrales; la tenture relevée par des guirlandes or et argent qui formaient des arcs de distance en distance; elles étaient séparées par huit transparens suspendus par des nœuds de gaze d'argent, sur lesquels on lisait des devises que le frère abbé Cordier avait tirées des ouvrages du F∴ de Voltaire, et qui étaient relatives à son apothéose dans la loge.

La première à droite en entrant :

De tout temps.... la vérité sacrée
Chez les faibles humains fut d'erreur entourée.

La première à gauche en entrant :

. . . . . Qu'il ne soit qu'un parti parmi nous,
Celui du bien public et du salut de tous.

La seconde à droite :

Il faut aimer et servir l'Être-Suprême, malgré les superstitions et le fanatisme qui déshonorent si souvent son culte.

Le seconde à gauche :

Il faut aimer sa patrie, quelque injustice qu'on y essuie.

La troisième à droite :

J'ai fait un peu de bien, c'est mon meilleur ouvrage.
Mon séjour est charmant, mais il était sauvage....

DÉCEMBRE 1778.

La nature y mourait, je lui portai la vie;
J'osai ranimer tout : ma paisible industrie
Rassembla des colons par la misère épars;
J'appelai les métiers qui précèdent les arts.

La troisième à gauche :

Si ton insensible cendre
Chez les morts pouvait entendre
Tous ces cris de notre amour,
Tu dirais dans ta pensée :
Les dieux m'ont récompensée
Quand ils m'ont ôté le jour.

La quatrième à droite :

Nous lisons tes écrits, nous les baignons de larmes.

La quatrième à gauche :

Tout passe, tout périt, hors ta gloire et ton nom :
C'est là le sort heureux des vrais fils d'Apollon.

On entrait dans cette salle par une voûte obscure et tendue de noir, au-dessus de laquelle était une tribune pour l'orchestre composé des plus célèbres musiciens; le F.·. Piccini dirigeait l'exécution.

Plus loin, et à cinquante-deux pieds de distance, on montait par quatre marches à l'enceinte des grands officiers, au haut de laquelle était le tombeau surmonté d'une grande pyramide gardée par vingt-sept frères l'épée nue à la main. Sur le tombeau étaient peintes d'un côté la Poésie, de l'autre l'Histoire pleurant la mort de Voltaire, et sur le milieu on lisait ce vers tiré de la *Mort de César* :

La voix du monde entier parle assez de sa gloire.

En avant étaient trois tronçons de colonnes sur lesquelles étaient des vases où brûlaient des parfums ; sur celui du milieu on avait placé les Œuvres de Voltaire et des couronnes de laurier.

Les frères de la loge ayant pris leurs places, les visiteurs ont été introduits au son des instrumens qui exécutaient la marche des prêtres dans l'opéra d'*Alceste*, ensuite un morceau touchant d'*Ernelinde*.

Madame Denis, nièce de M. de Voltaire, accompagnée de madame la marquise de Villette, que ce grand homme avait pour ainsi dire adoptée pour sa fille, ayant fait demander de pouvoir entendre l'éloge funèbre qu'on allait prononcer, elles furent introduites, et le V∴ F∴ de Lalande adressant la parole à madame Denis, lui a dit :

« Madame, si c'est une chose nouvelle pour vous de paraître dans une assemblée de maçons, nos frères ne sont pas moins étonnés de vous voir orner leur sanctuaire. Il n'était rien arrivé de semblable depuis que cette respectable enceinte est devenue l'asile des mystères et des travaux maçonniques ; mais tout devait être extraordinaire aujourd'hui. Nous venons y déplorer une perte telle que les lettres n'en firent jamais de semblable ; nous venons y rappeler la satisfaction que

DECEMBRE 1778.

nous goûtâmes lorsque le plus illustre des Français nous combla de faveurs inattendues, et répandit sur notre loge une gloire qu'aucune autre ne pourra jamais lui disputer. Il était juste de rendre ce qu'il eut de plus cher témoin de nos hommages, de notre reconnaissance, de nos regrets. Nous ne pouvions les rendre dignes de lui qu'en les partageant avec celle qui sut embellir ses jours par les charmes de l'amitié; qui les prolongea si long-temps par les plus tendres soins; qui augmentait ses plaisirs, diminuait ses peines et qui en était si digne par son esprit et par son cœur. La jeune mais fidèle compagne de vos regrets était bien digne de partager les nôtres; le nom que lui avait donné ce tendre père en l'adoptant nous apprend assez que sa beauté n'est pas le seul droit qu'elle ait à nos hommages. Je dois le dire pour sa gloire : j'ai vu les fleurs de sa jeunesse se flétrir par sa douleur et par ses larmes à la mort du frère de Voltaire..... L'ami le plus digne de ce grand homme, celui qui pouvait le mieux calmer notre douleur, le fondateur du nouveau monde, se joint à nous pour déplorer la perte de son illustre ami. Qui l'eût dit lorsque nous applaudissions avec transport à leurs embrassemens réciproques au milieu de l'Académie des sciences, lorsque nous étions dans le ravissement de voir les merveilles des deux hémisphères se confondre ainsi sur le nôtre, qu'à peine un mois s'écoulerait de ce moment flatteur jusqu'à celui de notre deuil? »

Les députés de la loge de Thalie ayant demandé d'être entendus, le frère de Coron portant la parole prononça un discours très-pathétique relatif aux circonstances.

Le F∴ de La Dixmerie lut un éloge circonstancié et complet de la personne, de la vie et des ouvrages du F∴ de Voltaire. Nous n'entrerons point dans le détail de cet ouvrage qui est actuellement imprimé, qui méritait à tous égards l'empressement du public, et qui réunissait le mérite du sentiment, de l'esprit et de l'érudition.

Après l'exorde, la musique exécuta un morceau touchant de l'opéra de *Castor*, appliqué à des paroles du F∴ Garnier pour Voltaire. Après la première partie du discours, il y eut un morceau pareil de l'opéra de *Roland*.

A la fin de l'éloge la pyramide sépulcrale disparut, frappée par le tonnerre; une grande clarté succéda à l'horreur des ténèbres; une symphonie agréable remplaça les accens lugubres, et l'on vit, dans un immense tableau du F∴ Goujet, l'apothéose de Voltaire.

On y voit Apollon accompagné de Corneille, Racine, Molière qui viennent au-devant de Voltaire sortant de son tombeau; il leur est présenté par la Vérité et la Bienfaisance. L'Envie s'efforce de le retenir en tirant son linceul, mais elle est terrassée par Minerve. Plus haut se voit la Renommée qui publie le triomphe de Voltaire, et

DÉCEMBRE 1778.

sur la banderole de sa trompette on lit ces vers de l'opéra de *Samson* :

> Sonnez, trompette, organe de la gloire,
>   Sonnez, annoncez sa victoire.

Le V∴ F∴ de Lalande, le F∴ Greuze et madame de Villette ayant couronné l'orateur, le peintre et le F∴ Francklin, tous trois déposèrent leurs couronnes au pied de l'image de Voltaire.

Le F∴ Roucher lut de très-beaux vers à la louange de Voltaire, qui feront partie de son Poëme des *douze Mois*.

> Que dis-je? ô de mon siècle éternelle infamie!
> L'hydre du fanatisme à regret endormie,
> Quand Voltaire n'est plus, s'éveille, et lâchement
> A des restes sacrés refuse un monument.
> Eh! qui donc réservait cet opprobre à Voltaire?
> Ceux qui, déshonorant leur pieux ministère,
> En pompe hier peut-être avaient enseveli
> Un Calchas soixante ans par l'intrigue avili;
> Un Séjan sans pudeur, qui dans des jours iniques
> Commandait froidement des rapines publiques.
> Vainement leur grandeur fut leur unique dieu;
> Leurs titres et leurs noms vivans dans le saint lieu
> S'élèvent sur le marbre, et jusqu'au dernier âge
> S'en vont faire au ciel même un magnifique outrage.
> Pouvait-il cependant se flatter du succès,
> Les obscurs ennemis du Sophocle français?
> La cendre de Voltaire en tous lieux révérée
> Eût fait de tous les lieux une terre sacrée;
> Où repose un grand homme un dieu doit habiter.

On fit la quête ordinaire de la loge pour les

354 CORRESPONDANCE LITTÉRAIRE,

pauvres écoliers de l'Université qui se distinguent dans leurs études.

Le F∴ abbé Cordier de Saint-Firmin proposa en outre de déposer 500 livres chez un notaire pour faire apprendre un métier au premier enfant pauvre qui naîtrait sur la paroisse de Saint-Sulpice après les couches de la reine, et plusieurs frères offrirent d'y contribuer.

Les frères passèrent ensuite dans la salle du banquet au nombre de deux cents. On fit l'ouverture de la loge de table, et l'on tira les santés ordinaires, en joignant à la première celle des treize États-Unis, représentés à ce banquet par le frère Franklin.

Au fond de la salle on voyait un arc de triomphe formé par des guirlandes de fleurs et des nœuds de gaze or et argent, sur lequel parut tout à coup le buste de Voltaire, par M. Houdon, donné à la loge par madame Denis; la satisfaction de tous les frères fut égale à leur surprise, et ils marquèrent, par de nouveaux applaudissemens, leur admiration et leur reconnaissance.

Le F∴ prince Camille de Rohan ayant demandé d'être affilié à la loge, on s'empressa de nommer des commissaires suivant l'usage.

Le F∴ Roucher lut encore plusieurs morceaux de son Poëme des *douze Mois*, et d'autres frères s'empressèrent également de terminer les plaisirs de cette fête par d'autres lectures intéressantes.

DÉCEMBRE 1778.

L'Académie française vient de donner la place vacante, par la mort de M. de Voltaire, à M. Ducis, auteur des tragédies d'*Amelize*, d'*Hamlet*, de *Romeo et Juliette*, et d'*OEdipe chez Admète*. Comme cette élection s'est faite à la suite des *gratis* donnés par les différens spectacles à l'occasion de l'heureux accouchement de la reine, on a dit :

A Ducis le fauteuil ! — Eh ! oui, l'Académie
Veut donner son *gratis* comme la comédie.

JANVIER 1779.

On a donné sur le théâtre de la Comédie italienne, le mercredi 23 décembre, la première représentation des *Fausses Apparences, ou l'Amant Jaloux*, en trois actes, en prose, mêlés d'ariettes, paroles de M. d'Hele, musique de M. Grétry. Cette pièce, représentée à Versailles sur le théâtre de la cour, y avait infiniment réussi, elle n'a pas eu moins de succès à Paris, et l'on convient généralement que c'est au poème que ce succès est dû. Il ne manque en effet à ce joli ouvrage que d'être plus fortement écrit pour être une véritable comédie. Le fonds du sujet paraît emprunté d'une pièce du théâtre anglais intitulée *The Wonder, le Miracle ou la Femme qui garde un secret;* mais pour l'adapter aux convenances de la scène française, pour le rendre propre aux effets de la musique, il a fallu le refondre entièrement, et le travail de M. d'Hele n'en a pas moins un mérite très-précieux et très-original.

Un des rôles les plus importans de la pièce, celui de Jacinthe, avait d'abord été joué par madame Dugazon, qui l'avait rendu avec une finesse et une grâce infinie; une maladie fort dangereuse l'ayant obligée de l'abandonner après la seconde représentation, elle a été remplacée par madame

JANVIER 1779.

Biglioni. Le rôle de l'Amant jaloux a été exécuté assez médiocrement par le sieur Clairval, celui de l'Officier français aussi mal qu'il devait l'être par le sieur Julien; mais la voix de madame Trial dans le rôle de Léonore et le chant de mademoiselle Colombe dans celui d'Isabelle ont fait un extrême plaisir. Toute la musique du premier acte est charmante, on ne peut pas en dire autant des deux derniers, dont la composition a paru souvent faible et languissante, sans caractère et sans fraîcheur.

BOUTS *rimés donnés à remplir à M. de Voltaire par feue madame la Princesse Isabelle de Parme.*

Un simple soliveau me tient lieu — *d'architrave*
Dans ce réduit obscur où, content d'une — *rave,*
Je verrai du même œil le grand et le — *ragot,*
Le Nègre, le Lapon, l'Iroquois et le — *Goth.*
A l'abri du fracas qu'annonce la — *trompette,*
Autour d'un espalier j'exerce ma — *serpette.*
Du faste des grandeurs loin de me voir — *épris,*
A leurs appas trompeurs je crains peu d'être — *pris.*
Si quelqu'un là-dessus me fronde et me — *censure,*
Je m'offense aussi peu d'une aussi faible — *injure*
Que lorsque par hasard mon serviteur — *Michaud*
M'a servi mon potage ou trop froid ou trop — *chaud.*
Pour sauver mon honneur de juste — *éclaboussure,*
J'observe à tous égards une conduite — *sûre.*

IV.

538 CORRESPONDANCE LITTÉRAIRE.

En garde sur ce point, j'aurai jusqu'au — *cercueil*
Sur les devoirs du sage et sur moi toujours — *l'œil;*
Et si de ses faveurs quelque jour la — *fortune*
Me donnait à choisir, je n'en choisirais — *qu'une,*
Princesse, c'est de voir le sceptre des — *Romains*
Pour prix de vos vertus passer entre vos — *mains.*

FÉVRIER 1779.

M. D'ALEMBERT vient de se déterminer enfin à publier les *éloges* dont il a occupé depuis quelques années d'une manière si intéressante les séances publiques de l'Académie française. Le recueil de ces éloges forme un volume in-douze de plus de cinq cents pages, et ne contient pas la sixième partie de ceux que l'auteur a déjà faits. On peut donc espérer une suite complète de l'ouvrage entrepris par messieurs Pélisson et d'Olivet; leur travail se termine au commencement de ce siècle. Feu M. Duclos avait essayé de le continuer, mais il ne nous reste de lui que l'éloge de Fontenelle et les fragmens d'un mémoire concernant les principaux faits qui appartiennent à l'histoire de l'Académie depuis 1700 jusqu'à nos jours. La préface du recueil que nous avons l'honneur de vous annoncer, lue ainsi que les éloges à une séance publique de l'Académie, le 25 août 1772, contient quelques réflexions générales sur l'établissement de cette illustre compagnie, avec une longue apologie de ses statuts, et particulièrement de l'esprit qui préside à ses élections. On a trouvé qu'une pareille apologie ne pouvait paraître plus à propos, que l'honneur des lettres en avait besoin, et que c'était en conscience à M. d'Alembert à s'en charger. Mais on n'a pas été peu surpris d'entendre de la bouche même de ce philosophe, l'ami de tous les philosophes, le chef reconnu de la secte, ces paroles remarquables que le doyen de la Sorbonne ne désavouerait pas. « S'il y avait « eu une Académie à Rome, et qu'elle y eût été « florissante et honorée, Horace eût été flatté « d'être assis à côté du sage Virgile son ami. « Que lui en eût-il coûté pour y parvenir? D'ef- « facer de ses vers quelques obscénités qui les « déparent; le poëte n'aurait rien perdu, et le « citoyen aurait fait son devoir. Par la même « raison, Lucrèce, jaloux de l'honneur d'appeler « Cicéron son confrère, n'eût conservé de son « poëme que les morceaux sublimes où il est si « grand peintre, et n'aurait supprimé que ceux « où il donne en vers prosaïques des leçons d'a- « théisme, c'est-à-dire, où il fait des efforts aussi « coupables que faibles pour ôter un frein à la « méchanceté puissante et une consolation à la « vertu malheureuse, etc. »

Quis tulerit Gracchos de seditione querentes?

Ces traits, et beaucoup d'autres du même genre, répandus dans les différens éloges qui composent ce recueil, ont fait dire que l'auteur avait l'air d'avoir fait tous ses discours entre un prêtre et un courtisan, également tourmenté de la crainte de leur déplaire et du désir d'égayer son auditoire à leurs dépens.

Quoique les éloges de M. d'Alembert n'aient pas eu à l'impression tout le succès qu'ils ont eu aux

FÉVRIER 1779.

lectures publiques que l'auteur en a faites lui-même
sur le théâtre qu'il paraît avoir eu particulièrement en vue lorsqu'il les écrivit, nous connaissons peu d'ouvrages d'une instruction plus aimable et plus variée. C'est un cours de littérature
d'une forme neuve et piquante. L'éloge de chaque académicien fournit à leur panégyriste l'occasion d'approfondir la théorie de quelque genre
particulier, de distinguer les talens que ce genre
suppose et le caractère qui lui est propre ; d'en
marquer la décadence ou les progrès, quelquefois même d'y découvrir de nouvelles ressources,
et de répandre enfin les plus grandes clartés sur
la métaphysique des arts et du goût, science si
intéressante par ses rapports intimes avec la connaissance de nous-mêmes.

Mais comme les séances publiques de l'Académie française sont devenues une espèce de
spectacle fort à la mode et par conséquent rempli
de caillettes et de jeunes gens, pour s'assurer les
battemens de mains d'un aréopage si redoutable,
il a bien fallu prodiguer les petits mots, les petites ironies, les petits contes, les petites allusions aux circonstances du moment, et tout cela
n'a pu manquer de donner quelquefois une fort
petite manière à un ouvrage dont le fonds méritait peut-être une exécution plus pure et plus
grande. Mais si l'on eût retranché de ces discours tout ce qui a pu blesser des censeurs trop
difficiles, beaucoup de lecteurs, sans vouloir en
convenir, n'en seraient-ils pas aussi fâchés que

CORRESPONDANCE LITTÉRAIRE,

l'eût été à coup sûr le suisse de la porte, qui, à une des dernières séances, disait si naïvement à son camarade : *S'ti monsiu d'Alembert lire auchourd'hui pon ! pon ! car ly être tourchours pourlesque.* Si l'épigramme très-innocente du pauvre suisse pouvait affliger M. d'Alembert, il s'en consolerait sans doute en se rappelant que les poëtes de la Calotte osèrent bien appeler dans le temps les éloges de Fontenelle *des panégyriques grotesques, mi-funèbres et mi-burlesques.*

De tous les nouveaux éloges, celui qui nous a paru réunir le plus de beautés, et où le goût le plus sévère pourrait trouver le moins à reprendre, c'est l'éloge de Bossuet ; il y règne un ton d'élévation simple et soutenu, sans recherche, sans emphase, et tel que la dignité du sujet devait l'inspirer. L'éloge de l'abbé de Dangeau, celui de l'abbé de Choisy, du président de Rose offrent une foule d'anecdotes curieuses. Il y a de l'intérêt et de la douceur dans ceux de Massillon, de l'archevêque de Cambrai et de Fléchier ; mais il n'y en a aucun où l'on remarque une sensibilité plus vraie et plus aimable que dans celui de M. de Sacy. L'auteur y peint l'amitié comme un homme qui en a senti tout le charme et toute la puissance. Quand M. d'Alembert fit cet éloge, il venait de perdre mademoiselle de Lespinasse ; on peut croire que ce tableau touchant fut tracé sur la tombe de son amie. C'est dans les éloges de Despréaux, de La Mothe, de Destouches, de Crébillon, qu'il a répandu le plus de

FEVRIER 1779.

philosophie, de littérature et de goût. On y
distinguera surtout avec plaisir le parallèle de La
Mothe et de Fontenelle, de Destouches et de
Dufresny. La comparaison qu'il a osé faire de
nos trois plus grands maîtres en poésie, Despréaux, Racine et Voltaire, est un des morceaux de l'ouvrage qu'on a le plus cité, et qui,
par la même raison, a essuyé le plus de critiques.

———————

Il n'y a jamais eu d'opéra dont les répétitions
aient été plus pénibles, plus orageuses, plus
bruyantes que celles de *Roland*. Les chanteurs
et l'orchestre également étrangers au nouveau
genre de musique, perdant sans cesse la mesure
retombaient tantôt dans les cris précipités de
Gluck, tantôt dans la lourde et traînante psalmodie du bon Lulli. On ne savait auquel entendre,
et tandis que le chevalier Gluck se donnait les
plus grands mouvemens pour remonter la dis-
cordante machine, son émule et son rival demeurait tranquille dans un coin du théâtre et se dé-
sespérait tout bas. Il n'y a personne en les voyant
là pour la première fois qui n'eût pris l'Allemand pour le Napolitain, et le Napolitain pour
l'Allemand. M. Marmontel cependant séchait
sur pied. Il pressait, tourmentait son ami Piccini
de ne pas s'abandonner ainsi lui-même. « Et
montrez-leur donc le vrai mouvement de cet
air, vous voyez qu'ils ne s'en doutent pas. » Pic-

cini levait les yeux au ciel et répondait doucement : *Ah ! toutte va male, toutte.* Un jour
entre autres qu'on se proposait de faire répéter
les doubles, la colère du poëte éclata dans toute
sa violence. Il déclara durement qu'il ne souffri-
rait point que l'opéra de son ami fût joué par les
doubles, et sur le théâtre même il arracha le rôle
des mains du jeune homme qui devait remplacer
Le Gros. Cette sortie révolta toute la doublure
de l'Opéra, on en vint aux injures et aux menaces ; mademoiselle Bourgeois se permit de dire
à M. Marmontel qu'il convenait peu à un homme
qui n'était *que le double de Quinault*, de traiter
ainsi les doubles de l'Opéra, etc., etc. On assure
même qu'un chanteur des chœurs poussa l'impertinence jusqu'à dire qu'il n'avait pas l'honneur
d'être double, mais que si M. Marmontel lui
avait parlé de ce ton, il l'aurait attendu à la
porte de l'Opéra pour lui donner cent coups de
bâton. Si cet insolent propos était vrai, il y a
lieu de croire que M. le choriste eût été passer
au moins une quinzaine de jours à Bicêtre.
Enfin, à force de patience, de peines et de
prières on est parvenu à faire exécuter cet opéra,
et à le faire exécuter si bien, qu'en dépit de
toutes les cabales, et de la nouvelle et de l'ancienne musique, jamais opéra nouveau n'a été
suivi avec plus d'empressement. Le parti des
gluckistes s'obstine à soutenir que c'est une musique de concert charmante et rien de plus ;
qu'elle flatte l'oreille, mais ne touche point l'âme ;

FÉVRIER 1779. 345

qu'elle est faite pour plaire, mais qu'elle n'excitera jamais cet enthousiasme, ces transports brûlans que leur fait éprouver la sublime mélodie d'*Alceste* et d'*Orphée*. Les faibles, mais vénérables restes du parti qui maintient encore la gloire de l'ancien Opéra, en maudissant la main sacrilège qui osa toucher aux chefs-d'œuvre de Quinault, reconnaissent de bonne foi qu'il y a dans la nouvelle musique de *Roland* d'assez jolies choses, mais ces beautés du petit genre leur paraissent indignes de la majesté de l'Opéra. Cela ne répond point à l'idée qu'ils se sont faite de la grandeur de ce spectacle, cela ne remplit point leurs oreilles comme de coutume, ils se croient transportés sur les tréteaux de la Foire ou sur le théâtre de la Comédie italienne. Les amateurs qui nous ont paru réunir aux connaissances les plus exactes la plus grande impartialité, s'accordent à dire qu'on n'a jamais entendu à l'Opéra un chant plus suivi, plus suave, plus délicieux ; mais ils pensent que la complaisance avec laquelle M. Piccini a bien voulu céder à tous les avis, à tous les conseils dont il a cru avoir besoin dans un pays dont il ne connaissait ni la langue ni le goût, ne lui a pas permis de s'élever lui-même à la hauteur de son génie. On lui a lié les ailes, on lui a ôté la moitié de son essor. Il a fait des choses agréables parce qu'il n'en peut pas faire d'autres, mais il n'a mis dans cette composition rien d'original, rien de neuf, et n'a pas même rendu tous les effets dramatiques dont

346   CORRESPONDANCE LITTÉRAIRE,

l'ouvrage était susceptible. Il faut convenir aussi que le choix du poëme n'a pas paru fort heureux. L'opéra de *Roland* n'offre qu'une très-belle scène, le contraste des fureurs de ce fameux paladin, avec la joie tranquille et naïve des bergers témoins de l'amour d'Angélique et de Médor; tout le reste n'a rien d'intéressant, de théâtral. On sait ce que Louis XIV, malgré son amour pour Quinault, en dit lui-même lorsqu'il le vit pour la première fois : *Ce Roland n'est qu'un vieux fou, Angélique une grisette, et Médor un faquin.*

Mademoiselle Rosalie Le Vasseur a rendu le rôle d'Angélique avec assez d'intelligence; mais sa voix peu flexible ne se prête point à la musique de Piccini comme à celle du chevalier Gluck. Le sieur Larrivée s'est surpassé dans le rôle de Roland, et surtout dans le superbe monologue du troisième acte, *Ah! j'attendrai long-temps, la nuit est loin encore.* C'est le morceau qui a paru faire le plus d'effet; et pour s'en consoler messieurs les gluckistes nous assurent que ce morceau est purement français. A la bonne heure !

L'Académie royale de musique vient de faire une acquisition précieuse dans mademoiselle Théodore. Cette jeune élève du sieur Lany annonce dans son début le talent le plus distingué pour un genre de danse presque oublié aujourd'hui ; elle paraît réunir dans un degré très-éminent la précision, la noblesse et la légèreté.

LETTRE *de la chevalière d'Éon à* **M.** *le comte de Maurepas. De Versailles le* 8 *février* 1779.

« Monseigneur, je désirerais ne pas interrompre
« un instant les momens précieux que vous con-
« sacrez au bonheur et à la gloire de la France ;
« mais animée du désir d'y contribuer moi-même
« dans ma faible position, je suis forcée de vous
« représenter très-humblement et très-fortement
« que l'année de mon noviciat femelle étant en-
« tièrement révolue, il m'est impossible de passer
« à la profession. La dépense est trop forte pour
« moi, et mon revenu est trop mince. Dans cet
« état je ne puis être utile ni au service du roi,
« ni à moi, ni à ma famille, et la vie trop séden-
« taire ruine l'élasticité de mon corps et de mon
« esprit. Depuis ma jeunesse j'ai toujours mené
« une vie fort agitée, soit dans le militaire, soit
« dans la politique ; le repos me tue totalement.
« Je vous renouvelle cette année mes instances,
« Monseigneur, pour que vous me fassiez accor-
« der par le roi la permission de continuer mon
« service militaire ; et comme il n'y a point de
« guerre de terre, d'aller comme volontaire servir
« sur la flotte de **M.** le comte d'Orvilliers. J'ai
« bien pu par obéissance aux ordres du roi et de
« ses ministres rester en jupes en temps de paix,
« mais en temps de guerre cela m'est impossible.

CORRESPONDANCE LITTÉRAIRE,

« Je suis malade de chagrin et honteuse de me
« trouver en telle posture dans un temps où je
« puis servir mon roi et ma patrie avec le zèle,
« le courage et l'expérience que Dieu et mon
« travail m'ont donné. Je suis aussi confuse que
« désolée de manger paisiblement à Paris, pen-
« dant la guerre, la pension que le feu roi a dai-
« gné m'accorder. Je suis toujours prête à sacri-
« fier pour son auguste petit-fils et ma pension et
« ma vie.

« Aidez-moi, Monseigneur, à sortir de l'état
« léthargique où l'on m'a plongée, qui a été l'unique
« cause de mon mal, et qui afflige tous mes amis
« et protecteurs guerriers et politiques. Je dois
« encore vous faire observer ici qu'il importe in-
« finiment à la gloire de toute la maison de M. le
« comte de Guerchy de me laisser continuer mon
« service militaire, du moins c'est la façon de
« penser de toute l'armée, de toute la France, et,
« j'ose dire, de toute l'Europe instruite. Une con-
« duite contraire fait le sujet des interprétations
« les plus fâcheuses et d'une matière à la malice
« des conversations du public. J'ai toujours pensé
« et agi comme Achille : *Je ne fais point la guerre*
« *aux morts, et je ne tue les vivans que lorsqu'ils*
« *m'attaquent les premiers.* Vous pouvez à cet
« égard prendre par écrit ma parole d'honneur
« sur ma conduite présente et future. Vos grandes
« occupations vous ont fait oublier, Monseigneur,
« qu'il y a plus de quinze mois que vous m'avez
« donné votre parole que je serais heureuse et

« contente quand j'aurais obéi au roi en reprenant
« mes habits de fille. J'ai obéi complètement, je
« dois espérer d'un ministre aussi grand et aussi
« bon que M. le comte de Maurepas, qu'il dai-
« gnera tenir sa parole et me remettre *in statu*
« *quo*. Il ignore que c'est moi qui soutiens ma
« mère et ma sœur, et de plus mon beau-frère et
« trois neveux au service du roi; que j'ai encore
« à Londres une partie de mes dettes, ma biblio-
« thèque entière, mes papiers et mon apparte-
« ment qui me coûte 24 livres de loyer par se-
« maine, tandis que je ne suis pas encore payée
« ici de ce qui me reste légitimement dû par la
« cour; qu'après avoir servi le feu roi à son gré
« en guerre et en politique depuis ma jeunesse
« jusqu'à sa mort, je ne suis pas encore en état
« de meubler ma maison paternelle en Bour-
« gogne pour l'aller habiter. M. le comte de Mau-
« repas doit sentir que mon obéissance silencieuse
« doit avoir un grand mérite à ses yeux; que dans
« ma position femelle je suis dans la misère avec
« les bienfaits du feu roi, qui suffiraient pour un
« capitaine de dragons, mais qui sont insuffisans
« pour l'état qu'on m'a forcé de prendre. Il doit
« surtout comprendre que le plus sot des rôles à
« jouer est celui de pucelle à la cour, tandis que
« je puis jouer encore celui de lion à l'armée. Je
« suis revenue en France sous vos auspices, Mon-
« seigneur, ainsi je recommande avec confiance
« mon sort présent et à venir à votre généreuse
« protection, et je serai toute ma vie avec la

350   CORRESPONDANCE LITTERAIRE,

« plus scrupuleuse reconnaissance, Monseigneur,
« votre, etc.

« Signé la chevalière *d'Éon.* »

LETTRE *d'envoi de la chevalière d'Éon à plusieurs*
grandes dames de la cour.

« Madame la duchesse,
« Je vous supplie instamment de protéger au-
« près des ministres du roi le succès de mes de-
« mandes énoncées dans la copie de la lettre ci-
« jointe à M. le comte de Maurepas, pour aller
« servir comme volontaire sur la flotte de M. le
« comte d'Orvilliers, prévoyant qu'il y aura en-
« core moins de guerre sur terre cette année que
« la dernière. Vous portez, Madame, un nom fa-
« miliarisé avec la gloire militaire; comme femme,
« vous aimez celle de notre sexe. J'ai tâché de la
« soutenir pendant la dernière guerre en Alle-
« magne, et en négociations dans les différentes
« cours de l'Europe pendant vingt-cinq ans. Il ne
« me reste plus qu'à combattre sur mer avec la
« flotte royale. J'espère m'en acquitter d'une façon
« que vous n'aurez nul regret de protéger la bonne
« volonté de celle qui a l'honneur d'être, avec un
« profond respect, etc.

« Signé la chevalière *d'Éon.* »

Mademoiselle d'Éon ayant donné à ces deux
lettres une publicité fort indiscrète, et ayant fait
paraître en même temps une généalogie de sa
maison où elle n'a pas craint de compromettre

plusieurs familles illustres qui sont peu curieuses de son alliance, a été exilée dans son château près de Tonnerre.

Les Muses rivales, en un acte et en vers libres, par M. de La Harpe, ont été représentées pour la première fois sur le théâtre de la Comédie française le 1er février. Ce petit drame, dont l'auteur a gardé prudemment l'anonyme jusqu'à la quatrième représentation, a été accueilli avec la plus extrême faveur. Le sujet en est fort simple. Ce sont les Muses qui attendent Voltaire au sacré Vallon, et se disputent la gloire de le présenter au Dieu qui veut le couronner et partager avec lui l'empire du Parnasse. Toutes l'ont inspiré, toutes osent prétendre à cet honneur. Uranie, Érato, Thalie, Calliope, Clio, Melpomène exposent tour à tour leurs titres ; cette dernière enfin l'emporte sur ses sœurs. Momus et les Grâces viennent assister à la fête. On n'attend plus que Voltaire, lorsque Mercure, qui est allé le chercher, vient dire à Apollon qu'en arrivant dans l'Élysée le poëte y a trouvé son héros Henri IV, et qu'il ne veut point s'en séparer. Ce dernier trait est infiniment heureux, parce qu'en sauvant la difficulté de faire paraître l'ombre de Voltaire sur la scène, il prépare encore une louange fort délicate.

> Je retrouve l'objet de mon culte fidèle ;
> Tout ce que vous m'offrez serait d'un moindre prix.

CORRESPONDANCE LITTÉRAIRE,

Si j'ai vécu trop peu sous le jeune Louis,
Je demeure à jamais auprès de son modèle.

Apollon ne saurait désapprouver un tel choix, mais en perdant l'avantage de posséder Voltaire, il veut qu'on rende au moins à son image les honneurs qui lui étaient destinés. Le fond du théâtre s'ouvre, on voit la statue du poëte. Les Grâces l'entourent de chaînes de fleurs au son des instrumens ; chacune des Muses porte à ses pieds l'attribut qui la distingue, et Apollon le couronne de ses lauriers au bruit des fanfares.

Si le plan de cet ouvrage ne suppose pas un effort d'imagination prodigieux, il y a du moins beaucoup de talent dans l'exécution, et l'on ne pouvait guère donner à l'apothéose de M. de Voltaire une forme plus piquante et plus agréable. L'auteur a évité avec beaucoup d'adresse les grands écueils de l'éloge, l'exagération, la fadeur. Rien de ce qui pouvait intéresser la gloire du grand homme n'est oublié, mais on trouve jusque dans les moindres détails de la justesse et de la mesure. Les différentes scènes qui composent ce petit drame s'enchaînent sans beaucoup d'art, le dialogue a peu de mouvement, ce genre d'ouvrage n'en était pas fort susceptible ; mais la couleur et les nuances de chaque rôle sont variées avec autant d'esprit que de goût, et l'auteur, comme l'a remarqué M. Marmontel, en faisant parler à chaque Muse son langage, lui a su

FÉVRIER 1779. 353

conserver cet air de famille, cette grâce décente qui leur est naturelle à toutes.

Facies non omnibus una
Nec diversa, tamen qualem decet esse sororum.

Il y avait aux premières représentations dans le rôle d'Uranie un mot sur l'amitié de M. de Voltaire et de madame du Châtelet, que M. son fils le duc du Châtelet a obligé l'auteur de supprimer. Au lieu du vers qu'on lit dans l'impression, page 14, vers 18,

Je marchai, je l'avoue, au-devant de ses pas,

La Muse de la philosophie disait :

L'amitié vers Cirey me guida sur ses pas....
Voltaire à mes leçons prêta son éloquence,
 Et m'embellit de ses attraits....
 C'est par lui que la Poésie
Fit entendre des sons aux mortels inconnus,
 Et que le voile d'Uranie
 Devint l'écharpe de Vénus.

M. du Châtelet a cru que l'honneur de sa maison pouvait être compromis par cette écharpe, et ce n'est qu'avec beaucoup de peine qu'on a pu obtenir la permission de rétablir les quatre derniers vers en changeant absolument le premier.

Le secret des *Muses rivales* avait été confié, il y a plus de six mois, à madame Vestris, qui l'a gardé comme si c'eût été le sien. C'est elle qui fut chargée d'envoyer le manuscrit avec une lettre anonyme infiniment modeste à M. le comte d'Argental pour l'engager à les faire recevoir et à les faire jouer sans délai par les comédiens. L'extrême modestie de cette lettre a contribué plus que tout le reste à écarter l'idée de M. de La Harpe et dans l'esprit de M. d'Argental et dans l'esprit des comédiens. On en avait fait honneur à M. de Champfort, à M. de Rhulière, à M. le duc de Nivernais, enfin à M. Palissot; et ce dernier soupçon s'était répandu le plus généralement quelques jours avant la représentation. L'ouvrage une fois connu, on s'est bientôt accordé à y reconnaître la manière et le style et les opinions de M. de La Harpe, qui n'a pu lui-même se refuser long-temps au plaisir de jouir hautement de son succès. Quoi qu'en puisse dire l'envie qui ne pardonne jamais, si l'hommage que M. de La Harpe vient de rendre à la mémoire de son maître et de son bienfaiteur n'est pas la plus douce vengeance qu'il pût tirer de l'injustice de ses ennemis, c'est au moins la réparation la plus juste et la plus noble des torts qu'on avait à lui imputer.

M. de La Fayette est de retour de l'Amérique depuis peu de jours. Il n'est point de notre ressort de rendre compte des nouvelles qu'il a pu donner de l'état actuel de ces contrées, mais on ne nous saura point mauvais gré de rapporter ici une anecdote de son journal, qui ne tient nullement aux intérêts de la politique et qui nous a paru assez originale pour mériter d'être retenue.

FÉVRIER 1779. 355

M. le marquis de La Fayette ayant été chargé de traiter, de la part du congrès, avec les sauvages de je ne sais plus quel canton de l'Amérique, un des officiers qui l'accompagnaient remarqua une jeune sauvage dont la conquête lui parut mériter ses soins. Il lui en rendit de très-assidus, et tous ses hommages furent reçus long-temps avec assez de froideur. Un soir cependant il revint annoncer à ses amis avec beaucoup de transport qu'il se flattait enfin d'obtenir le prix de ses peines, que la belle sauvage lui avait demandé une breloque de sa montre, et qu'elle avait paru fort sensible à l'empressement qu'il avait eu de la lui donner. On devait célébrer le lendemain une grande fête à la manière du pays. Notre jeune Français ne douta point que cette fête ne fût le jour de son triomphe. Jugez de sa surprise et de l'envie de rire qui prit à ses camarades ! Le premier objet qui s'offre à leur vue est cette même breloque au bout du nez du plus grand et du plus beau sauvage de l'assemblée !

ÉPITAPHE *de Voltaire, faite par une dame de Lausanne.*

Ci gît l'enfant gâté du monde qu'il gâta.

Après avoir mis en pièces tout le théâtre de M. de Voltaire, il était bien juste que M. Clément voulût songer enfin à nous en consoler par quelque production de son génie. C'est ce qu'il vient de faire en nous donnant sa *Médée* en trois actes; mais le public que tant de volumes de la critique la plus savante et la plus impartiale, du goût le plus sévère et le plus exquis, n'ont pas encore suffisamment éclairé, le public toujours ingrat, toujours indocile, a si mal reçu la nouvelle *Médée*, représentée pour la première fois le jeudi 20, que l'on doute, malgré l'intrépidité de l'illustre auteur, qu'elle ose reparaître encore.

La manière dont M. Clément a conçu le caractère de Médée est peut-être encore plus nouvelle que la manière dont il a conçu le génie de la tragédie. Il s'est infiniment applaudi d'avoir retranché de son sujet tout ce qui tenait à la magie dont la seule idée détruit à son gré toute espèce d'illusion. Au lieu de faire de Médée une dangereuse enchanteresse, il en a fait une amante sensible et passionnée, qui commet à la vérité toutes les horreurs de la Médée magicienne, mais qui les couvre des larmes de l'amour, et c'est des remords de cette furie qu'il a prétendu faire naître le plus grand intérêt de son ouvrage. Jusqu'à présent l'on avait pensé qu'il n'était pas permis d'altérer à ce point un caractère donné par la fable; on avait présumé que la vengeance de Médée ne pouvait être supportée dans une femme ordinaire, et qu'il fallait tout l'appareil d'un pouvoir surnaturel pour en diminuer l'atrocité par cette espèce de surprise et d'admiration qu'inspire le merveilleux en nous transpor-

FÉVRIER 1779.

tant hors de notre sphère habituelle, et en nous
montrant les objets à une distance assez éloignée
pour nous faire illusion sans nous faire horreur.

M. Clément a employé des ressources plus
connues. Il a si heureusement adouci la situation de Médée prête à immoler ses enfans, qu'au
lieu de faire frémir le spectateur, c'est ce moment même qui a excité les éclats de rire les plus
universels, par le contraste sensible qu'il a su
mettre entre l'action de Médée, son caractère
et ses discours. Toute atrocité à laquelle il est
impossible de croire ne paraît plus qu'une farce
risible.

Mademoiselle Sainval, qui a joué le rôle de
Médée, a jeté dans le premier acte quelques cris
d'un effet prodigieux, et, grâce à plusieurs mots
favorables au talent de cette actrice, tout ce premier acte a été fort applaudi. Elle n'a pas pu
soutenir de même les deux autres, qui ne sont
d'un bout à l'autre qu'une déclamation monotone
et puérile. La juste impatience du public ne l'a
pourtant pas empêché de rendre justice à quelques vers de l'imprécation de Jason, que la belle
voix du sieur de La Rive n'a pas manqué de faire
valoir.

> Va, fuis, je te dévoue aux noires Euménides,
> A leurs serpens nourris du sang des parricides.
> Que ton barbare cœur, devenu ton bourreau,
> Chaque jour te prépare un supplice nouveau.
> Va partout recueillir la haine qui t'est due.
> Que les mères partout frémissent à ta vue!...

558 CORRESPONDANCE LITTÉRAIRE,

Et que tes fils meurtris, sous tes coups expirans,
Viennent s'offrir encore à tes regards mourans !

On a remarqué encore dans le cours de l'ouvrage quelques vers naturels et bien tournés, tels que ceux-ci :

Qu'on se flatte aisément d'être aimé quand on aime!...
Vous vivez, je vous aime, et je n'ai plus d'époux....
Et comment soupçonner un héros d'imposture ?

Mais le style de la pièce en général est faible et négligé, sans chaleur et sans verité. Tout le monde a retenu ces deux vers où l'auteur a cru nous donner sans doute un modèle admirable d'harmonie imitative. Il s'agit de la robe de Créuse.

Ce tissu dévorant, par Créuse attaché,
Sans déchirer la chair ne peut être arraché.

Voilà, dit madame la comtesse d'Houdetot, *un vers qui emporte la pièce.*

Le mot de M. le comte de La Touraille est assez gai. Il rencontra l'auteur dans les corridors après la première représentation. *Monsieur, je vous fais mon compliment. Tout Paris pour Médée a les yeux de Jason.* C'est la parodie du vers de Boileau : *Tout Paris pour Rodrigue a les yeux de Chimène.*

————

On vient de donner sur le théâtre de la Comédie italienne *les deux Billets*, petite pièce en un acte et en prose, qui a eu tout le succès qu'un ouvrage de ce genre peut avoir.

Cette jolie bagatelle, dont le dialogue rappelle souvent et la grâce et la *manière* de Marivaux est d'un jeune militaire de vingt-deux ou vingt-trois ans, de M. de Florian, petit-neveu de M. de Voltaire. Il a fait quelques autres comédies-proverbes dans le même goût que *les deux Billets*, qui ont été jouées avec beaucoup de succès sur le petit théâtre de M. de Savalette, entre autres *Arlequin premier Ministre*, qui est une critique fort plaisante des ridicules de la secte économiste.

MARS 1779.

Il est arrivé enfin le jour où l'on a vu le fauteuil de M. de Voltaire occupé pour la première fois par son successeur. C'est le jeudi 4 que M. Ducis, secrétaire ordinaire de Monsieur, y vint prendre séance. Jamais assemblée publique de l'Académie n'avait attiré une affluence de monde aussi prodigieuse; il n'y avait pas un coin de la salle où l'on ne fût plus pressé qu'on ne l'est au parterre de la Comédie le jour d'une première représentation. Les portes, malgré la garde, furent forcées deux ou trois fois, et l'on fut obligé de tirer de la foule plusieurs personnes qui coururent le risque d'y être étouffées. Quelque raison qu'il y eût de craindre qu'un pareil auditoire ne fût fort tumultueux, il y régna le plus profond silence aussitôt que le récipiendaire eut commencé son discours. Les premiers applaudissemens de l'assemblée furent pour madame Denis, qui avait été placée dans la première tribune à droite avec toute sa famille, M. et madame de Villette. Madame Denis s'était parée ce jour-là de tous les riches présens qu'elle a reçus de la magnificence d'une souveraine également digne de recevoir les hommages du génie et d'honorer la mémoire des grands hommes.

Dire que le discours de M. Ducis ne fut que l'éloge de M. Voltaire, et que l'orateur ne parut

MARS 1779. 361

pas au-dessous de son sujet, n'est-ce pas avouer que c'est le plus beau discours de réception qu'on ait encore entendu à l'Académie depuis qu'elle existe ? Nous ne devons pourtant point dissimuler que ce premier succès, quelque général qu'il ait paru d'abord, ne s'est pas soutenu au même degré après l'impression. Une lecture plus reposée y a fait remarquer des défauts que leur coloris éblouissant et un débit plein de force et de noblesse avaient à peine laissé apercevoir, des analyses d'une recherche trop subtile, une trop grande abondance de comparaisons, des images trop gigantesques, des périodes obscures et fatigantes à force d'être prolixes, enfin, s'il faut trancher le mot, cette espèce d'éloquence que M. de Voltaire osait appeler du *galithomas* (1). Le caractère particulier de ces défauts, mais bien plus encore celui des beautés sublimes dont l'ouvrage est rempli n'ont plus laissé aucun doute aux lecteurs instruits sur le véritable auteur du nouveau panégyrique.

Toute l'assemblée applaudissait avec transport, et mes voisins répétaient tout bas : *Optime ! Thomas ! optime !*

On n'a guère pu entendre que les vingt premières lignes du discours de M. l'abbé de Radonvilliers, grâce au murmure indécent qui s'é-

(1) M. de Voltaire, qui n'aimait pas infiniment M. Thomas, avait l'habitude de substituer dans la conversation ce mot à celui de galimatias.

362   CORRESPONDANCE LITTÉRAIRE,

leva dans toute la salle aussitôt qu'il eut commencé à parler. Il est vrai que son début n'était pas bien propre à séduire le public rassemblé dans ce lycée. « L'hommage rendu souvent à la « personne de M. de Voltaire, il est *encore plus* « *honnête* de le rendre à sa mémoire. » Un ton si niais parut faire un contraste étrange avec celui du discours qu'on venait d'applaudir. Le désir pieux qu'osait former ensuite le lamentable orateur qu'une main amie, en retranchant des écrits publiés sous le nom de M. de Voltaire tout ce qui blesse la religion, les mœurs et les lois, pût effacer la tache qui ternissait sa gloire, fut sifflé sans pitié; de ce moment on ne daigna plus rien écouter, et le bruit des battemens de mains donnés à la fin du discours fut peut-être encore plus humiliant que l'indifférence, le mépris avec lequel on l'avait entendu. M. l'abbé de Radonvilliers a été jugé moins sévérement à la lecture. Sa réponse au récipiendaire, sans être un chef-d'œuvre d'éloquence, a paru sensée et raisonnable; il y a même eu des gens d'esprit, entre autres madame du Deffant, qui n'a pas craint de la mettre fort au-dessus du discours de M. Ducis; mais un pareil jugement ne doit être cité que pour montrer à quel point le goût peut dépendre de nos habitudes et de nos préventions particulières.

Quelque prévention que beaucoup de gens affectent d'avoir contre le talent poétique de

MARS 1779.

M. Marmontel, on s'est accordé à trouver de grandes beautés dans le discours en vers (1) qu'il lut dans cette même séance. Cette lecture fut souvent interrompue par les applaudissemens les plus universels. On obligea le poëte à s'arrêter sur ces deux vers adressés aux mânes de Voltaire :

> Et d'un monde par toi si long-temps éclairé
> Ton indigne tombeau t'aurait-il séparé ?

M. d'Alembert soutint l'intérêt de cette séance par un discours en prose où, à l'occasion des deux bustes de Molière et de Voltaire dont il a fait présent à l'Académie, et que l'Académie a fait placer en regard dans la salle d'assemblée, il cherche à montrer que ces deux écrivains célèbres, si différens par le genre de leurs productions, ont eu cependant l'un avec l'autre des rapports bien remarquables. Tous deux doivent surtout l'influence qu'ils ont eue sur leur siècle au mérite d'avoir introduit les premiers sur la scène cette philosophie intéressante qui nous offre par des préceptes mis en action les moyens d'être à la fois plus sages et plus heureux. L'un et l'autre ont attaqué dans leurs chefs-d'œuvre dramatiques deux des plus funestes fléaux de la société humaine, le fanatisme et l'hypocrisie. Tous deux, en butte à la satire et à la haine, ont obtenu d'un gouvernement éclairé la protec-

(1) Sur l'espérance de se survivre.

tion qu'ils avaient droit d'en attendre, Molière d'un grand roi, Voltaire d'un vertueux pontife; c'est en conséquence du bref de Benoît XIV que Louis XV permit la représentation de la tragédie de *Mahomet*, etc.

M. d'Alembert annonça dans ce même discours le legs de douze cents livres de rente que feu M. le comte de Valbelle a fait à l'Académie, et l'usage qu'elle se propose d'en faire conformément aux sages intentions du testateur. Ce legs est destiné à soulager l'homme de lettres qui, au jugement de l'Académie, aura le plus grand besoin de ce secours et en sera jugé le plus digne. Quoique la clause ne soit point exprimée dans le testament, messieurs les quarante ont décidé qu'il était de leur dignité de s'exclure eux-mêmes du nombre de ceux qui pourraient être susceptibles de ce bienfait.

C'est M. Saurin qui a terminé cette longue séance consacrée presque toute entière à l'éloge de M. de Voltaire, par quelques vers adressés à son ombre.

———

On ne peut dissimuler que le chef actuel de l'Opéra n'ait élevé cet illustre empire à un degré de prospérité où on ne le vit peut-être jamais; ses finances sont dans le meilleur état, et il soutient avec un avantage sensible la concurrence de toutes les puissances rivales, de la Comédie française, de la Comédie italienne, du Wauxhall et des Boulevards.

MARS 1779. 365

Mais quelles sont les sources de cette grande prospérité ? Il faut l'avouer : c'est une tolérance absolue pour tous les genres de musique, pour la musique ancienne et pour la musique nouvelle, pour la musique de Gluck et pour celle de Piccini, pour le grand opéra et pour l'opéra bouffon, pour les ballets à chaconnes et pour les ballets pantomimes ; aucun genre n'est proscrit, aucun talent n'est persécuté. Mais l'esprit d'impartialité porté à cet excès ne tient-il pas à un grand fonds d'indifférence, et cet esprit ne serait-il pas suspect même en fait d'opéra ?

Quoi qu'il en soit, la fortune n'a pas jugé à propos de laisser jouir long-temps le sieur de Vimes du succès de sa nouvelle administration. Je ne sais quel esprit de vertige, quel génie républicain s'est emparé tout à coup de toutes les têtes de l'Opéra, et particulièrement de la jolie tête de mademoiselle Guimard, de celle de Vestris, de Dauberval et de la demoiselle Rosalie, dite Le Vasseur. Tous ces grands talens, qui soutiennent aujourd'hui la gloire de notre théâtre lyrique, se sont indignés d'obéir aux ordres d'un seul homme, et d'employer tant d'art et de soins à enrichir un despote oisif et superbe, incapable de faire un entre-chat ou de solfier une note. Les grands mots de propriété, d'indépendance et de liberté ont retenti dans tous les boudoirs et dans toutes les coulisses.

M. de Vimes a commencé par mépriser les murmures des mécontens ; il n'a pas eu pour les grands de son empire tous les égards, toutes les déférences qu'on doit toujours aux colonnes de l'État ; il en a exigé des services plus fréquens et plus pénibles sans leur accorder des récompenses assez distinguées, sans ménager comme il l'aurait dû la délicatesse de leur amour-propre, il a même osé la blesser dans plusieurs occasions de la manière la plus révoltante; il a fait enfin ce que font tous les ministres maladroits, il n'a pas su apprécier la force de ses ennemis ; aveuglé par la faveur du public, il n'a pas songé à prévenir leurs desseins, et après avoir déployé son autorité mal à propos, il s'est trouvé souvent réduit à céder au pouvoir des circonstances et à laisser voir ainsi toute sa faiblesse.

Il faut expliquer ceci par quelques grands exemples. Dans une assemblée où ces demoiselles représentèrent à M. de Vîmes qu'elles dansaient beaucoup plus sous son règne que sous celui de ses prédécesseurs, et qu'il serait juste d'augmenter en conséquence leurs honoraires, il ne leur répondit que par des injures : qu'elles étaient trop heureuses d'être attachées à un spectacle sans la protection duquel *leurs vertus seraient sans cesse sous la couleuvrine de la police* (1). Nos jeunes vestales blessées, comme de raison, de cette impertinence, tournèrent le dos à l'orateur, et il fallut négocier. Mademoiselle Guimard demandait un habit neuf pour danser les plaisirs célestes

(1) Tous les sujets attachés à l'Académie royale de musique ne peuvent être enfermés que par un ordre exprès du ministre de Paris.

de *Castor*; l'économie du directeur ayant osé la refuser, elle découpa l'ancien en mille pièces et lui en renvoya les tristes lambeaux. Le sieur de Vîmes fut obligé d'en faire faire un autre, et ce n'est qu'après beaucoup de prières qu'il put l'engager à reprendre son rôle.

Des scènes de ce genre, renouvelées presque tous les jours, pouvaient bien compromettre un peu la dignité de l'administration; mais auraient-elles excité une révolte générale sans l'esprit d'indépendance dont cette malheureuse philosophie a infecté tous les ordres de l'État, que dis-je! tous les royaumes et toutes les nations de la terre?

Les hauteurs, la maladresse, les injustices prétendues de M. de Vîmes ne sont que le prétexte du désir qu'auraient tous les chefs des chœurs et des ballets de se rendre absolument indépendans et de dominer seuls sur ce vaste théâtre. Il n'y a point d'intrigue, point de ressort sécret, point de négociation ouverte qu'ils n'aient employés pour arriver à ce but et pour déterminer le sieur de Vîmes à abdiquer volontairement le pouvoir dont il est revêtu. On lui a offert la retraite la plus avantageuse qu'il pût désirer; on a promis de déposer huit cent mille francs pour garantir le succès du nouveau système. Un grand prince, M. de Soubise, un grand ambassadeur, M. de Mercy, n'ont pas dédaigné de soutenir cette ligue, déjà si formidable par elle-même, de toute l'étendue de leur crédit et de leur richesse.

568   CORRESPONDANCE LITTÉRAIRE,

Le congrès (ces dames et ces messieurs appelaient ainsi leurs assemblées) le congrès se tenait dans le petit temple de mademoiselle Guimard, et le grand Vestris, *le Diou de la danse,* déclarait hautement qu'il en était le Washington.

On conçoit aisément que dans cet état de fermentation l'ordre et la discipline n'ont pu être maintenus sans beaucoup de peines et de troubles. Les esprits s'aigrissaient tous les jours davantage et les tracasseries devenaient plus vives et plus fréquentes. On se voyait forcé de réclamer sans cesse l'appui de l'autorité, et l'autorité même, aux prises avec les chefs de l'opposition, était souvent réduite à dissimuler son ressentiment pour ne pas porter l'esprit de sédition au dernier période. *Le ministre veut que je danse,* disait mademoiselle Guimard, *eh bien, qu'il y prenne garde, moi je pourrais bien le faire sauter* (1). Un jour que le grand Vestris avait répondu fort insolemment au sieur de Vîmes, celui-ci s'avisa de lui dire : *Mais, monsieur Vestris, savez-vous à qui vous parlez? — A qui je parle? au fermier de mon talent...*

Il est temps d'arriver à l'événement qui a fait éclater le désordre avec le plus de violence. Il y a environ quinze jours ou trois semaines que le jeune Vestris, qui promet dès à présent d'égaler un jour les talens de son père, n'ayant absolument pas

---

(1) On parlait au coucher du roi de cette grande tracasserie. *C'est votre faute, messieurs,* dit le jeune monarque à ses courtisans; *si vous les aimiez moins, elles ne seraient pas si insolentes.*

MARS 1779. 369

voulu, je ne sais sur quel prétexte, le doubler dans un des derniers ballets d'*Armide*, reçut l'ordre de se rendre au Fort-l'Évêque. Rien de plus touchant, rien de plus pathétique que les adieux du père et du fils. « *Allez*, lui dit le *Diou* « *de la danse au milieu des foyers*; *allez*, *mon* « *fils*, *voilà le plus beau jour de votre vie. Pre-* « *nez mon carrosse et demandez l'appartement de* « *mon ami le roi de Pologne*; *je paierai tout...* (1) » Le sieur Dauberval y fut conduit le même soir pour quelques discours fort séditieux. Cet acte de sévérité fit l'impression la plus terrible ; et sans la sagesse des mesures prises depuis, il aurait eu peut-être à l'Opéra des suites encore plus fâcheuses que n'en eut au Parlement, du temps de la Fronde, l'enlèvement des deux conseillers Blancmesnil et Broussel.

Depuis cette grande époque tous les jours ont été marqués par des assemblées, par des délibérations, par de très-humbles remontrances, par des députations à Versailles, etc. etc. Les premiers acteurs, les premières actrices, les premiers danseurs, les premières danseuses ont me-

_____

(1) Ce mot d'une emphase si plaisante en rappelle un autre du même genre. Lorsque le jeune Vestris débuta, son père, le *Diou de la danse*, vêtu du plus riche et du plus sévère costume de cour, l'épée au côté, le chapeau sous le bras, se présenta avec son fils sur le bord de la scène; et après avoir adressé au parterre des paroles pleines de dignité sur la sublimité de son art et les nobles espérances que donnait l'auguste héritier de son nom, il se tourna d'un air imposant vers le jeune candidat, et lui dit : *Allons*, *mon fils*, *montrez votre talent au pooublic*; *votre père vous regarde !* (Not. de l'Édit.)

IV. 24

CORRESPONDANCE LITTÉRAIRE,

nacé d'abord de suspendre leurs augustes fonctions. Voulant ensuite concilier la lettre de la loi avec leurs vues ambitieuses, ces dames et ces messieurs se sont déterminés à demander leur *démission* ou à exiger respectueusement que leur directeur reçût son *congé*. On a bien voulu accepter la première proposition, mais aux termes de l'arrêt qui les oblige à continuer leur service un an après avoir demandé leur retraite. On a fait entendre aux chefs de leur conseil que si cette parodie des Parlemens durait plus long-temps, elle pourrait bien offenser un corps si respectable, qu'elle ennuyait déjà beaucoup Sa Majesté, et qu'elle finirait par attirer sur eux toute son indignation. On leur a fait sentir que les plus grands talens ne dispensaient pas de la soumission due à l'ordre public; que le plus mauvais service qu'on pût leur rendre, ce serait de céder à leurs vœux, qu'enfin la gloire de la patrie, dont ils s'étaient montrés jusqu'à présent si jaloux, devait l'emporter sur des considérations purement personnelles.

Un traité dont nous ne connaissons point tous les articles semble avoir mis fin aujourd'hui à ces illustres débats (1). On nous a seulement assuré que c'est un maréchal de France (2), distingué autrefois par des négociations fort heureuses avec l'Espagne, qui a contribué le plus à

---

(1) Le principal article connu de ce traité est que M. le prévôt des marchands reprend la direction suprême de l'Opéra, et que le sieur de Vîmes n'en sera plus que le simple régisseur.

(2) M. le duc de Duras.

MARS 1779.

rapprocher les esprits et à concilier l'intérêt du public et les avantages de l'administration avec la délicatesse et la fierté des grandes âmes de l'Opéra. Puissent ses soins nous assurer la durée d'un si bel ouvrage !

Ce qu'il y a de certain, c'est que cette grande affaire a beaucoup plus occupé la conversation de nos soupers que les pertes de notre commerce, la prise de Pondichéry, et la malheureuse expédition de Sainte-Lucie. Nos grands politiques se sont contentés d'observer que si l'on donnait jamais le bâton de maréchal de France à M. d'Estaing, *il ne serait pas du bois de Sainte-Lucie.* Et voilà cette nation, qui produit tous les jours tant de choses sublimes, renonce si facilement aux plaisirs dont elle paraît la plusenivrée, et brave sans efforts les plus grands dangers !

> With happy follies, rise above their fate,
> The jest and envy of a wiser state.

AVRIL 1779.

Nous possédons enfin l'ouvrage de M. de Buffon qui nous avait été annoncé depuis si long-temps, ses *Époques de la Nature*. De tous les écrits de cet homme célèbre, c'est celui qu'il prétend avoir médité le plus, celui qu'il semble avoir travaillé avec une prédilection toute particulière, celui qu'il regarde lui-même comme le dernier résultat, le plus précieux monument de toutes ses études et de toutes ses recherches. Si le système établi dans cet ouvrage ne paraît pas à tous ses lecteurs également solide, on avouera du moins que c'est un des plus sublimes romans, un des plus beaux poëmes que la philosophie ait jamais osé imaginer.

Les *Époques de la Nature* ne sont que le développement du *Traité de la formation des Planètes* appliqué spécialement à la terre, et confirmé par le rapprochement ingénieux de tous les faits, de tous les monumens, de tous les phénomènes, de toutes les observations générales et particulières que l'auteur a pu rassembler pour éclaircir ou pour appuyer son système.

Le sublime historien de la nature a senti lui-même que, quelque vraisemblables que lui parussent ses idées sur la formation de notre globe, elles ne pouvaient pas être susceptibles d'une démonstration rigoureuse. Il est seulement persuadé que ces mêmes idées, qui doivent paraître étranges à tous ceux qui ne jugent les choses que par le rapport de leurs sens, paraîtront simples, naturelles et même grandes au petit nombre de ceux qui, par des observations et des réflexions suivies, sont parvenus à connaître les lois de l'univers, et qui, jugeant les choses par leurs propres lumières, les voient sans préjugé telles qu'elles sont ou pourraient être, car ces deux points de vue sont à peu près les mêmes; et celui, dit-il, qui, regardant une horloge pour la première fois, dirait que le principe de tous ses mouvemens est un ressort, quoique ce fût un poids, ne se tromperait que pour le vulgaire, et aurait aux yeux du philosophe expliqué la machine.

M. de Buffon n'a jamais affirmé ni même positivement prétendu que notre terre et les planètes aient été formées nécessairement et réellement par le choc d'une comète qui a projeté hors du soleil la six cent cinquantième partie de sa masse; mais ce qu'il a voulu faire entendre, et ce qu'il maintient encore comme hypothèse très-probable, c'est qu'une comète qui, dans son périhélie, approcherait assez près du soleil pour en effleurer et sillonner la surface, pourrait produire de pareils effets.

Lorsque M. de Buffon envoya la première ébauche de ce système à l'Académie de Berlin, M. Euler lui fit observer que les géomètres ne manqueraient pas de lui objecter que, si la comète en tombant obliquement sur le soleil en

CORRESPONDANCE LITTÉRAIRE,

eût sillonné la surface et en eût fait sortir la matière qui compose les planètes, toutes les planètes, au lieu de décrire des cercles dont le soleil est le centre, auraient, au contraire, à chaque révolution, rasé la surface du soleil, et seraient revenues au même point d'où elles étaient parties, comme ferait tout projectile qu'on lancerait avec assez de force d'un point de la surface de la terre pour l'obliger à tourner perpétuellement.

A cette objection M. de Buffon répondit que la matière qui compose les planètes n'est pas sortie de cet astre en globes tout formés, mais sous la forme d'un torrent dont le mouvement des parties antérieures a dû être accéléré par celui des parties postérieures; que cette accélération de mouvement a pu être telle qu'elle aura changé la première direction du mouvement d'impulsion, et qu'il a pu en résulter un mouvement tel que nous l'observons aujourd'hui dans les planètes..... Supposons qu'on tirât du haut d'une montagne une balle de mousquet, et que la force de la poudre fût assez grande pour la pousser au-delà du demi-diamètre de la terre, il est certain que cette balle tournerait autour du globe, et reviendrait à chaque révolution passer au point d'où elle aurait été tirée; mais si au lieu d'une balle de mousquet nous supposons qu'on ait tiré une fusée volante où l'action du feu serait durable et accélèrerait beaucoup le mouvement d'impulsion, cette fusée ou plutôt la cartouche qui la contient ne reviendrait pas au même point comme la balle de mousquet, mais décrirait un orbe dont le périgée serait d'autant plus éloigné de la terre que la force d'accélération aurait été plus grande et aurait changé davantage la première direction, toutes choses étant supposées égales d'ailleurs.

J'ai entendu dire à M. de Buffon lui-même que M. Euler voulut bien se contenter de cette fusée. Il n'est pas permis d'être plus difficile que M. Euler.

———

Les *lanturelus* viennent de donner une très-agréable fête pour célébrer la convalescence de leur grande maîtresse madame la marquise de La Ferté Imbault. Le surtout du souper représentait son médaillon soutenu par Esculape, entouré de Confucius et de Montaigne qui lui rendent hommage, et de Momus secouant sa marotte sur sa tête. L'inscription de ce monument exécuté en sucre est du grand orateur de l'ordre, de M. le comte d'Albaret.

> Heureuse élève de Montagne,
> Simple, sensible et cachant ses vertus,
> Avec Momus elle bat la campagne,
> Et pense avec Confucius.

Voici la harangue qui lui fut adressée par le même orateur à l'occasion de cette solennité.

> Esculape a rendu notre reine à nos vœux.
> Par une faveur sans pareille,
> Sa raison, son esprit, ses quiproquos, ses jeux,

Même sa surdité rendront son sort heureux.
O mes amis, rendons grâces aux dieux !
Elle entendra ses sujets à merveille ;
Et pour tout autre que pour eux,
Elle fera la sourde oreille.

ANECDOTE *de Pétersbourg, par M. Diderot.*

Il y avait ici une maîtresse de danse, appelée
La Nodin, bonne chrétienne, bonne catholique,
mais peu scrupuleuse et se passant volontiers de
messe. De bonnes gens biens intentionnés lui
remontrèrent que cette longue abstinence scan-
dalisait, et que, pour ses domestiques, ses voisins, les gens du pays, elle ferait bien d'aller
quelquefois à l'église. Elle se laissa persuader
contre son habitude de plusieurs années. Elle va
une fois à la messe, et à son retour elle trouve
son congé du spectacle. Cela ne lui donna pas
du goût pour la messe : elle revint à son premier régime, et les bonnes gens bien intentionnés, à leurs remontrances. Au bout de huit à
dix mois, elle va une seconde fois à la messe,
et à son retour elle trouve ses portes enfoncées,
ses armoires brisées et ses nippes volées. Cet
événement lui donna de l'humeur contre la messe,
et il se passa plus d'un an et demi sans qu'on pût
la résoudre à entendre une troisième messe. Cependant, une veille du jour de Noël, les bonnes
gens bien intentionnés insistèrent si opiniâtré-
ment, qu'elle les accompagna à la messe de minuit ; et à son retour elle ne trouva que la place

AVRIL 1779.

de sa maison réduite en cendres. A l'instant elle se jette à genoux au milieu de la rue, et, levant les mains au ciel et s'adressant à Dieu, elle dit : « Mon Dieu, je te demande pardon de ces trois « messes; tu sais que je ne voulais pas y aller, « pardonne-moi. Je jure devant toi de n'en en-« tendre de ma vie; et s'il m'arrive de fausser « mon serment, je consens à être damnée à toute « éternité. »

Ne prenez pas ceci pour un conte; c'est un fait que cent personnes dignes de foi m'ont at-testé, et pourraient encore vous attester. Ce qu'il y a d'aussi certain, c'est qu'elle a tenu parole, et que les bonnes gens bien intentionnés l'ont lais-sée en repos jusqu'à ce jour.

***

Il y a quelque temps qu'un jeune homme de la figure la plus noble et de la physionomie la plus intéressante, mais qui paraissait affecté d'une mélancolie profonde, se présenta chez M. le chevalier Gluck. Après lui avoir témoigné avec beaucoup de simplicité tout l'enthousiasme que lui avaient inspiré ses sublimes compositions, il le supplia de vouloir bien entendre la lecture d'un nouvel opéra d'*Orphée*. Ce poëme laissait beau-coup de choses à désirer à M. Gluck quant aux convenances et à la marche du théâtre, mais il y remarqua des traits d'une sensibilité si vraie et si touchante, qu'il conçut dès ce moment pour le jeune inconnu l'amitié la plus tendre. Il lui dit : Et votre physionomie et votre ouvrage, Mon-

378 CORRESPONDANCE LITTÉRAIRE,

sieur, annoncent une âme profondément agitée. Vous avez peint sans doute d'après votre propre cœur..... A ce mot le jeune homme répand un torrent de larmes; il lui avoue qu'il avait été passionnément amoureux, et qu'il était prêt à épouser celle qui avait été le premier, l'unique objet de toutes ses affections, lorsqu'une maladie violente la lui enleva l'année dernière; que depuis cet instant l'univers entier n'était plus rien pour lui, qu'il ne vivait plus que des souvenirs qui pouvaient entretenir sa douleur, et que ce sentiment seul avait dicté son ouvrage.... M. Gluck lui ayant demandé s'il avait appris la musique, il lui répondit qu'il n'en avait qu'une teinture assez légère; que cependant, n'ayant jamais osé se livrer à l'espérance qu'un aussi grand maître que M. Gluck daignât s'occuper de son ouvrage, il avait essayé lui-même d'en composer quelques airs, et il lui demanda la permission de les lui chanter. La composition de ces airs était faible et commune; mais l'expression que leur donnait l'accent touchant de sa voix transporta M. Gluck. Il dit n'avoir jamais entendu de voix plus sensible, plus brillante et plus naturellement mélodieuse; ce ne sont pas des sons, c'est le sentiment même qui coulait de ses lèvres avec un charme inexprimable, et comme l'onde pure qu'épanche sans effort une source limpide, abondante et profonde. Ravi de joie et d'admiration, le chevalier Gluck se jeta au cou du jeune homme. Mon ami, la nature a marqué votre destination;

AVRIL 1779.

vouez-vous au théâtre, vous serez un des plus grands acteurs qui aient jamais existé. — Mais, Monsieur, sans être d'une naissance fort distinguée, mon état ne me permet pas de songer à un semblable projet... Ouvrez les statuts de l'Académie royale de musique, vous verrez qu'un gentilhomme peut chanter sur ce théâtre sans déroger. Si vous suivez mon conseil ou plutôt l'inspiration de la nature, j'abandonne tous mes autres travaux pour votre *Orphée*, et c'est dans cet ouvrage même que vous débuterez. Croyez qu'il n'y a que les grands succès de l'amour-propre qui puissent charmer les ennuis d'une passion malheureuse.... Le jeune homme lui demanda quelque temps pour y réfléchir, et voici la lettre que M. Gluck en a reçue ces jours derniers.

« Monsieur, faut-il renoncer à voir mon Orphée tué par les Bacchantes honoré de vos notes sublimes? J'ai fait mon possible pour l'étendre jusqu'à trois actes; mais il n'y gagne qu'une enflure qui ne vous séduirait pas. C'est à quoi j'ai passé le temps qui s'est écoulé depuis mon départ de la capitale.

« J'avoue, Monsieur, que le seul désir de vous complaire m'a fait promettre de réfléchir sur la proposition d'entrer à l'Académie royale de musique. Je méprise les idées populaires sur l'état d'acteur; ce talent n'est pas moins rare que celui de poëte, et l'homme qui l'exerce avec des mœurs mérite la plus grande estime. Les maisons qui sont ouvertes à ceux qui se distinguent sur la scène laissent peu de regret sur celles qui leur sont fermées, et l'accueil des premiers rangs leur est offert en place de celui des derniers. Je suppose ces avantages assurés à mes talens futurs, et ma raison vous cède; mais vous ne vaincrez point mon cœur. J'ai une mère, un frère, des sœurs sous le joug de l'opinion la plus vulgaire. Tout gothique qu'il est, cet esprit de bourgeoisie donnerait la mort à celle de qui je tiens la vie. Mon jeune frère privé à son entrée dans le monde du simple titre d'une honnête obscurité, mes sœurs mariées rendues malheureuses, celle qui est fille privée de l'hymen, voilà, Monsieur, le coup que je frapperais; et il n'est pour moi ni fortune, ni faveur des grands, ni gloire à ce prix.

« Si vous ne pouvez accorder à mon poëme une merveille de votre art, laissez-moi du moins l'estime d'un grand homme en retour de la haute admiration et du profond respect avec lequel j'ai l'honneur d'être, etc. — Signé *Viguerard*. »

La Comédie italienne ayant obtenu la permission de ne plus donner de pièces italiennes, les a remplacées par les comédies de son ancien répertoire qu'elle avait entièrement abandonnées depuis sa réunion avec l'Opéra comique. On a renvoyé en conséquence tous nos acteurs ultramontains, à l'exception de Carlin Bertinazzi et de son double, qui continuent de jouer leurs rôles d'Arlequin dans les pièces françaises. La troupe des bouffons a été congédiée en même temps par

AVRIL 1779.

l'administration de l'Académie royale de musique, au grand regret d'un très-petit nombre d'amateurs, mais à la satisfaction générale du public de Paris, plus amoureux que jamais des grands airs de Rameau, du bruyant orchestre de M. le chevalier Gluck, et des pantomimes parades de Mons Gardel. On assure que la complaisance qu'on a eue pour le goût de messieurs les bouffonnistes a fait perdre encore l'année dernière à l'Opéra plus de soixante mille livres. L'ancien directeur de l'Académie royale de musique, le sieur Le Berton, vient de reprendre les rênes de ce mobile empire (1); et pour lui rendre son antique splendeur, on va remettre *Castor et Pollux.*

Dans le grand nombre de débuts qu'on a vus depuis quelque temps à la Comédie italienne, le seul qui mérite d'être remarqué est celui de madame Verteuil. Elle avait déjà débuté, il y a sept

(1) Ce n'est plus la ville de Paris qui se trouve chargée de l'administration de l'Opéra, Sa Majesté lui en a retiré le privilége, et s'est déterminée à la faire régir elle-même sous les ordres immédiats du secrétaire d'état ayant le département de la ville de Paris, et sous l'inspection du sieur Le Berton, en associant aux bénéfices de la nouvelle administration et les directeurs et les principaux sujets de ce spectacle. En vertu du nouveau plan, Sa Majesté a ordonné que les habits, décorations, etc., qui sont actuellement dans les magasins de ses menus plaisirs, fussent remis à l'Académie royale de musique, à la charge par elle de faire le service de la cour pour telles rétributions qui seront trouvées justes. Pour éviter encore plus sûrement que l'Opéra ne contracte des dettes et ne devienne à charge au trésor royal, Sa Majesté a décidé que le prix des places du parterre, depuis long-temps à quarante sous, serait porté à quarante-huit sous. Cette augmentation, déjà autorisée par celle des petites loges, n'est que dans une faible proportion avec l'accroissement de valeur de tous les objets de subsistance et de commerce.

382   CORRESPONDANCE LITTÉRAIRE.

ou huit ans, sur le théâtre de la Comédie française, mais dans les grands rôles tragiques, et elle n'y avait point réussi. Un emploi qui paraît lui convenir infiniment mieux est celui des grandes coquettes et des grandes amoureuses; elle l'a rempli à Versailles avec le plus grand succès, et nous ne l'avons pas trouvée au-dessous de sa réputation dans les deux pièces que nous lui avons vu jouer ici, *les fausses Confidences* et *les Jeux de l'Amour et du Hasard*. Quoiqu'elle ne soit plus de la première jeunesse (1), sa figure est intéressante et noble; sa voix, naturellement un peu forte, a cependant des inflexions très-sensibles et très-douces. Si son jeu laisse apercevoir plus d'étude que de naturel, c'est une étude sans affectation et sans manière. Il est difficile de montrer une plus grande intelligence de la scène, plus de finesse et de talent pour faire valoir jusqu'aux moindres détails. L'illusion de cet art enchanteur lui a valu quelquefois, dit-on, la plus haute fortune à laquelle une femme puisse prétendre en France après la première; mais ce sont des succès dont il ne nous appartient pas de rendre compte. Ce qu'il y a de certain, c'est que Monsieur a pris beaucoup d'intérêt au début de madame Verteuil, et qu'elle a eu son ordre de réception même avant d'avoir débuté.

(1) Il y a vingt ans au moins que M. le baron de Breteuil lui a vu jouer le rôle de Zaïre à Saint-Pétersbourg avec Orosmane du Belloy, depuis l'un des quarante, et qui s'appelait alors M. Dormon.

FIN DU TOME QUATRIÈME.

TABLE DES ARTICLES

CONTENUS

DANS CE QUATRIÈME VOLUME.

De la musique; querelles qu'elle excite en France, débats entre les piccinistes et les glukistes, entre Marmontel et l'abbé Arnaud, pag. 1 et suiv.

L'abbé Galiani; Lettre à madame d'Épinay, projet et plan d'un livre, 14.

Desrues, insigne scélérat; sa Vie, par M. d'Arnaud, 17.

Le Roman de mon oncle, conte, par M. d'Hèle, 22.

Épître de M. Delille de Salle à M. de Villette, 29.

Gabrielle de Vergy, par M. de Belloy; réflexions sur le genre anglais; jeu admirable de Larive, 30.

Ernelinde remis au théâtre, son succès, 35.

Mémoires philosophiques, par l'abbé de Crillon, 37.

Épigramme sur les gazons du Louvre, 41.

Ernestine, opéra comique de M. de Laclos, musique de Saint-Georges, 41.

Laurette, opéra comique d'un soldat, musique de M. de Mereaux, ibid.

Mémoire pour servir à l'histoire du dauphin père de Louis XVI, par le révérend P. Griffet, 43.

Vie du dauphin, par l'abbé Proyart, 44.

Éloge historique de Michel de l'Hôpital, par le comte de Guibert, 47.

384   TABLE

Énigme, par M. de Lessart, 50.

L'Amant bourru, par M. Monvel, 51.

*Mémoire à consulter pour les anciens druides;
par l'abbé Baudeau, contre M. Bailly,* 52.

*M. le chevalier du Coudray; ses Lettres sur Cré-
billon, Gresset et Parfait,* 52.

*Couplets composés par Marmontel, et chan-
tés par mademoiselle Necker, pour la convalescence de sa mère,* 56.

*Éloge du chancelier de l'Hôpital, par l'abbé
Remi, couronné,* 57.

L'abbé Talbert obtient l'accessit, 57.

*MM. Doigny et Le Hoc mentionnés honora-
blement,* 57.

Éloge de l'abbé de Choisy, par d'Alembert, 58.

*M. de Condorcet; Discours de sa composition
sur le chancelier de l'Hôpital,* 57 *et* 61.

Proverbe, par M. Sédaine, 64.

*Lettre de M. Reverdi à M. de Grimm sur l'em-
pereur Joseph II,* 75.

Le Rossignol, fable, 77.

*Vers de M. de Rhulière sur la Diane de
M. Houdon,* 80.

M. Necker, son ministère, 80.

*Grive morte sculptée par cet artiste; mot d'un
enfant à ce sujet,* 80.

*La reine, épouse de Louis XV; ses habitudes;
mot aimable de M. de Maurepas,* 89.

Colalto; sa mort, détails sur sa personne, 90.

*Recherches sur la population de la France,
par M. Moheau,* 91.

*Vers pour le portrait de Franklin supprimés
par avis du censeur,* 96.

*Lettre de Ferney sur M. Barthe; accueil que
lui fait Voltaire, son départ, son retour,* 96.

Sans dormir, parodie d'Ernelinde, 99.

DES ARTICLES. 385

Apologie de Schakespeare, par madame de Montaigu, 101.

Madame Geoffrin; ouvrages consacrés à sa mémoire par Thomas, d'Alembert et M. l'abbé Morellet, 103. *Anecdotes*, ibid. et suiv.

Fontenelle; sa générosité pour les pauvres, 113.

Madame de La Ferté Imbault, fille de madame Geoffrin, fait fermer la porte aux philosophes pendant la maladie de sa mère, 119.

Stances du chevalier de Chastellux à madame de Genlis, 122.

Impromptu de Voltaire sur le mariage de Belle et Bonne, 121.

Section de la symphise du pubis débattue à la Faculté, 120.

Épître de Dorat à M. Masson, soi-disant marquis de Pezay, 125.

Éloge du maréchal de Saxe par le ministre Blessig, 126.

Vers de M. de Boufflers sur un panier rempli d'œufs de parfilage, 129.

Couplets de madame de Luxembourg sur Voltaire et le chien favori de madame du Deffant, 129.

Épigramme sur M. de La Harpe, par le président de Rosset, 129.

L'Olympiade de Métastase parodiée par M. Framery, mise en musique par Sacchini, 130.

Félix, opéra comique de Sédaine et Monsigny, 131.

Couplet de madame du Deffant sur le maréchal de Belle-Isle, 134.

Mustapha et Zéangir, tragédie de M. de Champ-

IV. 25

TABLE

fort; son succès intéresse la reine; vers de M. de Rhulière, 134.

Lettre de Genève sur le patriarche de Ferney, 137.

Armide, opéra de Gluck; examen de cet ouvrage, 139.

L'Opéra de province, parodie d'Armide, 141.

Supplément à l'Histoire de la rivalité de la France et de l'Angleterre, par M. Gaillard, 142.

L'abbé Millot reçu à l'Académie; postulans, M. de Chabanon, M. l'abbé Maury, M. Le Mierre; leurs titres; moyens employés pour réussir déconcertés par d'Alembert, 143. *Éloge de Fléchier, par d'Alembert*, 148.

Boussard, pilote; son courage, son extraordinaire dévouement, 149. *Lettre de M. Necker à ce sujet*, 151. *Vers de Sédaine*, ibid.

Paul Olivadès condamné par l'inquisition d'Espagne, 154.

Hellé, opéra de l'abbé Le Monnier, musique de Floquet, 155.

M. Mercier; ses déclamations prophétiques sur le Théâtre français, 157.

Acteurs célèbres de ce théâtre, 158. *Le Kain*, ibid.

Arrivée de Voltaire à Paris; détails sur cet événement; premières inquiétudes du vieillard; il se rassure; il reçoit les hommages de toute la France, 164 et suiv.

Vers satiriques attribués à M. Barthe, sur l'arrivée de Voltaire à Paris, 166.

Épigramme contre le marquis de Villette, 167.

Buste de Voltaire et du maréchal de Saxe ordonnés en même temps; Vers de Voltaire à ce sujet, 168.

DES ARTICLES. 387

Vers du même à un évêque qui lui avait envoyé son mandement, 168.

Visite d'un prêtre pour convertir le patriarche, 169. *Hémorragie qu'il éprouve; se confesse à l'abbé Gautier; s'en repent ensuite*, 170.

L'Homme personnel, comédie de M. Barthe, tombe, se relève, et tombe encore, 171.

Bachaumont le nouvelliste portait une perruque comme celle de Voltaire; nom qu'on lui donne à cette occasion, 179.

Mademoiselle La Chassaigne, actrice du Théâtre français, propose le couronnement de Voltaire; mademoiselle Fannier commande les vers à M. de Saint-Marc, 180.

Vers de M. de Voltaire à M. de Saint-Marc, 183.

— *A madame Hébert*, 184.

Essai sur le commerce de Russie, attribué à M. de Marbois, 185. *Analyse de cet ouvrage*, ibid.

Vers de Voltaire au prince de Ligne, 196.

Les Adieux du vieillard, par le même, 196.

Vers latin, pour le portrait de Franklin, imité de l'anti-Lucrèce, 197.

Voltaire reçu franc-maçon, 197.

Roland, opéra de Piccini; son grand succès, 198.

La Chercheuse d'esprit, ballet-pantomime, 199.

Matroco, drame burlesque de M. Laujon, musique de Grétry; sa chute, 199.

Parodie de Roland, par M. Dorvigny; sa chute, 200.

Profession de foi de Voltaire exigée par l'abbé Gautier, 201.

Lettre de Voltaire au curé de Saint-Sulpice; réponse du curé, 202.

25.

*Reparties ingénieuses de Voltaire à MM. de
Saint-Ange et Mercier*, 205.

*Théâtre de madame de Montesson, son éclat ;
l'Amant romanesque et la Femme sincère,
comédies de madame de Montesson*, 206.

Le Jugement de Midas, par d'Hèle et Grétry,
206, 235.

*Honneurs rendus à Voltaire chez madame de
Montesson*, 207.

Lettre de Voltaire à mademoiselle Dionis, 207.

Le Cheval et son Maître, chanson allégorique,
209.

*Épigramme sur la tragédie de Tibère donnée
sous le nom du président Dupuy*, 210.

*Zulima, drame de madame Bellecourt, mu-
sique de Dezèdes*, 210.

*Voltaire remplit les fonctions de directeur de
l'Académie française ; son zèle pour la composition d'un bon dictionnaire*, 213.

Romance de Dédesmona, par J.-J. Rousseau,
214.

*M. de Vîmes chargé seul de l'administration
de l'Opéra*, 215.

*Les trois Ages de l'Opéra, prologue de M. de
Saint-Alphonse, musique de Grétry*, 216.

*La Fête du village, par M. Desfontaines, mu-
sique de M. Gossec*, 217.

*M. Sage, célèbre chimiste, veut faire de l'or
avec la terre de son jardin*, 217.

*M. Dufour prétend guérir les fous avec de
l'opium*, 217.

Mesmer, ses miracles, 218.

*Mort de Voltaire ; détails sur cet événement ;
refus de sépulture ; zèle apostolique de quelques dévotes et surtout de madame de*

DES ARTICLES.

Nivernais; son corps transporté à l'abbaye de Sellières, 220.

Lettre de l'évêque de Troyes au prieur de l'abbaye de Sellières; réponse de ce prieur, 227.

Vers de madame de Boufflers sur la mort de Voltaire, 232.

Vers de M. de Rhulière à madame de Luynes, 232.

Les Finte Gemelle *de Piccini jouées à l'Opéra-Buffa; acteurs et actrices,* 233.

Les petits Riens, ballet de M. Noverre, 233.

Confessions de J.-J. Rousseau, 234.

Madame de Villette conserve le cœur de Voltaire, 238.

Épitaphe de Voltaire par J.-J. Rousseau, 238.

Vers de Le Mierre à mademoiselle Dionis, auteur du poëme de l'Origine des Grâces, 239.

Réflexions sur le voyage et la mort de Voltaire, sur mademoiselle Thévenin; pourquoi cette demoiselle portait le nom d'une carte de piquet, 239.

Les Barmécides, tragédie de M. de La Harpe, lue devant Voltaire; ce qu'il en pense; mécontentement de l'auteur; il fait une critique amère de Zulime, le plus faible ouvrage du patriarche; il s'excuse ensuite; lettre de M. le marquis de Villevieille, 241.

Chute des Barmécides; complainte attribuée à Monvel, 244 *et suiv.*

Vers sur la mort de Voltaire, par M. Le Brun, 252.

J.-J. Rousseau; détails sur sa mort, 253.

Anecdote sur madame Rousseau, 253.

Lemoine, célèbre sculpteur, sa mort, 256.

M. Heidegguer, bourgmestre de Zurich; ses hautes qualités, 256.

TABLE

Le docteur Franklin, son caractère, 257.

Louis XIV; belle réponse de ce prince au sujet du comte d'Harcourt, 257.

Code des Gentoux, idée de cet ouvrage, 258.

Annette et Lubin, ballet de M. Noverre, 260.

Retour du duc de Chartres après le combat d'Ouessant; fêtes célébrées au Palais-Royal, 261. Sa réception à l'Opéra; vers satiriques à ce sujet, 262.

Article du Journal de Paris sur la mort de J.-J. Rousseau; Lettre d'un des amis de ce célèbre écrivain; détails curieux, 264 et suiv.

Complainte sur la mort de la marquise du Châtelet, 273.

Idée des liaisons de Paris; dialogue entre madame du Deffant et M. de Pont-de-Vesle, 273.

Un vigneron de Montereau célèbre par son esprit, 274.

Anecdotes sur madame Geoffrin, 281.

Voiture en carton exécutée par M. de Montfort, 282.

Séance de l'Académie française; mentions honorables accordées à MM. Lœuillard, de Murville, de Langeac, l'abbé Gueroult et le marquis de Villette; l'Académie propose pour sujets des prix de poésie et d'éloquence l'éloge de Voltaire et celui de Suger, 285.

Éloges de Crébillon et du président de Rose, par d'Alembert, 285.

Assemblée des curés de Paris contre le projet d'un éloge de Voltaire, 286.

Nouvelle édition des Maximes du duc de La Rochefoucauld, par M. Suard, 288.

Les Inconvéniens de la vie de Paris, comédie par mademoiselle Necker, âgée de douze

DES ARTICLES.

ans, 290. M. de Marmontel attendri jusqu'aux larmes, ibid.

Les Barmécides totalement délaissés ; les amis de M. de La Harpe appelés les pères du désert ; parodie de la pièce aux boulevards ; facéties ; cannes à la Barmécide, 291 et suiv. *Fureurs de M. de La Harpe contre le Journal de Paris et M. Dussieux*, 293.

L'Impatient, comédie en un acte, 294.

Armide, opéra du chevalier Gluck, amèrement critiqué par M. de La Harpe, 294.

L'Inconséquent, ou les cinq Soubrettes, comédie de M. Laujon, réussit en société, tombe au Théâtre français, 297.

Gabrielle de Passy, parodie de Gabrielle de Vergy, 298.

Lettre de l'impératrice de Russie à madame Denis, 300.

La Chasse, opéra comique de M. Desfontaines, musique de Saint-Georges, 301.

Anecdote oubliée dans l'histoire philosophique de l'abbé Raynal, 303.

Caricature contre M. de La Harpe, 305.

Le Savetier et le Financier, opéra comique de M. Lourdet de Santerre, musique de M. Rigel, 305.

L'Académie impériale de musique florissante sous M. de Vimes, 306.

Lettres sur l'Atlantide de Platon, par M. Bailly, 309.

Vers de Voltaire à madame de Boufflers, 310.

Le Panégyrique curieux de saint Côme et de saint Damien, par le curé de Saint-Etienne-du-Mont, 311. *On lui interdit la faculté de prêcher*, 313.

TABLE

Recherches historiques sur l'état de la religion chrétienne au Japon, 313.

Épigramme de M. Pidou sur un détracteur de Voltaire, 314.

Le Chevalier français à Turin, le Chevalier français à Londres, comédies de M. Dorat, 314.

Le Départ des Matelots, opéra comique de M. de Rutlidge, musique de M. Rigel, 316.

Le Porteur de chaise, opéra comique de M. Monvel, musique de M. Dezèdes, 316.

Mort de Bellecourt, acteur du Théâtre français, 318.

Œdipe chez Admète, tragédie de M. Ducis; jugement sur cette pièce, 320.

Relation de deux séances de la Loge des Neuf Sœurs; réception de Voltaire, détails, 322. *Son Éloge funèbre*, 327.

M. Ducis élu à l'Académie pour succéder à Voltaire, 335.

L'Amant jaloux, opéra comique de d'Hèle, musique de Grétry, tiré d'une pièce anglaise; son succès, 336.

Bouts remplis par Voltaire, 337.

D'Alembert publie ses éloges, 339. *Réflexions sur cet ouvrage*, 340.

Répétitions de l'opéra de Roland; trouble des acteurs; colère de Marmontel contre eux; réponse insolente de la demoiselle Bourgeois; propos plus insolent d'un chanteur des chœurs, 345.

Mot de Louis XIV sur le Roland de Quinault, 346.

Début de la demoiselle Théodore dans la danse, 346.

Lettre de la chevalière d'Éon à M. de Maure-

DES ARTICLES. 593

pas, 347. *Elle est exilée à Tonnerre*, 351.

Les Muses rivales de M. de La Harpe; idée de cette pièce; succès qu'elle obtient, 351. *Vers sur la marquise du Châtelet supprimés sur la demande du duc du Châtelet*, 353.

M. de La Fayette revient d'Amérique; anecdote sur un officier de son armée devenu amoureux d'une belle sauvage, 354.

Épitaphe de Voltaire, par une dame de Lausanne, 355.

Médée, tragédie de M. Clément; analyse de la pièce, sa chute, 356.

Les deux billets, par le chevalier de Florian, 558.

Réception de M. Ducis à l'Académie française, 360. *Son discours attribué à M. Thomas*, 361. *Mauvais discours de l'abbé de Radonvilliers*, ibid.

Discours en vers sur l'espérance de se survivre, par M. Marmontel, 363.

M. d'Alembert fait présent à l'Académie des bustes de Voltaire et de Molière; discours à ce sujet, ibid.

Continuation des succès de l'Opéra sous l'administration de M. de Vîmes; orage, ligue; le grand Vestris se déclare le Wasingthon des insurgens; congrès; M. de Soubise et M. de Mercy soutiennent les indépendans; mot fier et menaçant de la demoiselle Guimard, 364 *et suiv.*

Vestris fils envoyé au Fort-l'Évêque; mot sublime de son père, le Diou de la danse; anecdote sur les débuts du jeune Vestris, 369.

La paix rétablie à l'Opéra par la médiation d'un maréchal de France, 370.

IV.   26

TABLE DES ARTICLES.

Prise de Sainte-Lucie par les Anglais; calembour à ce sujet, 371.

Époques de la Nature, par M. de Buffon; idée de cet ouvrage, 372.

Fête donnée à madame de La Ferté Imbault par les Lanturelus, 375.

Mademoiselle Nodin, actrice de Saint-Pétersbourg; anecdote de Diderot à son sujet.

Gluck et le jeune Viguerard; anecdote, 377.

Renvoi des bouffons italiens, 580.

Nouveau régime de l'Opéra; son administration confiée à M. Le Berton, 381.

Débuts de mademoiselle Verteuil à la Comédie italienne, 382.

FIN DE LA TABLE DES ARTICLES.

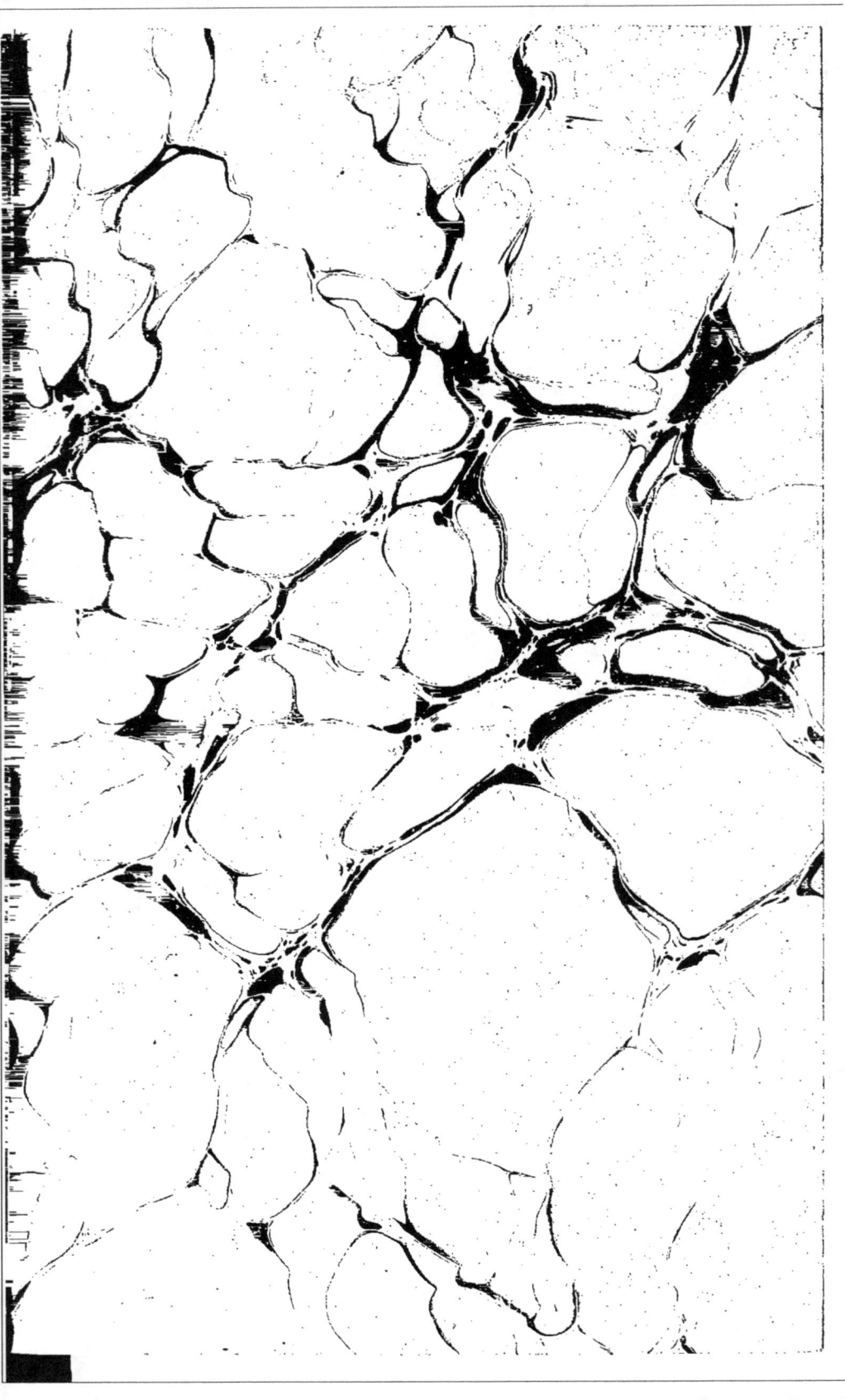

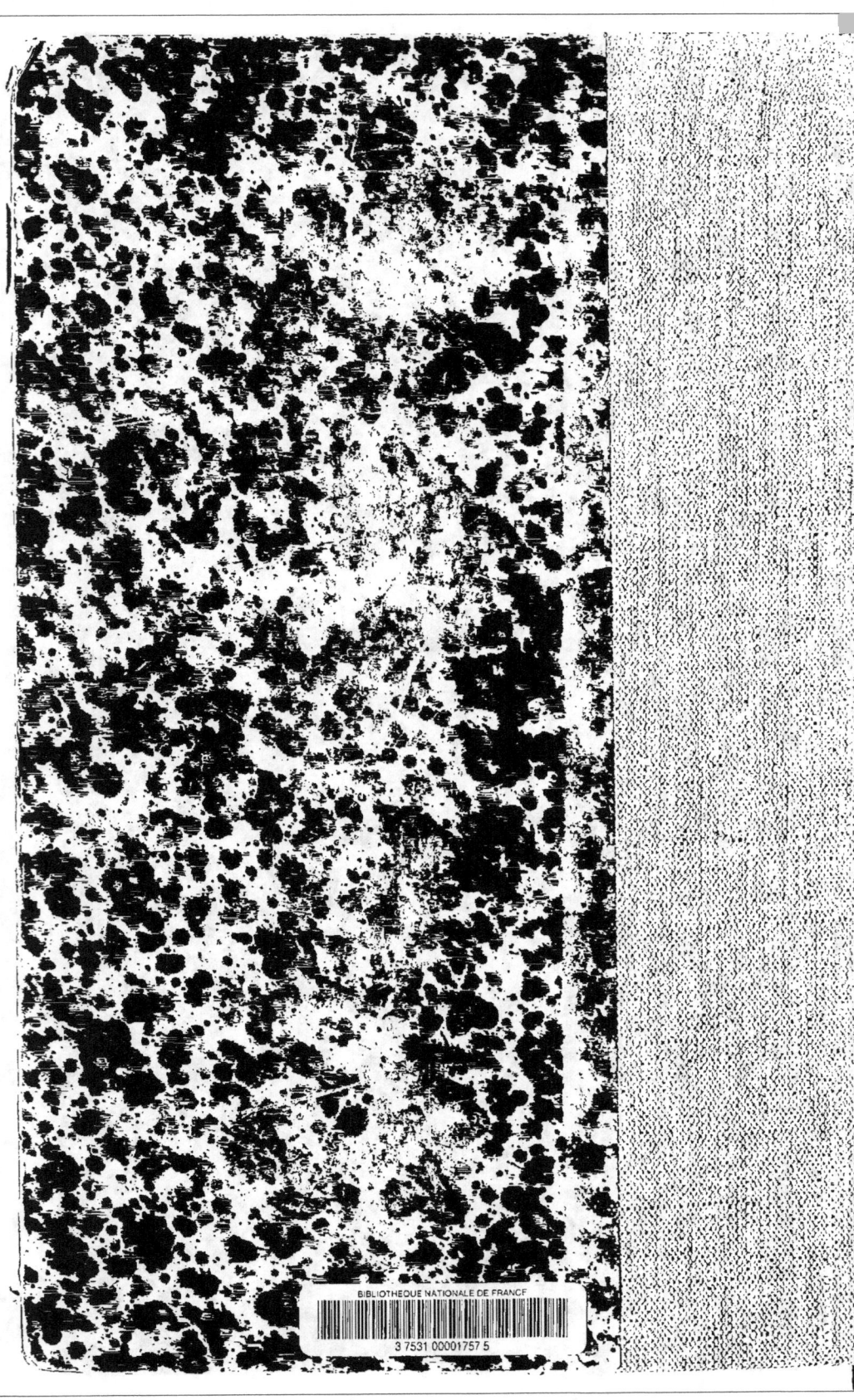

BIBLIOTHEQUE NATIONALE DE FRANCE

3 7531 00001757 5

www.ingramcontent.com/pod-product-compliance
Lightning Source LLC
Chambersburg PA
CBHW052129230426
43671CB00009B/1177